じょうずに育てておいしく食べる

はじめてでも失敗しない野菜づくりの基本100

新井敏夫

じょうずに育てておいしく食べる

はじめてでも失敗しない野菜づくりの基本100

―― 目次

家庭菜園を楽しもう …… 6

コンテナや鉢でキッチンガーデンを楽しもう …… 10

ハーブガーデンを楽しもう …… 14

家庭菜園で楽しむ

野菜の育て方カタログ 70種

果菜類13種

トマト、ミニトマト …… 16

ナス …… 20

キュウリ …… 24

カボチャ …… 28

ズッキーニ …… 32

スイートコーン …… 34

ピーマン、トウガラシ …… 36

オクラ …… 38

ニガウリ（レイシ、ゴーヤー） …… 40

シロウリ …… 42

ヘチマ …… 44

果物類3種

イチゴ …… 46

スイカ …… 50

メロン …… 54

豆類5種

インゲン …… 58

エンドウ …… 60

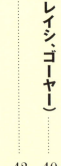

エダマメ……62
ソラマメ……64
ラッカセイ……66

根菜類10種

ジャガイモ……68
ニンジン、ミニニンジン……72
サツマイモ……76
ダイコン……80
ラディッシュ……82
カブ……84
サトイモ……86
ゴボウ……88
ショウガ……90

葉茎菜類28種

ハクサイ……92
キャベツ……96
メキャベツ……100
タマネギ……102
ネギ、ワケギ……104
ニラ……106
ホウレンソウ……108
コマツナ……110
シュンギク……112
キョウナ……114
サントウサイ……116
レタス、リーフレタス……118
サラダナ……120
カリフラワー、ブロッコリー……122
セロリ……124
アスパラガス……126
コールラビー……128
アーティチョーク……130

じょうずに育てておいしく食べる はじめてでも失敗しない野菜づくりの基本100

ラッキョウ……132
ミョウガ……134
ミツバ……136
シソ……138
ゴマ……140
ツルムラサキ……142
モロヘイヤ……144

中国野菜類4種

チンゲンサイ……146
パクチョイ……148
タアサイ……150
セリホン……152

ハーブ類7種

バジル……154
ローズマリー……155
タイム……156
セージ……157
ラベンダー……158
チャービル……159
ミント……160

食べておいしい、つくって楽しい 野菜づくりの基本作業

おいしい野菜づくり……162
施肥と肥料づくり……164
病害虫防除……167
菜園プラン……170
土づくり……174
畝づくり……176
タネまき……178
苗づくり、苗選び……180
植えつけと水やり……182
主な育成作業……184
そろえたい道具類……187
用語解説……188

野菜名　索引

アーティチョーク……130
アスパラガス……126
イチゴ……46
インゲン……58
エダマメ……62
エンドウ……60
オクラ……38
カブ……84
カボチャ……28
カリフラワー……122
キャベツ……96
キュウリ……24
キョウナ……114
コールラビー……128
ゴボウ……88
ゴマ……140
コマツナ……110
サツマイモ……76
サトイモ……86
サラダナ……120
サントウサイ……116
シソ……138
ジャガイモ……68
シュンギク……112
ショウガ……90
シロウリ……42
スイートコーン……34
スイカ……50
ズッキーニ……32
セージ……157
セリホン……152
セロリ……124
ソラマメ……64
タアサイ……150
ダイコン……80
タイム……156
タマネギ……102
チャービル……159
チンゲンサイ……146
ツルムラサキ……142
トウガラシ……36
トマト……16
ナス……20
ニガウリ……40
ニラ……106
ニンジン……72
ネギ……104
ハクサイ……92
パクチョイ……148
バジル……154
ピーマン……36
ブロッコリー……122
ヘチマ……44
ホウレンソウ……108
ミツバ……136
ミニトマト……16
ミニニンジン……72
ミョウガ……134
ミント……160
メキャベツ……100
メロン……54
モロヘイヤ……144
ラッカセイ……66
ラッキョウ……132
ラディッシュ……82
ラベンダー……158
リーフレタス……118
レタス……118
ローズマリー……155
ワケギ……104

家庭菜園を楽しもう

ガーデンづくりの経験を生かした華やかな菜園。珍しい野菜や地域の特産品種が育つ庭などなど。家庭菜園は楽しみが尽きません。

撮影・アルスフォト企画　イラスト・高沢幸子

支柱を立ててインゲンを中心にすえ、周りにレタス類など草丈の小さいものを並べたベジタブル・ガーデン。花壇をつくるように植栽を考えるのも楽しみの一つ。

GARDEN

見て楽しい、食べておいしい　おしゃれにつくる野菜

農業を営むわけではないけれど、自分や家族が食べる野菜をおいしくつく

多くの野菜が日当たりを好むので、種類を多く育てるときは日陰をつくらない植え方がポイントになる。

菜園プランを考えるときは、手入れのしやすさも重要。仕切りで小さなスペースに区切り、間にシートを張って作業しやすくした例。

りたい。どうせ植物を育てるなら、食べられるもののほうが楽しい――。野菜づくりのきっかけはいろいろですが、自分で食べるものを自分でつくろうと考える人は確実にふえています。

また近年、自治体による市民菜園や、規模を縮小した農家などの貸農園がふえており、人気も高いようです。自分の庭の一画に野菜を育てている人、ベランダやキッチンにプランターを並べている人も多いでしょう。

それも、ただ育てるというより、栽培の様子が観賞できるようになっていたりします。生活に植物がとけ込み、育てる喜び、見せるうれしさを知った人の野菜づくりは、ほんとうに楽しそうです。

自分でつくれば安心して食べられる

最近は、食べ物に対する安全性が問われる時代になってきました。

以前は、曲がったナスや葉に虫食いのあるダイコンなどは、箱におさまりにくく、店頭ではよけられていたかもしれません。しかし、そんな見た目やコスト高を気にするより、安心して食

VEGETABLE GARDEN

家庭菜園を楽しもう

オリジナルをつくる喜び その過程が、また楽しい！

べられる野菜がほしい……。それなら、自分で菜園を耕し、野菜を育てるのが、いちばんの近道です。

たわわに実ったトマトが、だんだんと下のほうから赤くなっていく。家庭菜園なら新鮮な収穫ができるので、野菜本来の味を知ることができる。

　ひと口に野菜づくりといっても、つくり方はいろいろ。有機野菜、オーガニック野菜に人気が高まっていますが、初めて野菜づくりをする人が、最初から無農薬、有機質肥料のみでつくるのは、かなりむずかしいものです。まずは、収穫量を上げることを目標にしてみてはどうでしょう。

　野菜づくりの作業は暑さ寒さのなか、たいへんなことも多いですが、野菜の成長ぶりを見るのはとてもおもしろいですし、子どもには楽しい経験になります。さらに、園芸療法という分野があるとおり、土いじり、植物の栽培には、疲れた心を元気にする効果があります。ストレス解消に野菜づくりを始めるのも、よいきっかけです。

　市民菜園などでは同好の士が集まり、一種の社交場にもなっているようです。高齢者の趣味としても、体を動かし、コミュニケーションを図れる絶好の機会となります。老若男女を問わず楽しめる、それが野菜づくりです。

ブロッコリー、キャベツ、ネギ、アシタバ、ニラ。大量収穫より多種収穫を目指し、一年じゅう、旬の野菜が食べられるようにするとよい。

タマネギがふくらんできた。でも、収穫はまだ。完熟の甘みは市販の野菜ではけっして味わえない。

KITCHEN GARDEN

コンテナや鉢でキッチンガーデンを楽しもう

コンテナガーデンの楽しさを知っている人なら、素材を野菜にかえて、ぜひ、見た目も味も個性豊かなひと鉢に挑戦してください。

木製コンテナにインゲンを植えた。つるなし種なので場所をとらないし、さやが緑色のアーロンと黄色のチェロキーワックスの２種にして、彩りも考えてある。

コンテナガーデンの素材として人気が出ているトウガラシ。矮性種や実の色違いの品種もあり、食べる楽しみに、飾って育てる楽しみも加えたい。

ナスやシソ、タイム、ショウガを、それぞれ別の鉢に植えた。寄せ鉢感覚でガーデンをつくれば、季節ごとにつくりかえるのも簡単。

小さいスペースには小さいなりの楽しみ方がある

広い庭がない、土の庭がない、だからといって野菜づくりをあきらめることはありません。広い畑さえあればよいかというと、そうではないからです。広いと労力がかかりすぎ、全体に手が回らなくなり、やがては見るも無残な荒れ果てた畑になるおそれがあります。

かえって、自分の手の届く範囲で行うほうが、葉の一枚一枚の変化に気づき、手間も少なくてすむので、生産者にはまねのできない、愛情たっぷりの野菜になります。もし、失敗しても被害は小さく、すぐにやり直そうという気になれるでしょう。

大量につくる必要のない家庭菜園では、少しずつ、たくさんの種類の野菜をつくることが可能です。小スペースでもいろんな種類を育てれば、広い畑に負けない収穫の喜びが味わえます。

コンテナや鉢づくりには畑にないメリットがたくさん

コンテナガーデンが普及し、おしゃれな鉢やコンテナがたくさん出回るようになりました。水やりや施肥に気を

KITCHEN GARDEN

60cm幅のプランターにタアサイ、メキャベツ、ラディッシュ、ニンジンと、ちょっと欲ばりに。

色鮮やかに華やかなコンテナもいいけれど、葉色の微妙な違いや形のおもしろさを楽しむのも一興。草丈の高低も考えて組み合わせたい。

ミニトマトにバジルを添えて。一緒に植えるとトマトの味がよくなるというコンパニオンプランツの一例。

コンテナや鉢でキッチンガーデンを楽しもう

つければ、野菜づくりも可能です。大きくならない品種を選べば、さらに栽培が楽になります。

　飾って楽しむというメリットのほか、生活空間に近い場所で手入れがしやすい、作業労力が少なくてすむ、病害虫対策が立てやすい、できすぎてムダにすることがないなど、鉢栽培にはいろいろな特徴があります。日本の気象には合わない外国の品種も、環境条件をととのえやすいコンテナづくりなら、けっこうじょうずにできたりします。

毎日の変化を見ていると季節感がよみがえる

　コンテナや鉢は日当たりのよい場所に置き、収穫時期になったら必要な分だけ収穫してキッチンへ。これほど新鮮な野菜はありません。新鮮さは野菜本来の味を教えてくれます。

　また、野菜の成長ぶりが生活の視界の中に入ってくるので、四季折々、季節をぐっと身近に感じられます。そして、収穫した野菜を食べることで、さらに季節を体いっぱいに感じることができるでしょう。

フサスグリを中心に、キャベツなど同じアブラナ科の野菜でも、色形の異なる品種を組み合わせた例。品種の多い野菜は種類が同じなので管理しやすく、見た目にも変化が出せる。

左はセージ、右はラベンダーの鉢。真ん中のナスタチウムは野菜との相性抜群。

HERB GARDEN

ハーブガーデンを楽しもう

ハーブの魅力はその香りや味だけでなく、薬効成分をもつとされ、育てやすいところにもあります。

西洋料理に欠かせないアクセントとして、ハーブはすっかり生活にとけ込んでいます。料理やティーに必要なだけ新鮮なものを摘む、ドライにして保存するなど、効能豊かなハーブは使用法がさまざまで、いろいろな種類を育てれば、楽しみ方もそれだけたくさん。料理の幅がぐっと広がります。品種が多いので、見た目にもこだわって〝魅せる〟ハーブを育てましょう。

パイナップルミントやタイム、ローズマリー、カモミール。そばを通るだけでも豊かな香りに、つい深呼吸。

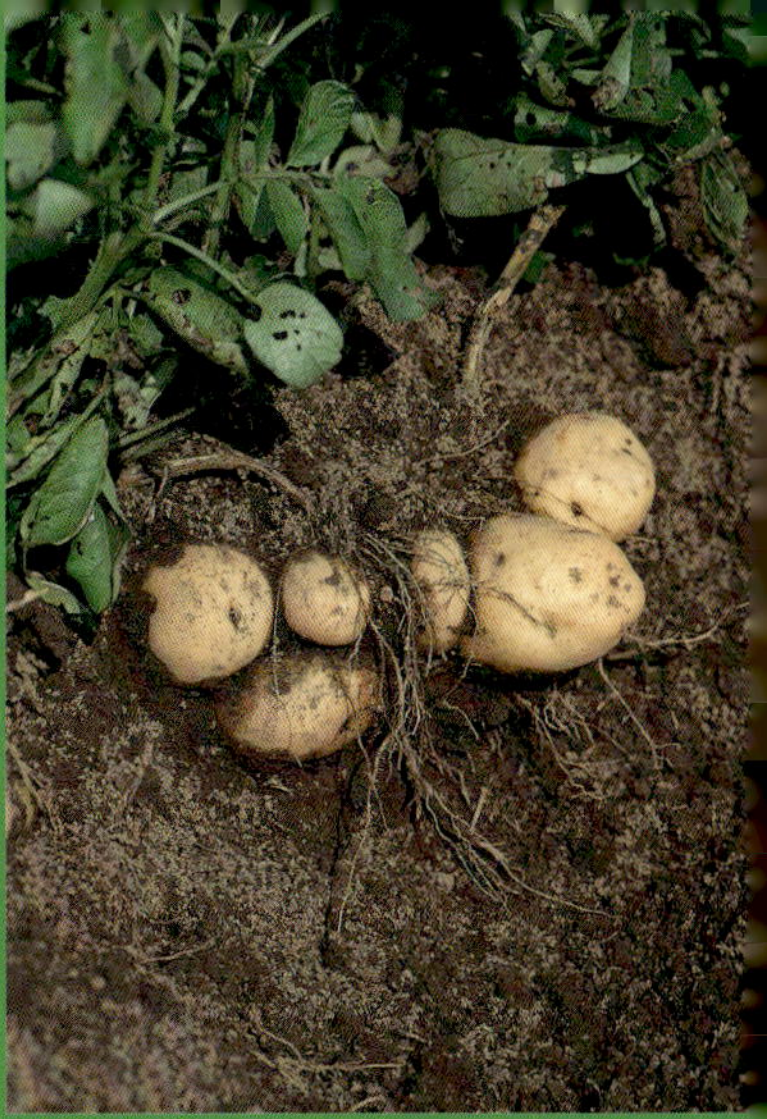

家庭菜園で
楽しむ

野菜の育て方カタログ

70種

解説について

東京付近の環境を基準に栽培の方法を解説しています。営利目的ではなく、家庭菜園を楽しみ、家族で食べる量を収穫するための栽培を目指します。

栽培カレンダーについて

東京付近を基準とした、栽培の開始や作業、収穫の目安です。

写真について

よく出回っており入手しやすいものを中心にとり上げています。必ずしも基本品種ということではありません。

※農薬を求める場合は園芸店等でよく相談するようにしましょう。

［果菜類］

家庭菜園に欠かせない人気野菜 トマト、ミニトマト

ナス科

ミニトマト（ビタミンエース）

トマト（ホーム桃太郎）

トマト（黄寿）

［栽培カレンダー］

月	1	2	3	4	5	6	7	8	9	10	11	12
植えつけ・収穫				植えつけ	植えつけ		収穫	収穫				
作業					支柱立て	敷きわら	摘芯					
施肥			元肥	元肥	追肥	追肥						

栽培ポイント

- ナス科は連作をしない
- 肥沃な場所に植える
- 病害虫を防ぐ
- 盛夏前に育て終える

■特性

一年じゅう出回っていますが、盛夏が旬の夏野菜です。原産地は南アメリカのアンデス地方で、高温と日当たりを好みます。最近は特に、トマトの赤色のもととなっているリコピンが、抗酸化作用の強い栄養素として注目を浴びています。生食だけでなく、さまざまに加工して使うことも多くなっています。

■品種

生食する品種として、夏に収穫する「大型福寿」「強力米寿」など、家庭菜園では病気に強い品種を選びます。ほかに、「ホーム桃太郎」「ホーム桃太郎EX」なども人気があります。中玉は「フルティカ」「ルイ60」、観賞用にもなるミニトマトでは、高性種の「ペペ」「ミニキャロル」など、矮性種の「タイニーティム」「レジナ」などがあります。

■トマトの栽培法

苗の入手　品種が多いので、ラベル表示が信用できる店で苗を購入します。色のよい大きな本葉が8～10枚ついた、がっしりとした苗を選びます。

●ミニトマトの摘芯

連続摘芯整枝では、第2花房が結実したら摘芯して芯を止め、かわりに第1花房のすぐ下の脇芽を1本だけ伸ばす。この脇芽も同様に、第4花房の結実後に芯を止め、第3花房のすぐ下の脇芽を伸ばす。3回繰り返したら芯を止める。

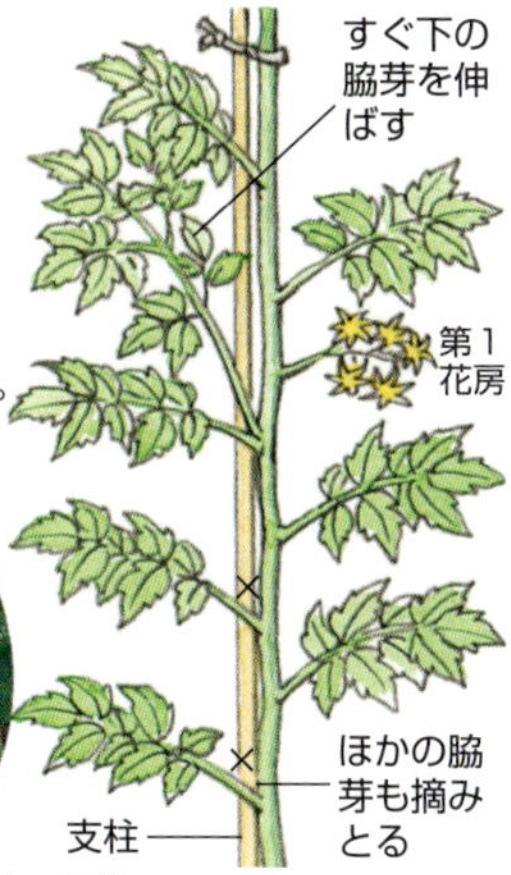

ミニキャロル

●最終の摘芯

病害虫の発生や高温乾燥で落果する前、8月中に収穫を終わらせるため、7月上旬～中旬、第5花房を残し、主枝の芯を摘む。上の葉を2～3枚、残すようにする。

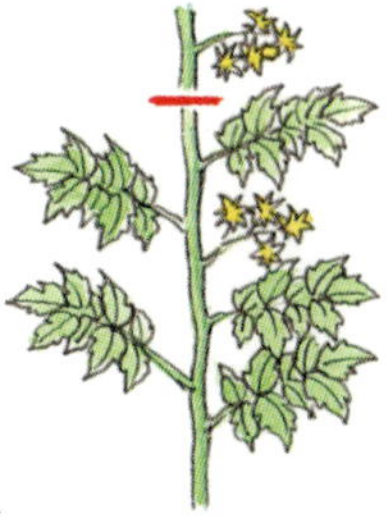
第6花房のすぐ下で摘芯して、上の葉を2～3枚残す。

植え場所　日当たりと水はけがよく、肥沃な場所を選びます。ただし、トマトを含め、ナスやピーマン、トウガラシ、ジャガイモなど、ナス科の野菜はつづけてつくると、連作障害といって病気を引き起こしやすくなります。違う科の野菜を植え、4~5年は間をあけるようにします。

植えつけ2~3週間前に、1㎡あたり2握りの苦土石灰《くどせっかい》をまいてよく耕しておきます。畝《うね》幅を80㎝にして中央に深さ20~30㎝の溝を掘り、1株あたり堆肥1kg、化成肥料か乾燥鶏ふんなど1握りずつを施して軽くまぜます。土を埋め戻して畝のでき上がり。土質は適度に水分を含むものがよいので、火山灰や砂質土では、あらかじめ堆肥などの有機物をたっぷり施し、植えつけ後は敷きわらなどをします。

植えつけ　気温が安定するゴールデンウイークのころ、暖かい日の午前中に植えつけます。50~60㎝間隔で苗のポットより広く浅く掘った穴に、根鉢をくずさないようにして苗を植えます。苗をすえたら、掘った土を寄せるようにして軽く押さえ、苗を安定させます。このとき、2条植えの場合は花房が通路側に、1条植えも左右どちらかに花房がそろうよう、苗の向きを決めて植えると、収穫がしやすくなります。

支柱立て　植えつけ後、浅植えになるので根元から少し離れたところに1.5~2mくらいの支柱を立てます。2条植えならやや長めの支柱を使い、外側に立てて1.5mほどの高さで交差させて合掌式にします。いずれも、横に棒を渡して頑丈にしておきましょう。たっぷり水やりをしたら、軽く引っぱるように誘引してビニタイなどで留めておきます。

敷きわら　畝全体を敷きわらなどで厚くおおいます。これは乾燥防止のためですが、雨のはね返りを抑えるので、病害虫防除にも効果が期待できます。植えつけ前にポリマルチ(黒色、緑色)をする方法もあります。

脇芽《わきめ》摘み　トマトは脇芽もよく伸びますが、実の数を制限して栄養分を行き渡らせるため、家庭菜園では中心の1本のみを伸ばす1本仕立てにします。出てくる脇芽は見つけしだい、指でかきとるか、ハサミで切り落とします。

追肥　2~3週間ごとに2~3回、1株あたり1握りずつ油かすや魚かすなどを施して軽くすき込み、根元に土を寄せます。

摘芯　本葉8~9枚目に最初の花房をつけたあと、下のほうから順に本葉2~3枚ごとに花房がふえます。第2花房がつくころまでに、冷風に当たったり肥料不足になったりすると、花が落ちることがあります。落花防止と着花促進のためにトマトトーンなどのホルモン剤を利用するのも手です。第5花房まで残し、それより上は葉2~3枚を残して芯を摘みま

●栽培の手順

1 信頼のおける店で品種名を確認して入手。状態のよい本葉が8～10枚ついたものがよい。

2 50～60cm間隔で植えつける。地温が低いので、ポリマルチをするほうがよい。写真はアブラムシよけのラインが入ったものと仮支柱をした場合。

3 初めから本支柱を立ててもよい。根を傷つけないよう苗から少し離して差し込む。

4 1.5mの高さで交差させた合掌式支柱が、収穫しやすく倒れにくい。茎が太るのでゆるく留める。

す。

■ミニトマトの栽培法

7号深鉢（矮性種は5～6号鉢）と水はけ、水もちのよい用土、緩効性《かんこうせい》化成肥料を用意します。用土は赤玉土5：腐葉土3：バーミキュライト2、軽くしたいならピートモス4：バーミキュライト4：川砂2に、苦土石灰をまぜたものなどにします。鉢底に発泡スチロールなどを入れ、用土を少し入れたら、根鉢を軽くほぐして苗を植えつけます。

乾燥に気をつけて水やりをし、梅雨明けからは腐葉土を2～3㎝の厚さに敷きます。

草丈が20㎝を超えたころに支柱を立て、高性種は第2花房が結実したところで摘芯し、第1花房のすぐ下の脇芽1本を伸ばし、ほかの脇芽は摘みます。これを3段行ったら芯を止め、それ以上大きくしません。結実後は液体肥料を週1回、化成肥料の置き肥を月2回施し、葉面施肥専用スプレーを10日ごとに散布します。

■収穫

盛夏の高温乾燥は落花したり、病害虫の発生がふえたりするので、植えつけ後はできるだけ早く成長を促すのがコツです。収穫は開花後、45～50日で実が十分に赤くなったものから行います。実を横向きにするだけで簡単にとれます。

食べきれない分は、ジュースや煮詰めて裏

5
たくさん芽を伸ばすと、養分が分散してしまう。脇芽かきは早めに、こまめに行うのがコツ。

6
第1花房の実がピンポン玉になってからは、追肥、中耕、土寄せを2～3回繰り返す。

7
必要な茎だけを残し、少ない実に栄養を集中させると生育もよくなる。全体に鳥よけのネットをかけたところ。

8
実をねらって鳥もやってくる。果物のネットなど身近にあるものを利用して病害虫を防ぐ。

ごししてピューレにします。ピューレはできたてを、20分ほど蒸し器で消毒した熱い保存びんに入れ、ふたをゆるめにして再び蒸し器に15分。冷ましてからふたを閉め、冷蔵庫で保存します。

■病害虫

梅雨期ごろから葉、茎、果実が枯れる疫病には、ダコニール、ダイセン、オーソサイドなどを散布。ジャガイモから離してつくること、過湿と乾燥を防いで雨のはね返りを抑えるマルチングや敷きわらなども効果があります。しおれて立ち枯れ状態になるのは、青枯病や萎凋《いちょう》病で、いずれも根から起こります。土の消毒は不十分になりやすいので、ナス科の連作を避け、耐病性のある品種を選ぶようにします。葉が縮れる、針のようにとがる、モザイク状の斑点ができるなどのモザイク病は、株ごと焼却処分するしかありません。害虫はアブラムシ防除をします。

Q&A ミニトマトの苗をつくりたい

4月ごろ、ジフィーナインか3号ポットに3～4粒ずつタネをまき、本葉が出るまでビニールをかけて育てます。本葉が出たら液体肥料を週1回施し、本葉3～4枚で1本に間引き、6～7枚まで育てます。

［果菜類］

ナス

ナス科

遅く植えつけるほうが失敗が少ない

ナス（千両2号）

ナス（久留米大長）

［栽培カレンダー］

月	1	2	3	4	5	6	7	8	9	10	11	12
植えつけ・収穫					植えつけ	収穫	収穫	収穫	収穫			
作業					支柱立て、土寄せ	支柱立て、摘芯、敷きわら		切り返し剪定				
施肥				元肥	元肥、追肥	追肥	追肥	追肥				

栽培ポイント

- ●ナス科は連作をしない
- ●植えつけはあせらず、暖かくなってから
- ●肥料はたっぷり継続的に施す

■特性

インド原産のナスは、まさに夏の味。和洋中を問わない万能食材として人気があります。初心者でも失敗が少なく、うまく育てれば秋まで長く収穫できるのも魅力です。

■品種

寒い地域では球形の巾着ナスや小丸ナス、関東地方は卵形ナスなど、西日本では中長ナス、長ナスが好まれるように、地域に合った特徴ある品種が出回っています。地域を問わずつくりやすいものとしては、収穫量の多い「とげなし千両2号」「筑陽」などがあります。

■栽培法

日中温度が20度以上、夜間も15度を保てるような高温多湿の環境を好みます。寒さには弱いので、植えつけは気温が十分に安定してからのほうがよいでしょう。

苗の入手　茎が太く節間の詰まった苗を選びます。耐病性のある接ぎ木苗は接ぎ口がなめらかで、接ぎ穂から元気のよい葉が出ているものを選びます。

植え場所　連作障害を避けるため、ナス科の

●栽培の手順

1 茎が太く、節間の詰まった左の苗のほうが育てやすい。品種を確認し、連作を避ける。

2 接ぎ木苗は接ぎ口のなめらかなもの、台木からではなく、接ぎ穂の芽が元気なものを選ぶ。

3 遅霜の心配がなくなったら、根鉢をくずさずやや浅植え。水はけが悪いならさらに浅くする。

4 浅植えで倒れやすいので30㎝の仮支柱を立てる。地温が低い時期ならポリマルチをする。

5 1番花の下の2芽を残し、それ以外の脇芽は早めにかきとる。何度も出てくるので注意。

6 主枝と脇芽2本の3本仕立てにする。夏は乾燥と雨のはね返りを抑える敷きわらをしておく。

7 1番果と2番果は小さいうちに摘みとり、株の成長を促す。皮のやわらかい若どりが美味。

●3本仕立て

脇芽を全部伸ばして大きくすると、芽の成長に栄養がとられて実が充実しない。1番花のすぐ下の2芽だけを残し、脇芽を早めにかきとる。かきとったあとも出てくるので、こまめにとる。主枝、脇芽2本の3本を伸ばす。

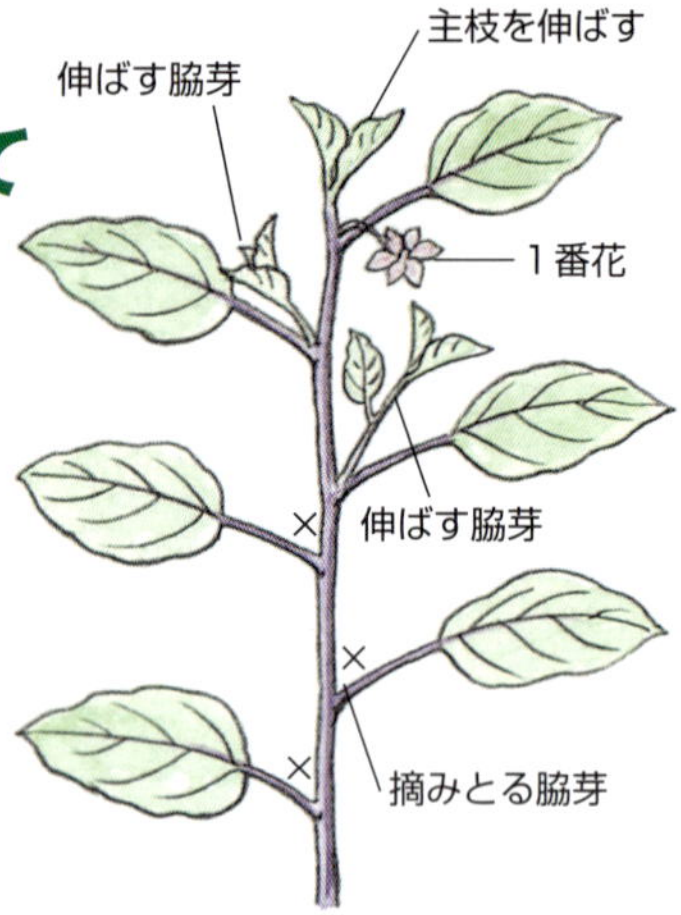
主枝を伸ばす
伸ばす脇芽
1番花
伸ばす脇芽
摘みとる脇芽

野菜をつくった場所なら、4～5年は間をあけます。なお、どうしても連作になる場合は、接ぎ木苗を選びます。日当たりのよい場所を選び、植えつけの1～2週間前、水はけのよい肥沃な土に苦土石灰をすき込んでよく耕します。根が深く張るので、30cm以上は掘り返します。

幅90cmの畝をつくり、溝を掘って1株あたり堆肥と乾燥鶏ふんを各1kgと、化成肥料1握りを施します。軽くまぜてから掘った土を戻しておきます。

これで、くらつきのでき上がりです。

植えつけ　遅霜《おそじも》の心配がなくなってから、暖かい無風の日に植えつけます。地温が低いと根づきがよくないので、植えつけをあせらないことがたいせつです。ポリマルチをすると地温が高まり、乾燥防止にもなります。畝の中央にシャベルかクワで、株間60cmのへこみをつくっておきます。

このへこみに、根鉢をくずさず、やや浅植えになるように植え、周りから土を寄せるようにし、たっぷり水やりをしてなじませます。短い仮支柱を立てて安定させます。

植えつけ直後はいったん、縮んでしまったように見えますが、10日もすると根が成長を始めて回復します。

追肥　ナスは肥料を好む野菜です。植えつけて1カ月もすると、結実が見られるので、油かすや魚かすなどの有機質肥料を1株あたり1握りか化成肥料を、株間にすき込んで土を寄せます。その後も、20～30日おきに畝間に追肥します。

脇芽摘み　3本仕立てにするため、1番花の下の2芽を残して伸ばします。ほかの芽は出てきたところを何度でも早めに摘みとります。接ぎ木苗は台芽もかきとります。

敷きわら　梅雨明け以降は土が乾かないよう、朝夕2度は水やりが必要。夏の乾燥は生育を極端に悪化させます。そこで、マルチングをしていない畝には、乾燥と地温上昇を防ぐため、3cmの厚さの敷きわらをします。むしろなどでもかまいません。雨のはね返りを防ぐので、病害虫防除にも役立ちます。

本支柱立て　3本仕立ての枝1本ずつに支柱を立てます。支柱を1本にするなら、主枝の1本を誘引します。

■収穫

1番果と2番果は栄養を成長に回すため、摘みとります。収穫は3番果から。皮がかたくならないうちに若どりをしたほうが、おいしく食べられます。涼しい朝夕に、ハサミで切りとり収穫します。

切り返し剪定　枝が混み合ってきたら、枝を切り落として整枝をします。日当たりが悪くなると、実の色つやが悪くなるからです。そして8月になったら、思い切った切り返し剪定で枝を更新します。剪定後は液体肥料か、油かすの腐熟液を1株あたりひしゃく2～3杯ほど追肥として施します。20～30日もすると、再び収穫ができるほどに枝が伸び、秋ナスも収穫できます。

保存法　へたつきのナス1kgを洗い、塩200gと焼きミョウバン小さじ1をまぜたものをすり込みます。容器に並べたら、赤トウガラシ2～3本をちぎって入れます。2カップの煮立ててから冷ました水を注いでふたをし、2kgの重しをのせます。

■病害虫

害虫が多いので、定期的な薬剤散布を行います。夏に葉が黄色くなるのはハダニの害。

●切り返し剪定

3本の枝から茎葉が伸びて混み合ったら、8月に切り返して新芽を出させ、追肥を施して秋ナスをつくる。

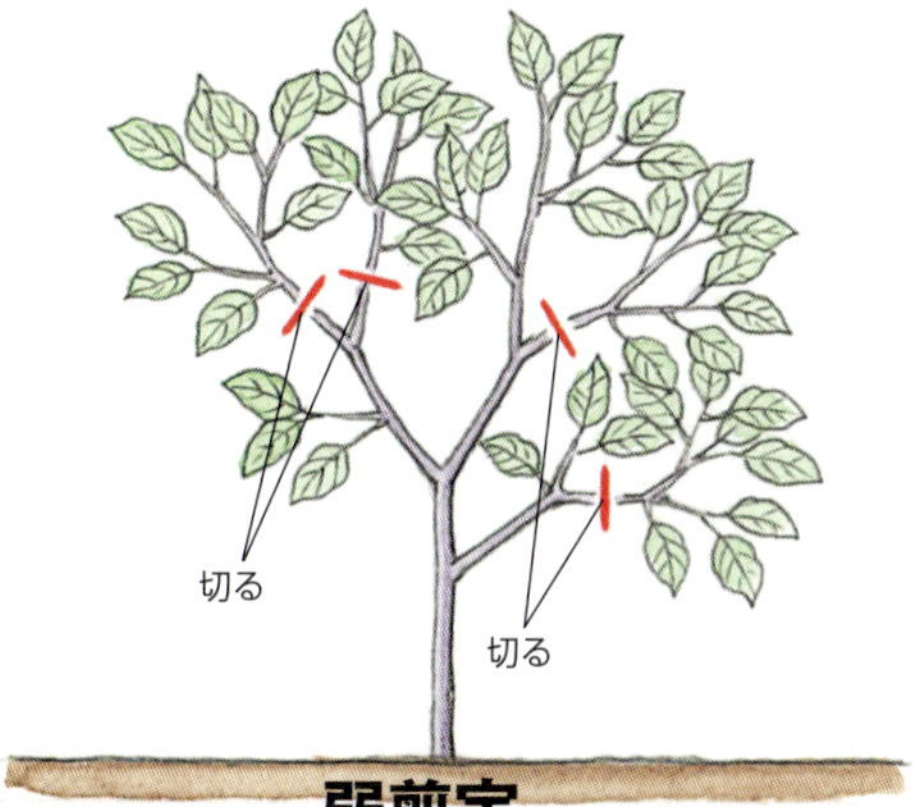

弱剪定

茎を長めに残して切り、20日間は茎葉の成長を促す。

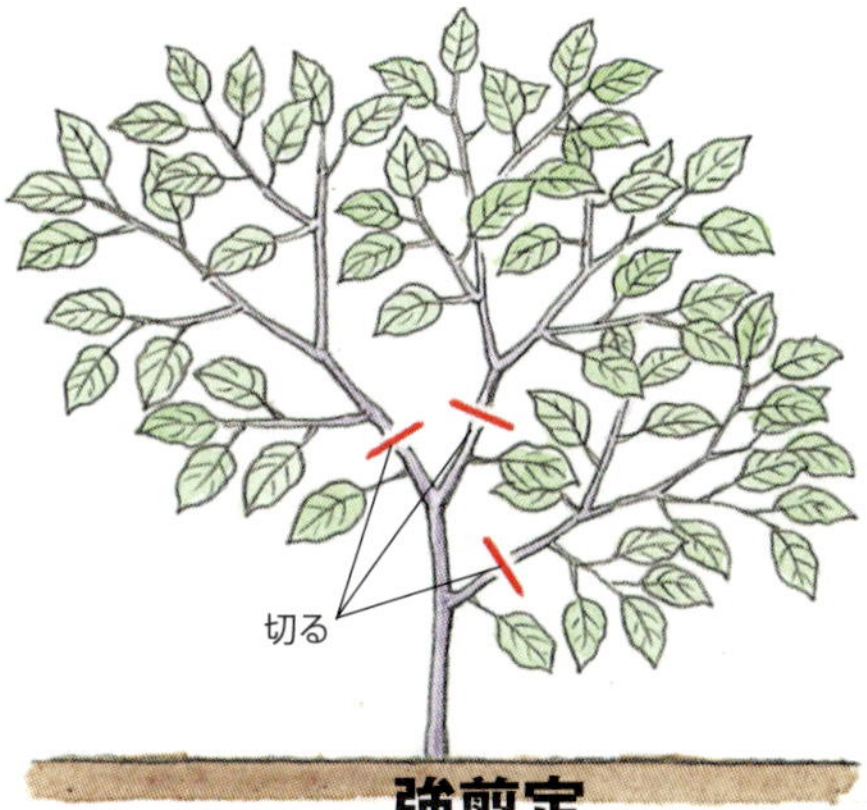

強剪定

茎をつけ根近くで1芽残して切り、30日間は茎葉の成長を促す。

葉裏から水やりして吹き飛ばすか薬剤散布をします。葉を食害するのはテントウムシダマシです。発生が多い場合には、モスピラン、スミチオンなどで早めに防除します。茎から侵入するのはフキノメイガですが、被害茎を切りとり処分するしかありません。

青枯病や半身萎凋病は、土から感染するので防除は期待できません。耐病性のある接ぎ木苗を入手します。

7月中旬ごろには混み合うほどに伸びる茎葉も、やがて夏の暑さと乾燥で株全体が弱る。剪定することで株を若返らせる。

切り返し後は窒素分の多い肥料で茎葉の成長を促し、切り返し前のように充実させる。

Q&A 花が落ちて実にならない

ナスは落花の多い野菜です。雌しべが雄しべより長い花なら結実しますが、日当たりが悪かったり、暑さや寒さ、栄養不足、病害虫などの原因によって、雌しべの短い発育不完全な花が咲き、受粉が行われないことが多いからです。開花後3週間（夏は2週間）で収穫できないような場合は、原因を突き止め、改善する必要があります。

キュウリ（地這い性種）

キュウリ（青長四葉）

〔果菜類〕

夏キュウリが丈夫でつくりやすい
キュウリ

ウリ科

［栽培カレンダー］

月	1	2	3	4	5	6	7	8	9	10	11	12
タネまき・収穫		春キュウリ・タネまき					収穫					
				夏キュウリ・タネまき						収穫		
作業					間引き							
						敷きわら						
施肥					元肥	追肥						

※作業と施肥は夏キュウリ

栽培ポイント

- 肥沃な土に植え、追肥も十分に
- ポリマルチか敷きわらで乾燥を抑える
- 定期的な薬剤散布で病害虫防除

■特性

キュウリには雄花と雌花があり、温度や日照の影響で落花したり結果したりします。原産はインド北部で暑さには強いほうですが、暑かったり日が長いと、雌花のつきが悪くなる傾向があります。品種改良が積極的に行われ、着果習性が異なる多くの品種があります。家庭菜園では、売られている苗を活用した支柱栽培と、夏にタネをまく夏キュウリ栽培が一般的です。夏キュウリは、季節が過ぎてからつくるため「余まきキュウリ」ともいいます。

■品種

支柱栽培なら「夏すずみ」「さつきみどり」など、夏キュウリは「露しらず地這」「青長地這」「ときわ地這」などがよいでしょう。

■夏キュウリの栽培法

初めてつくるなら、暑さや強い日ざしに負けず、病害虫にもおかされにくい夏キュウリ（主に地這い性種）がよいでしょう。支柱栽培よりも失敗が少ないので安心です。

まき場所　水はけと通気性のよい肥沃な場所

●栽培の手順／夏キュウリ（地這い性）

1　30～40㎝間隔でビールびんの底などを押しつけ、まき穴をつくって1カ所に4～5粒、ばらにまく。

2　ホットキャップは発芽して暖かくなってきたら、蒸れないように日中、少しすそをあける。

3　苗が大きくなったらホットキャップの上部を破り、本葉4～5枚まではこの状態で育てる。

4　1株に間引いたら追肥、中耕、土寄せをし、敷きわらで乾燥防止。これを2～3回繰り返す。

5　つるが40～50㎝伸びたら芯を止め、子づる4本とその孫づるを伸ばし、結実させる。

6　1番果は小さいうちにとり、2番果から収穫。若どりがやわらかくおいしい。株も疲れない。

を選びます。やせ地ならタネまきの1～2週間前に、堆肥や腐葉土をたっぷりすき込んでおきます。畝づくりは、幅90～100㎝にして深さ20～30㎝の溝を掘ります。1株あたり堆肥2kgと化成肥料2握りを入れて土とまぜ、掘った土を戻して5～10㎝の高さにします。

タネまき　夏キュウリは地這い性種が多いですが、その場合タネまきは晩春から初秋までまけます。春キュウリなら、4月中旬～5月上旬にまきます。30～40㎝間隔で直径10㎝、深さ1～2㎝ほどの円形に穴をあけます。ビールびんの底などを押しつければよいでしょう。1カ所に4～5粒のタネをまき、軽く覆土をしてからたっぷり水やりをします。

ホットキャップ　保温とタネバエの害を防ぐために、ドーム型に支柱を立ててビニールなどをかぶせ、ホットキャップをつくります。ホットキャップは市販品もあります。

間引き　4～5日もすると芽が出るので、日中、25度以上になってきたら、通気穴をあけるかビニールを破って、中が蒸れないようにします。本葉4～5枚になるまで、大きさに合わせて徐々に破り、キャップをとったら元気のよい1株を残して、ほかを間引きます。

追肥　間引き後すぐ、株間に油かすや魚かすを1握りずつ施します。その後は、3～4週間ごとに畝間に2～3回施します。地表に置くのではなく、軽く土を耕すようにして（中

●栽培の手順／春キュウリ（立ち性）

1 カボチャ台木の耐病性のある接ぎ木苗が出回る。節間の詰まった本葉２～３枚の苗がよい。

2 やや浅植えにしたら水やりで落ち着かせる。水はけがよければ根鉢と畑土が同じ高さでよい。

3 支柱はトマトの要領で合掌式が丈夫でつくりやすい。ポリマルチは地温を上げるのに便利。

4 ２条植えで株間40㎝にし、２ｍの支柱を立てた。巻きひげが巻きつくよう、ゆるく誘引。

5 株間にはポリマルチか敷きわらで病害虫を防除。追肥、中耕、土寄せは夏キュウリと同じ要領で行う。

6 雌花は受粉しなくても肥大する（単為結果）。つけ根に小さなキュウリができている。

耕）、根元に土を寄せます（土寄せ）。実がなってからは収穫が終わるころまで、肥料切れすることのないよう追肥を続けます。

敷きわら　梅雨に入る前には厚く敷きわらをして、乾燥や雨のはね返りを防ぎます。根が地表近くに張るので乾燥しやすいうえ、大きな葉からの蒸散量も多いので、油断するとすぐに水切れを起こしてしまうからです。

摘芯　地這い性種では、つるが横に広がって伸びます。40～50㎝に伸びたら、先端を摘芯して脇芽を伸ばすようにします。この脇芽を伸ばした子づる4本と、その孫づる（子づるの脇芽が伸びる）だけにします。

■支柱栽培法

支柱栽培は、病害虫対策も重要です。苗は本葉2～3枚で節間が詰まり、がっしりした苗を選んで植えつけます。収穫は5月下旬～7月中旬ぐらいです。

植え場所　夏キュウリと同じように準備します。畝幅は70㎝にします。

植えつけ　4月中旬～5月上旬の暖かい無風の日を選び、株間40㎝でやや浅植えにします。根鉢はくずさず、植えつけ後に軽く水やりをしたら、トマトの項を参照して支柱を立てます。葉が大きく風の影響も受けやすいので、春先などの強風時には、よしずや寒冷紗で風よけをします。

植えつけ後の管理　伸びたつるを支柱に誘引

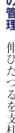

しては止めていきます。子づると孫づるは2葉で摘芯します。追肥や中耕、敷きわら、土寄せなどの作業は、夏キュウリと同じです。

■収穫

株を疲れさせないよう、1番果は小さいうちに切りとります。以降も、できるだけ若いうちに、早朝につけ根をハサミで切りとって収穫します。

保存法　保存には塩漬けが向いています。水洗いした1kgのキュウリを、漬け物容器にきっちり並べては、用意した150～200gの塩を1握りずつまき、最後にたっぷり振りかけて、赤トウガラシ3本を散らします。押しぶたをして1kgの重しをすれば完成。

ピクルスならキュウリ5本に対し、塩小さじ4、つけ汁（酢1カップ、砂糖1/2～2/3カップ、塩小さじ1/2）、ベイリーフ2～3枚、赤トウガラシ2～3本を用意します。つけ汁を煮立て、冷ましてから煮沸消毒したびんに、水けをふいたキュウリ、その他の材料と一緒に漬け込みます。

■病害虫

かなり病害虫の発生しやすい野菜で、トマトやメロン、スイカと同じくらい注意が必要です。薬剤散布は2～3週間に1回、雨が降らない日を選んで定期的に散布するようにします。

下葉から徐々に上のほうへと角ばった黄色の斑点が広がっていくのは、梅雨どきに多発するべと病です。雨後にはダイセンやダコニールなどの散布が必要で、ダコニールの散布はうどんこ病にも効果があります。梅雨前にダイセンを1～2回、予防散布しておくとよいでしょう。つる割病は土壌感染するので、カボチャを台木にした接ぎ木苗にするしかありません。地ぎわから感染し、やがて枯死するつる枯病は、多湿と肥料切れに注意し、トップジンMかダイセンなどを散布します。

根を食害するのはウリハムシの幼虫です。葉や果実を食害する成虫には、マラソンの散布が有効です。アブラムシにはトレボン乳剤を散布。オルトランやアドマイヤーなどの粒剤を根元にばらまいておくと、茎葉部から汁液を吸収する害虫に対して効果的です。

●摘芯

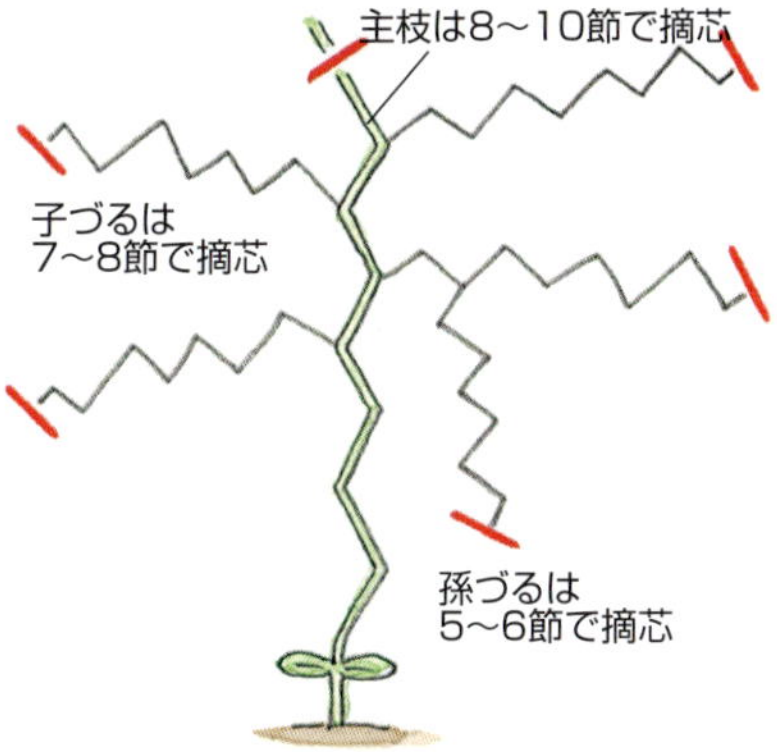
主枝は8～10節で摘芯
子づるは
7～8節で摘芯
孫づるは
5～6節で摘芯

夏キュウリ（地這い性）は、主枝を8～10節で止めて子づるを伸ばす。子づるは7～8節で止めて孫づるを伸ばし、孫づるは5～6節で止める。

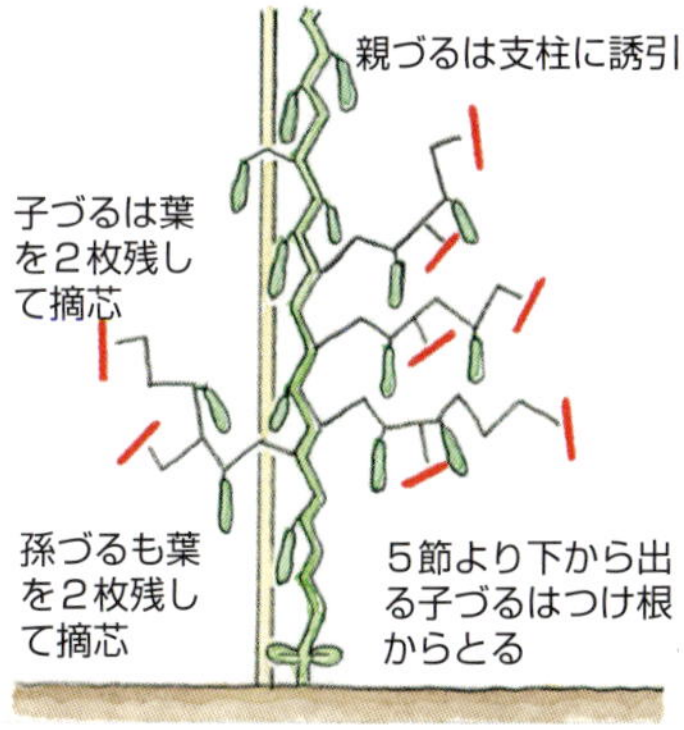
親づるは支柱に誘引
子づるは葉
を2枚残し
て摘芯
孫づるも葉
を2枚残し
て摘芯
5節より下から出
る子づるはつけ根
からとる

春キュウリ（立ち性）は、親づるを支柱に誘引し、6節より上の子づるを葉2枚で摘芯する。孫づるも同様に2枚を残して摘芯。

Q&A　実が曲がってしまう

ウラナリキュウリ、ヘボキュウリともいわれるキュウリは、家庭菜園ならでは愛嬌もありますが、できれば形のよい実を収穫したいものです。

光線や水分、栄養が不足すると曲がり果やしり太りになりやすく、しり細り果は高温乾燥で栄養不足のときにできます。目安としては雄花の開花時に子房の長さが4.5cm以下だと、生育不全と考えられます。対策としては速効性のある液体肥料を施し、水やりを十分に行うようにします。

西洋カボチャ(みやこ)

〔果菜類〕

珍しい品種を育てたり観賞する楽しみも

カボチャ

ウリ科

日本カボチャ(小菊)

打木赤皮甘栗かぼちゃ

［栽培カレンダー］

月	1	2	3	4	5	6	7	8	9	10	11	12
タネまき・収穫			タネまき	━━	─────	─────	─────	━━	収穫			
作業			間引き	━━	━━							
				敷きわら	━━	人工授粉 ━━						
					摘芯	━━						
施肥		元肥	━━	追肥	━━	━━						

栽培ポイント

●その地域に適した品種を選ぶ

●タネをじかまきし、環境に慣らす

●仕立て方を工夫すれば、やせ地でもOK

■特性

料理にお菓子にと人気の高いカボチャは、ビタミン豊富で食物繊維も多く、栄養価の高い優秀な野菜です。ある程度のスペースさえあれば土質を選ばず、どこでもつくれます。

つるが広がるので場所はとりますが、土を選ばず、やせ地でもできます。中南米の熱帯域の原産なので、十分に暖かくなってからタネまきすれば、初めて挑戦しても、まず失敗がありません。

■品種

食材として出回っているのは現在、ほとんどが西洋カボチャと、その交配種です。西洋カボチャは果皮がなめらかで、ほくほくした味わいです。「みやこ」「えびす」「栗えびす」などが育てやすいでしょう。一方、果皮に深く溝が入り、ねっとりした味わいの日本カボチャは、「会津早生」「黒皮」「白菊座」「はやと」などがよくつくられます。ミニには「栗坊」「プッチィーニ」などがあります。

■栽培法

つるを地面に広げながら成長していくカボ

●つるの整枝

西洋カボチャ
親づるは摘芯しないで伸ばす。子づるはあまり出ないが、多いなら元気のよい2〜3本にする。親づるはよく実がつき、子づるは8〜10節目に実をつけさせる。

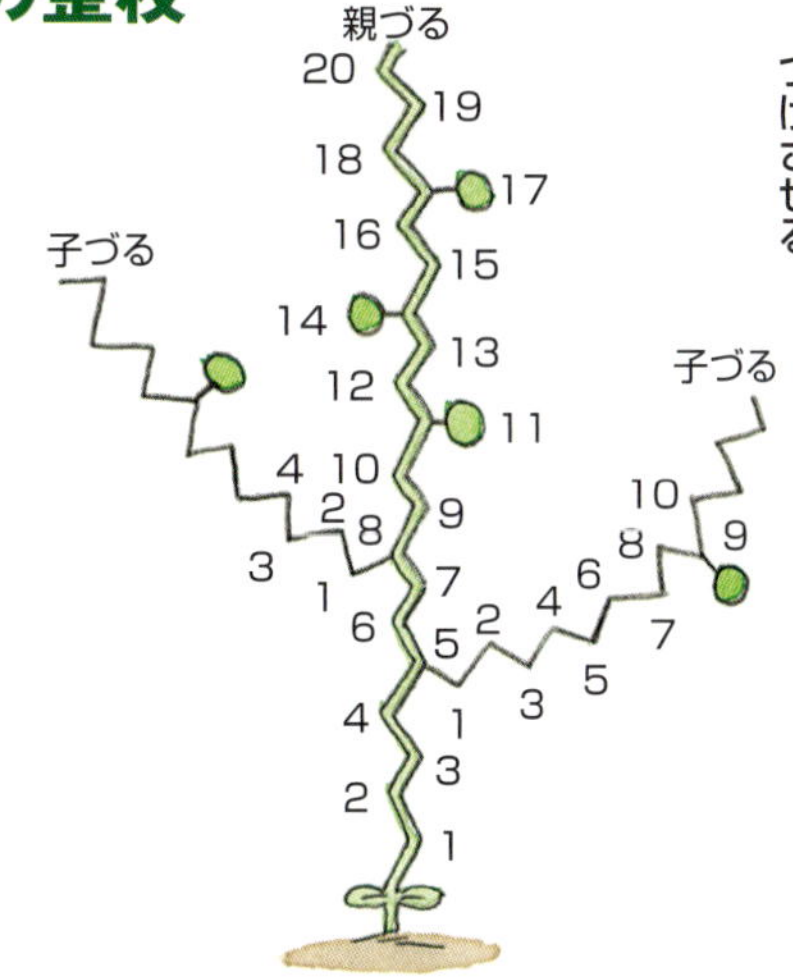

日本カボチャ
子づるがよく出るので、本葉5〜6枚で親づるを摘芯。元気のよい子づる2〜3本にして、絡まないように誘引する。子づるの8〜10節目に実をつけさせる。

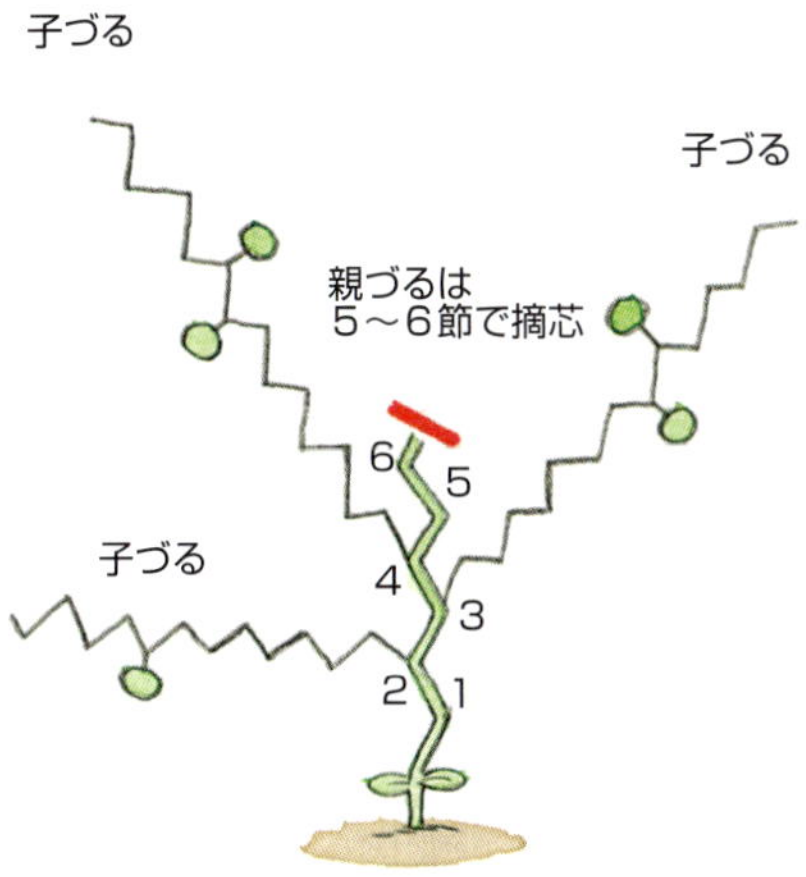

チャは、狭い家庭菜園ではつくれないと思われがちですが、支柱や柵を立て、立体的につくることもできます。庭の隅に植えて垣根や塀に這わせたり、建物を登らせて屋根に広げたりもできます。仕立て方を選べば、土質を選ばないのでどこででもつくれる便利な野菜といえます。

まき場所　カボチャがやせ地でも砂地でも育つのは、土からの肥料分を吸収する力が強いからです。初めて野菜をつくるような場所でなければ、元肥もそれほど必要ありません。

タネまきの1〜2週間前に、1㎡あたり2握りの苦土石灰をまいてよく耕しておきます。深さ30㎝、直径30㎝くらいの穴を掘りますが、2株以上つくるときは最低でも90×120㎝の間隔、西洋カボチャならさらに広く間隔をとります。化成肥料と鶏ふん、堆肥などを2握り入れ、掘り上げた土を埋め戻します。このとき、周囲の土を寄せながら、2〜3㎝高く盛り上げておきます。

タネまき　タネは3月末から4月中旬の間にまきます。土を盛り上げた上に、4〜5粒ずつまいて1〜2㎝覆土をし、たっぷり水やりをします。さらに、市販のホットキャップをかぶせるか、支柱を立ててビニールで覆います。

間引き　5日もすると芽が出てくるので、混み合ってきたところを間引きながら、3〜4週間で1株にします。最後の1株が大きくなって窮屈になるまで、作業後は再びホットキャップをかぶせておきます。ホットキャップはできるだけ長くかぶせておき、徐々に外気に慣らしていくようにします。

植えつけ　苗から育てる場合は、本葉3〜4枚のしっかりした苗を選び、タネまき準備と同じようにして土を盛り上げた上へ、根をほぐして植えつけます。ホットキャップがつかえるぐらいになるまで、かぶせて育てます。

追肥と敷きわら（1回目）　ホットキャップをはずしたら、盛り上げた土の周囲に化成肥料などを追肥します。その周りの土を軽く中耕して土寄せしたら、根元全体をおおうように敷きわらをします。

つるの整枝　西洋カボチャは、親づると一部の子づるの先端の近くに実をつけるので、つるを切ったりしては、収穫できなくなってしまいます。子づるは元気のよい2〜3本以外を摘みとり、伸ばすつるは絡《から》まないように誘引します。支柱や垣根に這わせるときも、重ならないように留めつけます。

日本カボチャは、子づるの8〜10節目に実をつけさせます。まずは、草丈30㎝、本葉5〜6枚ほどつけたところで先端を摘み、芯を止めて子づるを2〜3本出させます。この子づるを四方に広げて伸ばします。

人工授粉　雄花が咲き、しだいにつけ根の部

●栽培の手順

1 直径30㎝、深さ30㎝の穴に元肥を施し、土を戻して2～3㎝高く盛り上げておく。

2 平らにならしてからタネを4～5粒のせる。この上に1～2㎝土をかぶせて水やりする。

3 ホットキャップをかぶせて鳥害を防ぎ、保温をする。発芽してきたら蒸れないようにする。

4 キャップ内が混んできたら間引き、再びかぶせる。最後の1株がおさまらなくなるまで続ける。

5 市販の苗は根鉢をくずして植え、ホットキャップをかぶせ、成長に合わせて破っていく。

6 敷きわらをしてつるを伸ばす。日本カボチャは摘芯するが、西洋カボチャはそのまま伸ばす。

分が球状になった雌花も開くようになると、昆虫などによって受粉が始まります。しかし、昆虫が来ないような場所や雨や低温の影響で落花するような場合は、受粉も行われず結実が見られません。確実に受粉させるためには、人工授粉が必要です。早朝、花弁をとった雄花の雄しべを雌花の柱頭に触れさせます。

追肥と敷きわら（2回目）　1回目の追肥から10日もすると、1番果が握りこぶし大になるので、これを目安に2回目の追肥をします。化成肥料を1株に1握りずつ、つるの先端付近に施し、1回目と同じように中耕、土寄せをします。そのあと、再び敷きわらをしますが、つるが広がっているので敷きわらの範囲を広げます。わらの上なら実が傷ついたり汚れたりすることも少なく、病害虫の防除にもなります。そのためにもできるだけ厚めに敷いておきます。実が大きくなってきたら、傾いている実をすわり直させる玉直しの作業も行います。

■収穫

西洋カボチャは開花後、45～50日ほどして果皮がかたくなったのを見はからって収穫します。日本カボチャは開花後、1カ月を目安とします。外観で判断するには、果柄に縦の亀裂を生じ、果実の表面の光沢が失われたころが適期です。

9
早朝に摘んだ雄花の花粉を、雌花の柱頭にこすりつけるようにすると、受粉しやすい。

7
日本カボチャは子づるを2～3本にする。いずれも四方に伸ばし、つるを絡ませないよう誘引。

10
受粉した雌花は花後につけ根がふくらんでくる。敷きわらなどを厚くして実を傷ませない。

8
カボチャの花は黄色。雌花はつけ根が球状にふくらむ（写真上）。雄花はふくらまない。

うどんこ病は、葉が混み合って蒸れたり、水はけが悪かったりすると出やすい。

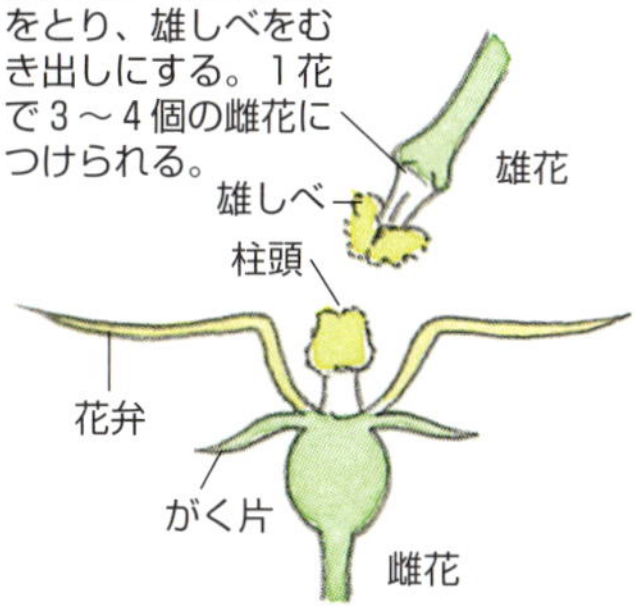
雄花はがく片と花弁をとり、雄しべをむき出しにする。1花で3～4個の雌花につけられる。
雄花
雄しべ
柱頭
花弁
がく片
雌花

●人工授粉

雌花が咲いたら、雄花の花粉を雌しべの柱頭につける。雄花はその日の早朝に咲いたものを選び、晴れた日は8時ごろまでには作業を終わらせないと、受粉しにくくなる。

いずれも果柄を少しつけてハサミで切りとります。傷のないものなら、そのまま室内で2～3カ月はもちます。冷蔵庫では低温障害を起こします。

■病害虫

病害虫は少なく、放任していてもうまく収穫できるほうです。ウリ科の野菜に共通して気をつけたいのはタネバエの幼虫で、発芽したところをねらって食べます。タネに入り込み、発芽前の子葉や茎を食べたり、苗の茎の中に入って枯らすこともあります。ウジムシ状の幼虫は見つけしだいとり除きます。ダイアジノン粒剤やダイシストン粒剤を、予防散布としてタネまき前に土にまぜておく方法もあります。ウリ科だけでなく、インゲンやスイートコーン、ダイズにもつくので、そばに植えているときは要注意です。

Q&A 狭い場所に合った品種は

つるをほとんど伸ばさない品種があります。節間が詰まっており、子づるも少なく、実は株元につきます。これなら、つるを整理する必要もありません。「つるなしやっこ」「利休」など、いくつかの品種のタネが市販されています。

［果菜類］

ズッキーニ

カボチャの仲間で花や未熟果を食べる

ウリ科

ズッキーニ（ゴールデンズッキーニ）

ズッキーニ（ベルナ）

［栽培カレンダー］

月	1	2	3	4	5	6	7	8	9	10	11	12
タネまき・収穫				タネまき	タネまき		収穫					
作業					間引き	人工授粉						
施肥				元肥								

栽培ポイント

- ●株が蒸れないように注意
- ●ポリマルチか敷きわらで乾燥を防止
- ●収穫は早めを心がける

■特性

つるなしカボチャの一種で、ペポカボチャ属。緑色か黄色の皮はなめらかで、太いキュウリのような形です。北アメリカ西部からメキシコあたりが原産地といわれており、イタリアでつくられたズッキーニという品種が広がりました。揚げ物や炒め物にされることが多く、皮の苦みが魅力。花の中に詰め物をして揚げたものもよく食されます。ビタミン類が豊富で、カボチャより低カロリーです。

■品種

緑色種の「ダイナー」、黄色種の「オーラム」などがあります。

■栽培法

まき場所　やせ地には堆肥と苦土石灰をたっぷりまき、深く耕しておきます。2週間前までに化成肥料を1㎡あたり2握りまいて1m幅の高畝をつくっておきます。

タネまき　サクラの散るのを目安に、株間50cmになるよう1カ所に4～5粒まきます。しっかり覆土してたっぷり水やりをしたら、ホットキャップをかぶせます。10日もするとほ

●栽培の手順

1 株間50㎝でビールびんの底を押しつけ、まき穴をつくったら、4～5粒まいて水やり。発芽するまでは乾かさないようにする。

2 ホットキャップをかぶせて育て、発芽を促す。地温が低いときはポリマルチをするのもよい。初期の生育も促される。

3 本葉3～4枚から間引きを始める。根元から引き抜くようにして間引き、敷きわらをしておくとよい。あとは放任していても成長する。

4 つるは伸びず、葉にうどんこ病（写真31ページ）のような斑があるが、病気ではない。雌花のつけ根がふくらむ。

ぽ芽も出そろうので、本葉2～3枚のところで間引きます。あとは成長にあわせてキャップを破りながら大きくします。

敷きわら　ホットキャップをはずしたら、乾燥を抑えるため、根元に敷きわらをします。タネまきの際にシルバーポリフィルムでマルチングをしておく方法もあります。

追肥　生育が思わしくないようなら、液体肥料で成長を促します。葉がたくさん出て蒸れるようなら、日当たりも悪くなるので、適当に摘みとります。また、葉が茂ると水やりの水も届きにくいので、きちんと地面に水をやるよう気をつけます。

人工授粉　カボチャの要領で行います。雄花がなければトマトトーン100倍液で処理。

■収穫

開花後4日目から、へたの上をハサミで切って収穫します。15～20㎝の未熟果から順に切りとり、遅くとも1週間以内には収穫します。小さいうちに収穫していれば株も疲れず、長く収穫が続けられます。雨の日の収穫は、軟腐病の原因になるので避けましょう。最近人気の花ズッキーニなら、開花したばかりの雌花を収穫します。

■病害虫

蒸れるとモザイク病や灰色かび病などが出やすいので、葉を整理します。葉脈に沿って入る白い模様は病気ではありません。

〔果菜類〕

スイートコーン

とりたての甘みとやわらかさが格別

イネ科

スイートコーン（ゴールデンコーン）

スイートコーン（ピーターコーン）

［栽培カレンダー］

月	1	2	3	4	5	6	7	8	9	10	11	12
タネまき・収穫				タネまき				収穫				
作業					間引き	脇芽かき 土寄せ						
施肥				元肥		追肥						

栽培ポイント

- ●元肥をたっぷり施す
- ●十分に暖かくなってからタネまきを
- ●タネまきから収穫まで害虫対策を万全に

■特性

収穫から1時間で甘みが半減するといわれるスイートコーンは、とりたてをゆでたり焼いたりして味わいたいもの。原産地の南アメリカなどでは粉状にして、主要な穀類の一つとして食べられています。

■品種

甘みが強く、食感のやわらかいものが好まれています。「ハニーバンダム」が代表種ですが、最近は黄色と白色のまだらの実で、より甘くやわらかい「しあわせコーン」「カクテル84ＥＸ」などの人気が高まっています。黄色種では「キャンベラ90ＥＸ」「ゴールドラッシュ」などがあります。ポップコーンでは「まるコップ」が代表的です。

■栽培法

タネまきから収穫まで約3カ月と成長期間が短いため、肥沃な土地でなければ、よい収穫が上げられません。あらかじめ、元肥をたっぷり施しておくことがたいせつです。水はけのよい軽い土質を好むので、やや乾燥ぎみに育てます。

●栽培の手順

まき場所　日当たりのよい場所に幅60～70cmの畝をつくり、深さ10～15cmの溝を掘ります。1株あたり堆肥、化成肥料各2握り施し、土を埋め戻します。ポリマルチをすると成長が速まり、収穫までの期間を1週間以上短縮できます。

タネまき　高温を好み、低温に弱いので遅霜の心配がなくなる4月下旬にまきます。溝の上に株間30cmとなるように1カ所3～4粒ずつ点まきします。ハトやカラスに食べられないよう覆土《ふくど》は2～3cmし、よく押さえたら4～5日、芽が出るまで寒冷紗などでおおっておきます。

間引き　20cmになるまでに間引いて、1カ所1株にします。

追肥　草丈30～40cmになったら、化成肥料を1株あたり1握り追肥し、畝間を軽く耕して土寄せをします。根元から出る脇芽は、勢いのないものは放任します。

除房と結実　発芽後、雌穂が2～3本つきますが、いちばん上のものが最も大きくなります。下のほうの小さな雌穂は、絹糸（ひげ）が出るころとり除きます。茎の先端についた雄穂から花粉が落ち、受粉すると絹糸が茶色くなります。

1　30cm間隔で3～4粒ずつまき、2～3cm覆土して踏む。寒冷紗をかけてもよい。

2　本葉2～4枚で弱い苗を間引き、20cmの高さまでに元気のよい1株ずつにする。

3　間引き後は、軽く中耕して土を寄せておく。ここで元気がないようなら追肥をしてもよい。

4　草丈30cmから化成肥料を追肥、中耕、土寄せ。畝間の土を寄せて倒れないようにする。

5　脇芽は地ぎわからかきとるか、ハサミで切る。ただし、早生種の弱い芽は放任してよい。

6　先端についている雄穂の花粉が落ち、雌穂が受粉すると雌穂の絹糸が茶色くなってくる。

■収穫

絹糸が黒くならないうちに、実をさわってみて、かたく充実していたら、つけ根を切りとります。すぐに食べられないときは、実がなっていた状態に立てておきます。エチレンガスの発生を抑え、少しでも鮮度を保つためです。

■病害虫

アブラムシなど害虫が多発しやすいので、防除対策が収穫を大きく左右します。タネは中にもぐり込むタネバエの幼虫、苗は食害するイネヨトウ、茎は途中から折れて枯らすズイムシ(アワノメイガなどの幼虫)、雄花の開花以降は食害が多いアワノメイガ、アワヨトウなどがつきやすくなります。アワノメイガが発生すると雄花が白くなるので、満開になったところで切りとり、エルサン、デナポン、パダンなどを散布します。アワヨトウとアブラムシにはトレボン乳剤を散布。また、実が小さいうちはカラスよけも重要です。

[果菜類]

色鮮やかなビタミン野菜を長く楽しめる ピーマン、トウガラシ

ナス科

ピーマン（ガーネット）

トウガラシ（タカノツメ）

［栽培カレンダー］

月	1	2	3	4	5	6	7	8	9	10	11	12
植えつけ・収穫				植えつけ	━	━	━	━	━	━	収穫	
作業				支柱立て	━	敷きわら ━ / 土寄せ ━	土寄せ ━	土寄せ ━				
施肥				元肥	━ 追肥	━	━	━				

栽培ポイント

- ●ナス科の連作や早植えをしない
- ●暖かく日当たりのよい場所に植える
- ●あらかじめ苦土石灰をまいて耕す

■特性

中央・南アメリカ原産のピーマンは、辛いトウガラシの仲間です。いずれも緑色の未熟果が熟すと赤や黄色に色づきます。熟し具合で甘みや辛みが変わります。実がたくさんつき、長く収穫できるので、食べ方に合った状態のものを収穫すればよいでしょう。

■品種

ピーマン　「京みどり」「翠玉2号」「エース」など。カラーピーマンでは「イエローホルン」「レッドホルン」などがあります。

シシトウ　ピーマンとトウガラシの中間ぐらいの大きさ、辛さです。

トウガラシ　普通は辛みが強いタカノツメ（赤トウガラシ）をさしますが、緑果を生食するものなど、種類はいろいろあります。

■栽培法

高温多湿で一日じゅう日の当たる場所を好み、多雨を嫌います。植えつけがうまくいけば病害虫は少なく、つくりやすい野菜です。

植え場所　水はけ、水もちのよい肥沃な場所に、植えつけ2週間前に苦土石灰をまいて耕

しておきます。土質はあまり選びません。1週間前には30cmほどの深さで穴を掘り、1株あたり堆肥と鶏ふんを各1kgと、化成肥料を1握り施します。株間は50cmぐらいにします。ポリマルチで地温を上げておくと、なおよいでしょう。

苗の植えつけ　発芽温度が25度以上と高いので、家庭菜園では苗を植えつけます。本葉7〜8枚でがっちりとした苗を選んだら、低温では失敗しやすいため、5月下旬まで暖かい場所でポットのまま育てます。

無風で暖かい日の日中、やや浅植えにして短い支柱を立てておきます。

追肥、敷きわら　植えつけ後2〜3週目から2〜3回、2週間に一度、液体肥料を施します。畝間を軽く中耕して土寄せをし、マルチングしていない場合は、乾燥防止と病害虫防除のため敷きわらをします。透明ポリマルチの場合も、梅雨明け後は根が焼けないよう株元に5cm以上敷きわらを行いましょう。

■収穫

緑色の未熟果を若どりする種類は、ある程度の大きさで早めにとっていけば、9月中旬ぐらいまで収穫できます。カラーピーマンは完熟するまで待ちますが、普通のピーマンでもそのままにしておくと赤く色づいて甘くなります。タカノツメは完熟させて10月ごろ収穫し、干して使います。

■病害虫

ナス科は共通する青枯病や疫病などがあるので、連作は禁物です。多雨でも発生しやすく、有効なダコニールを散布すると、2週間は収穫できません。最も発生しやすいのは、アブラムシが媒介するモザイク病です。植えつけ時にオルトラン粒剤の土壌処理やシルバーポリフィルムでマルチングし、アブラムシを避けます。葉や実を食害するハスモンヨトウは、幼虫の時期にプレバソンを散布。落果させるタバコガにはランネートが有効ですが、被害果は早期に摘みとります。

●栽培の手順（ピーマン）

1　しっかりした苗を選び、植えつけ適期になるまで暖かい場所におき、水やりしながら管理する。

2　気温が安定したら、根鉢をくずさず株間50cmでやや浅植えにする。安定が悪いなら仮支柱を。

3　2〜3週間後から2週間おきに液体肥料を施して中耕、土寄せ。全面に敷きわらをする。

4　植えつけ前にポリマルチをすると、地温が安定して初期生育がよい。上にわらを敷いておくとなおよい。

5　開花後、晴天で高温が続くと結実しやすい。茎は整枝、剪定せず、そのまま伸ばしておいてよい。

6　開花から2〜3週間後の若どりがおいしい。赤く色づかせると甘みが増して別のうまさも出る。

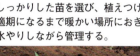

〔果菜類〕

開花から収穫まで楽しみが続く オクラ

アオイ科

オクラ

オクラ（赤峰）

［栽培カレンダー］

月	1	2	3	4	5	6	7	8	9	10	11	12
タネまき・収穫				タネまき	タネまき	収穫	収穫	収穫	収穫			
作業					植えつけ	植えつけ						
							下葉とり	下葉とり	下葉とり			
施肥				元肥	元肥	追肥	追肥	追肥	追肥			

栽培ポイント

- ●熱帯性なのでタネまきは気温が安定してから
- ●タネは一晩水につけてからまく
- ●根が直根なので肥沃地を選ぶ

■特性

アフリカ北東部原産で、大きな黄花を見ればわかるとおりハイビスカスの仲間です。緑色のさやごと食べますが、内部のぬめりに、胃壁を守りタンパク質の消化吸収を助けるムチンと、コレステロール値を下げる食物繊維ペクチンが含まれることから、健康食品として注目されています。

■品種

断面が五画の極早生種には「アーリーファイブ」「ベターファイブ」など、丸オクラでは「エメラルド」などがあります。

■栽培法

寒さに弱く、地温が20度以下では発芽しません。暖かくなって気温が安定するまで、ポリポットで育てます。タネはかたいので、一晩水につけて発芽しやすくしておきます。

タネまき　遅霜の心配がなくなるゴールデンウイークのころ、じかまきか3号ポットに2～3粒まきます。ポットごとビニールでおおって、日当たりのよい場所に置きます。発芽後もビニールトンネルなど暖かい場所で、本

●栽培の手順

1 3号ポットに2～3粒まき、ビニールをかぶせて暖かい場所におく。発芽後も暖かい場所に。

2 1週間後、本葉2～3枚で株間50cmに植えつけ。ポリマルチをしない場合は敷きわらを。

3 花が咲きだしたら収穫を終えるまで、畝肩に化成肥料を施し、軽く中耕、土寄せをする。

4 実とよく似ているが、これはつぼみ。夏、気がつくと節につぼみができ、ぐんぐん大きくなる。

5 花は早朝に咲き、午後にはしぼみ始める。夕方にはすでに、小さなオクラができている。

葉2～3枚まで育てます。

植え場所 土質は選びませんが、長く収穫が続くので元肥は多くします。堆肥や腐葉土を1株あたり1～2kg施し、よく耕しておきます。ポリマルチで地温を上げておくのがよいでしょう。

植えつけ 1週間後、50cm間隔でポット苗を植えつけます。間引きはしません。

追肥 開花が始まるのを目安に月2回、収穫が終わるまで化成肥料を1㎡あたり1握り施します。肥料切れにならないよう気をつけます。

■収穫

タネまきから2カ月、6月下旬ごろから開花が始まります。花は早朝に咲いて夕方にはしぼみ、3～4日もすると4cmほどのさやができています。これを朝のうちに摘みとり収穫します。収穫が遅れるとかたくなってしまうので、気をつけます。食べるときに外側のこまかい毛が気になるなら、塩をすり込むようにして洗います。

ここまで間引かずに育てていますが、最初の収穫をしたら、1カ所に元気のよい1～2株を残してほかを切りとります。また、さやより下に出ている葉も、かきとっておきます。

■病害虫

アブラムシやカメムシにはトレボン乳剤を散布します。

ニガウリ（太レイシ）

ニガウリ（白レイシ）

［果菜類］

ビタミンCたっぷりで家庭料理にも定着

ニガウリ（レイシ、ゴーヤー）

ウリ科

［栽培カレンダー］

月	1	2	3	4	5	6	7	8	9	10	11	12
タネまき・収穫				タネまき	タネまき		収穫	収穫	収穫			
作業					間引き／支柱立て	支柱立て						
施肥				元肥		追肥	追肥					

栽培ポイント

- ●タネまきは十分暖かくなってから
- ●つるを誘引して風通しをはかる
- ●収穫が遅れないようにする

■特性

ビタミンCを筆頭にビタミン類やミネラル成分が豊富なうえに、果皮の苦み成分に血糖値や血圧を下げる効果があるということで注目されています。東インド、東南アジア付近が原産地といわれ、日本では沖縄、九州あたりで栽培されていますが、関東付近でも栽培は可能です。

■品種

各地域で在来種が栽培されていますが、主な育成された品種は「宮崎みどり」「宮崎こいみどり」「群星」「汐風」などです。

■栽培法

性質が強健なので、高温乾燥に強く、日当たりと風通しがよければ育ちます。

まき場所 発芽適温が25～28度と高いので、遅霜の心配がなくなる4月中旬～5月上旬に準備します。幅1mの畝に株間60cmで、直径30cm、深さ30cmの穴を掘り、1穴あたり堆肥バケツ1杯、油かすと化成肥料各1握りを入れます。土とまぜて山高にします。

タネまき 3粒ずつまいて1cm覆土します。

●間引き、植えつけ

じかまきは、本葉4～5枚までに1株に間引く。ポットまきも1株に間引き、本葉4～5枚の1本苗ができたら根鉢をくずさず、株間60cmで植えつける。

●じかまき

株間60cm、条間1mで直径30cm、深さ30cmの穴を掘る。堆肥や元肥と土をまぜてから、掘った土を戻して盛り上げる。平らにならした上に3粒タネをおき、1cmの厚さで覆土。

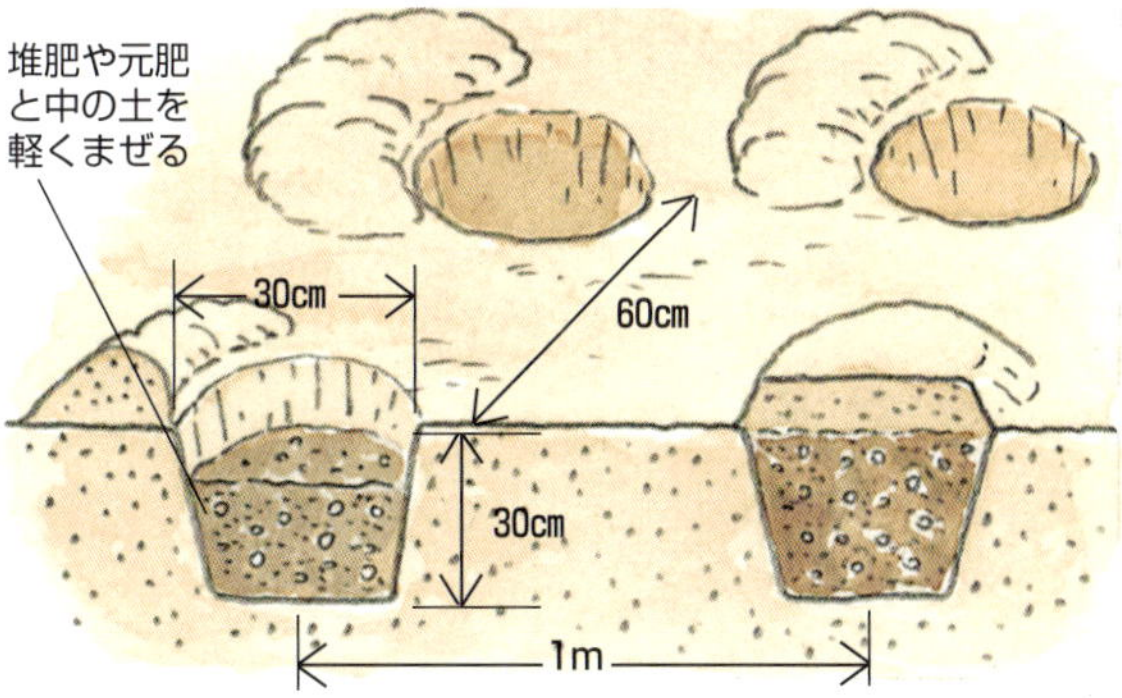

●摘芯

本葉4～5枚で親づるの芯を止め、子づるを伸ばす。子づるから伸びる孫づるも伸ばす。重ならないように誘引しながら、つるを切らないようにする。

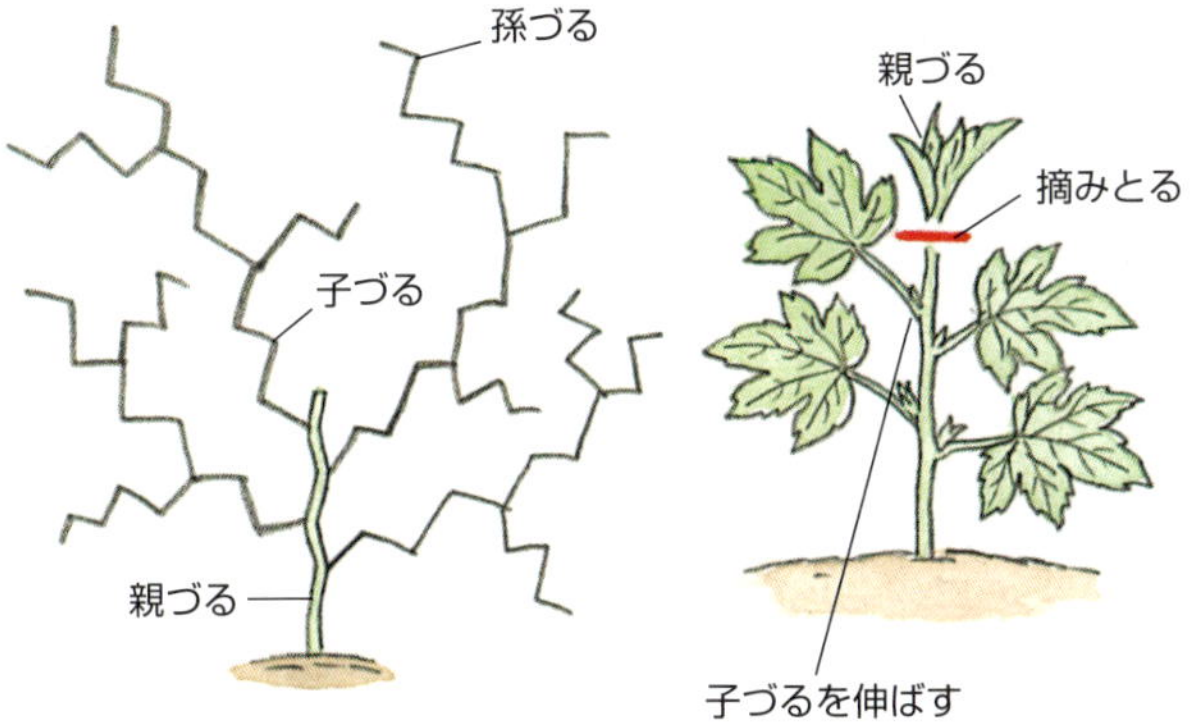

●ポットまき

5号ポットに肥沃な土を入れ、3粒まいて1cmの覆土をする。暖かい場所で水やりしながら本葉4～5枚まで育てる。

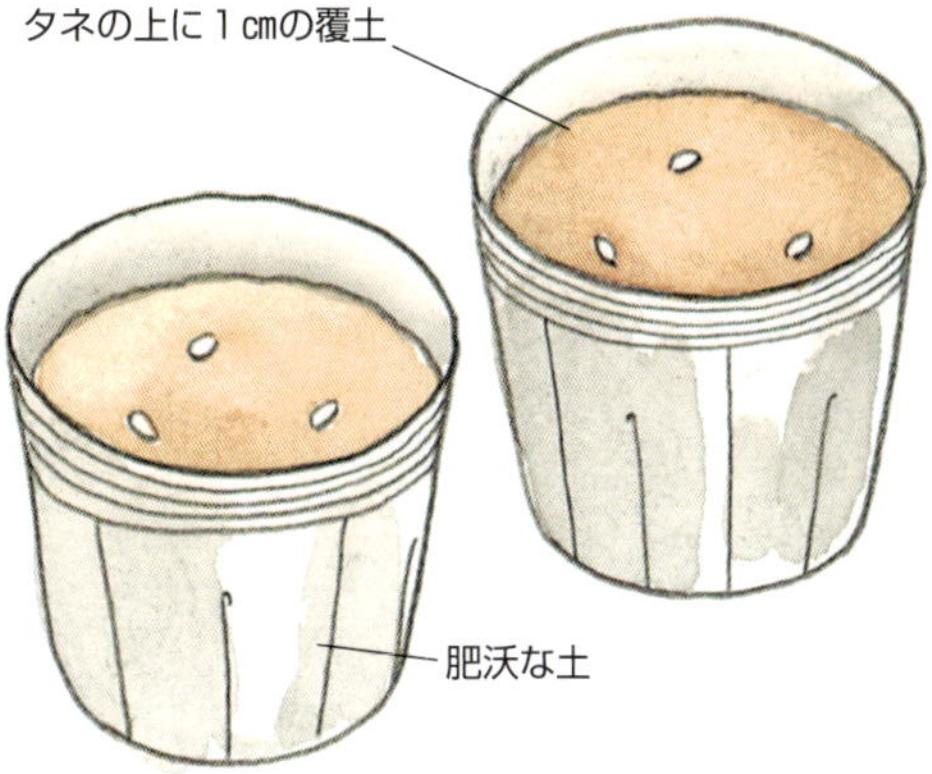

ポリポットにまいてもかまいません。その場合は、本葉4~5枚で植えつけます。

間引き、摘芯　本葉が4~5枚になるまでに、元気のよい1株に間引きます。仕立て方によって異なりますが、一般に親づるの先端を摘んで、子づる2~3本を伸ばします。

支柱立て　子づるとそこから伸びる孫づるを、支柱やネットに誘引して留めます。フェンスを利用して這わせたり、トマトのような合掌式にして、支柱の間にネットを張ったり、ひもを格子状に張るのもよいでしょう。棚を立てて棚づくりにすることもできます。

追肥　子づるが出たら成長の様子を見て1~2回、株元に化成肥料を施します。実が多いときも1握りほどまいて土寄せします。多肥にする必要はありません。

■収穫

開花後、15~20日たったら未熟果を採取します。果皮のいぼがふくらんでくるのを目安にします。収穫が遅れると、だいだい色になって果皮が裂け、種子が出てきます。実のほか、新しい茎葉もゆでて食べられ、実の苦みは塩水につけておくとやわらぎます。

■病害虫

病害虫には強いほうです。アブラムシなどの発生があったら、見つけしだい除去する程度でだいじょうぶです。

シロウリ
（カタウリ）

シロウリ（桂大白瓜）

［果菜類］

塩漬けやぬか漬けで食感を楽しみたい シロウリ

ウリ科

［栽培カレンダー］

月	1	2	3	4	5	6	7	8	9	10	11	12
タネまき・収穫			タネまき						収穫			
作業				植えつけ		摘芯	敷きわら					
施肥			元肥	追肥								

栽培ポイント

- 発芽から生育初期は保温が必要
- つるを摘芯して孫づるに結実させる
- 確実な結実のために人工授粉をする

■特性

東アジア原産で中国から日本に渡来したといわれ、キュウリよりも古くからつくられており、メロンの栽培や品種改良にも深い関係があります。キュウリより太めで、いぼがなく、多くは淡緑色です。密な果肉が加工品に向き、奈良漬としても知られていますが、生野菜としてはあまり売られていません。家庭菜園ならではの味が魅力。

■品種

果皮がつるつるなもの、筋の入ったもの、青みの強いもの弱いものなど、各地で地名のついた品種がつくられています。大きくシロウリ系、カタウリ系、シマウリ系、交配種系に分けられ、シロウリ系の「東京大シロウリ」「東京早生」、交配種系の「はぐらうり」などが出回っています。

■栽培法

暑さと乾燥に強い反面、寒さには弱いので、天候が不安定なときは、ポットまきしてから植えつけるとうまくいきます。

まき場所　タネまきの2週間前、1㎡あたり

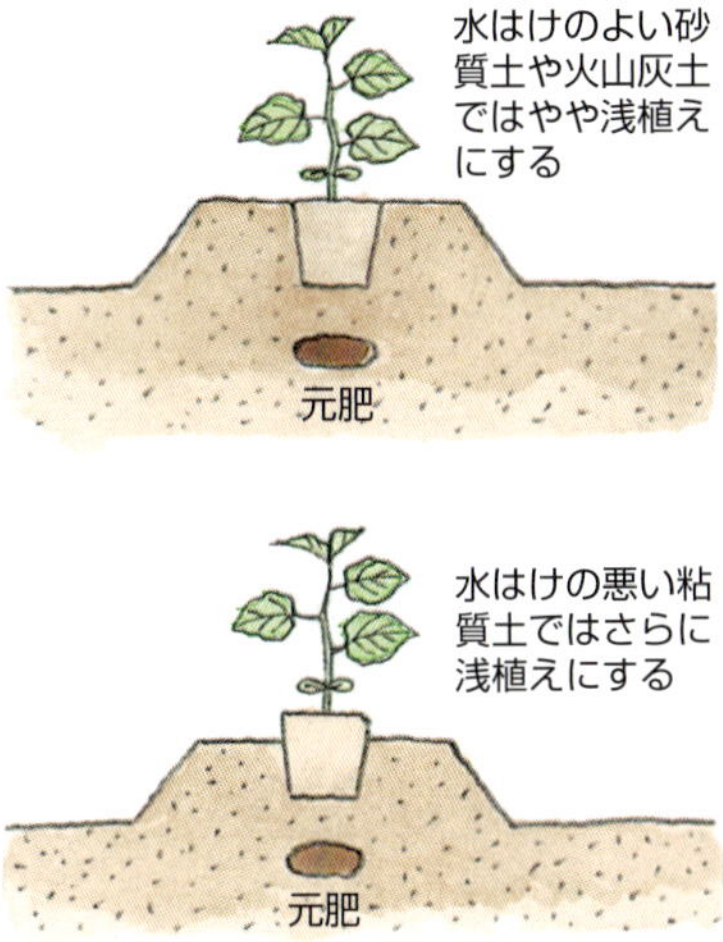
水はけのよい砂質土や火山灰土ではやや浅植えにする
元肥
水はけの悪い粘質土ではさらに浅植えにする
元肥

●植えつけ

5月中旬までに、株間1mになるよう、直径30cm、深さ40cmの穴を掘り、元肥として堆肥バケツ1.5杯、油かす1握りを入れ、山高に埋め戻しておく。本葉5～6枚の苗は、根鉢をくずさずに植える。

●箱まき

じかまき、ポットまきのほか箱まきもできる。平箱か平鉢に川砂を入れて10cm間隔にまきすじをつけ、2cm間隔になるようすじまき。すじを埋めるようにして覆土し、水やり後、箱をビニールでおおう。暖かい場所で乾かないように管理し、発芽後はビニールをあける。

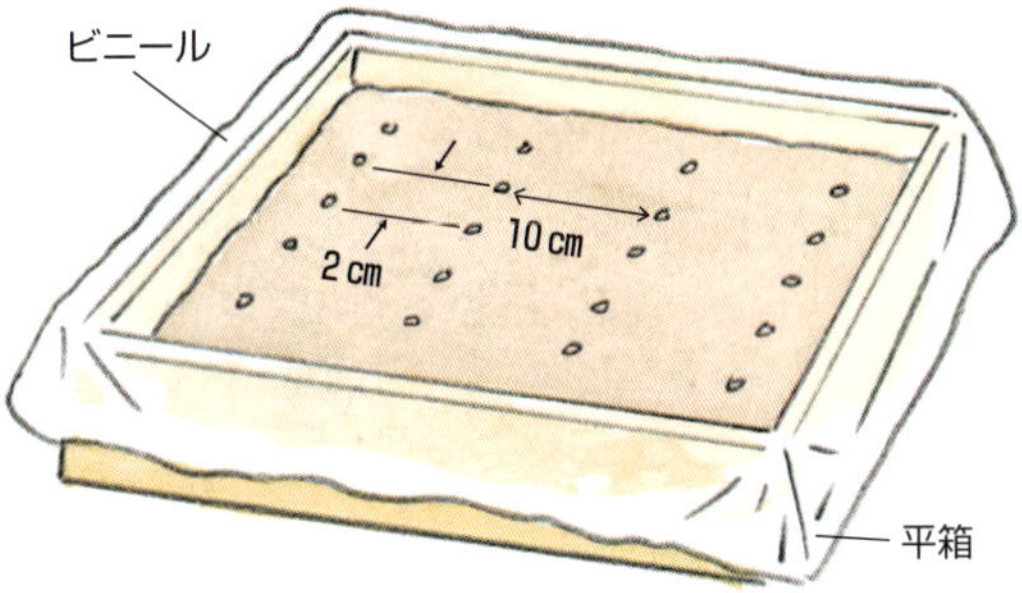
ビニール
10cm
2cm
平箱

●摘芯、整枝

梅雨に入ったら、親づるを4～5節に摘芯し、子づるを出させる。子づるは8～10節で摘芯して孫づるを出させ、このつるに実をつけさせる。敷きわらをして絡まないように誘引する。

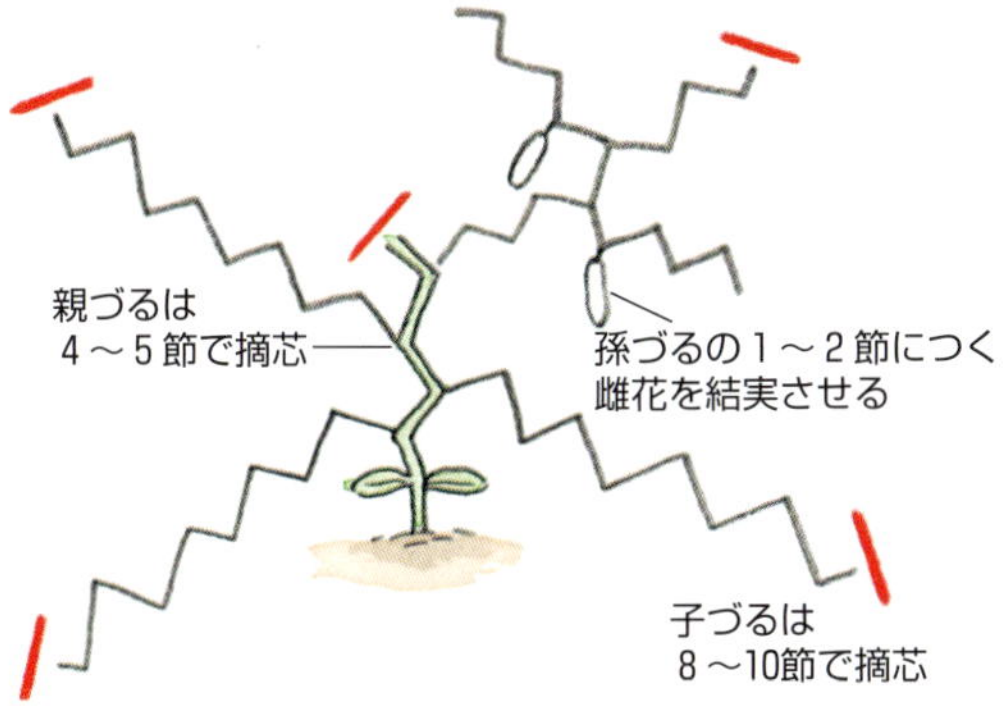
親づるは
4～5節で摘芯
孫づるの1～2節につく
雌花を結実させる
子づるは
8～10節で摘芯

●発芽後の管理

箱まきは本葉の芽が見えてきたら、肥沃な土を入れた3号ポットに、1株ずつ植える。育苗箱などにポットをまとめ、ビニールトンネルで保温をはかりながら育てるとよい。ポット植えしたものも同じ。日中は中が蒸れないよう、ビニールのすそを上げる。

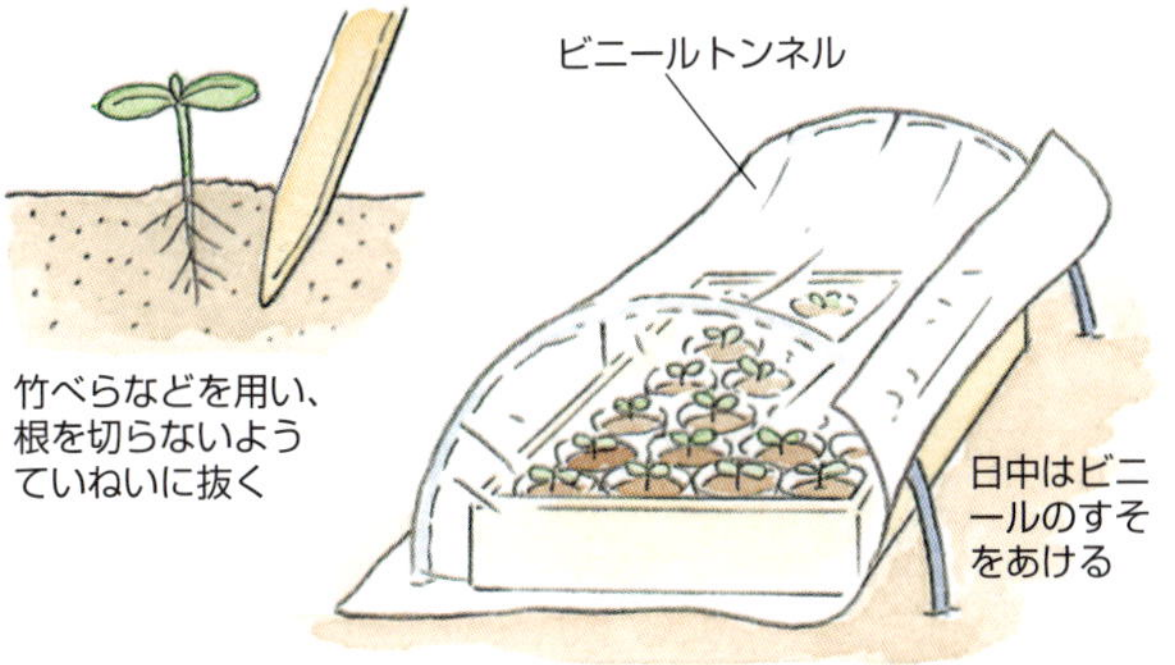
竹べらなどを用い、根を切らないようていねいに抜く
ビニールトンネル
日中はビニールのすそをあける

2握りの苦土石灰をまいて、株間1m、直径30cm、深さ40cmの穴を掘ります。堆肥バケツ1.5杯、油かす1握りを入れて土を埋め戻し、山高に盛り上げます。

タネまき　4月中旬ごろ、1カ所に4～6粒ずつタネをまき、覆土、水やりしたら、本葉3～4枚までホットキャップをかけて育てます。ポットまきなら、3月下旬ごろからまけます。ビニールをかけて暖かい場所におきます。

植えつけ　ポットまきした苗や市販のポット苗は5月中旬から植えつけられます。1週間後から2～3回、硫安を株周りに追肥します。

摘芯　親づるは4～5節で摘芯、子づるを3～4本出させて8～10節で摘芯します。孫づるは着果させるため4節で摘芯。敷きわらをしたら、つるが絡まないように誘引します。

人工授粉　雄花が咲いてから雌花が咲くので、雄花の花粉を雌花の柱頭にふれさせます。

■収穫

開花後、20日ほどたったら、15～20cmくらいの実を切りとり収穫します。緑と白のまだらになっている場合は、玉直し（52ページ参照）をして白い部分にも日を当てます。

■病害虫

病害虫には強いほうですが、多雨で株が蒸れると、べと病やうどんこ病になりやすいので、敷きわらをして病葉はすぐにとり除きます。アブラムシも見つけしだい除去します。

［果菜類］

学校教材に化粧水にと見直される野菜

ヘチマ

ウリ科

ヘチマ

ヘチマの花

［栽培カレンダー］

月	1	2	3	4	5	6	7	8	9	10	11	12
タネまき・収穫				タネまき	タネまき			収穫	収穫			
作業					植えつけ 支柱立て	摘芯						
施肥				元肥								

栽培ポイント

- ●ウリ科の連作を避ける
- ●施肥は元肥を重点に
- ●多湿地や乾燥地は避ける

■特性

自生地の東南アジアや沖縄では食材としておなじみですが、小学校の理科教材としてたわし作りが行われたり、つるから出る液が化粧水に利用されたりしています。棚からぶら下がるくびれた実は、夏の風物詩といってもいいでしょう。繊維が多く、糸ウリともいいます。

■品種

食用種と繊維を利用するための繊維種に分けられます。繊維種のほうがよく出回り、実が30㎝ぐらいから2m近く伸びるものまで、いろいろな品種があります。

■栽培法

日当たりを好みます。連作障害が出やすいので、ウリ科を植えていない場所を選びます。

タネまき　発芽温度が25～28度と高いので、4月下旬以降にポットまきをします。肥沃な土を好むので、園芸用土などを使い、一晩水につけたタネをまいたら、ビニールでおおうなどして保温します。本葉2～3枚になるまで、暖かい場所で管理します。育苗日数は4

●人工授粉

７月下旬には雄花が咲き始める。雄花の花粉を雌花にふれさせる。雄花と雌花はつぼみを見ればすぐにわかる。食用種なら花後10日ほどで肥大した実が収穫できる。

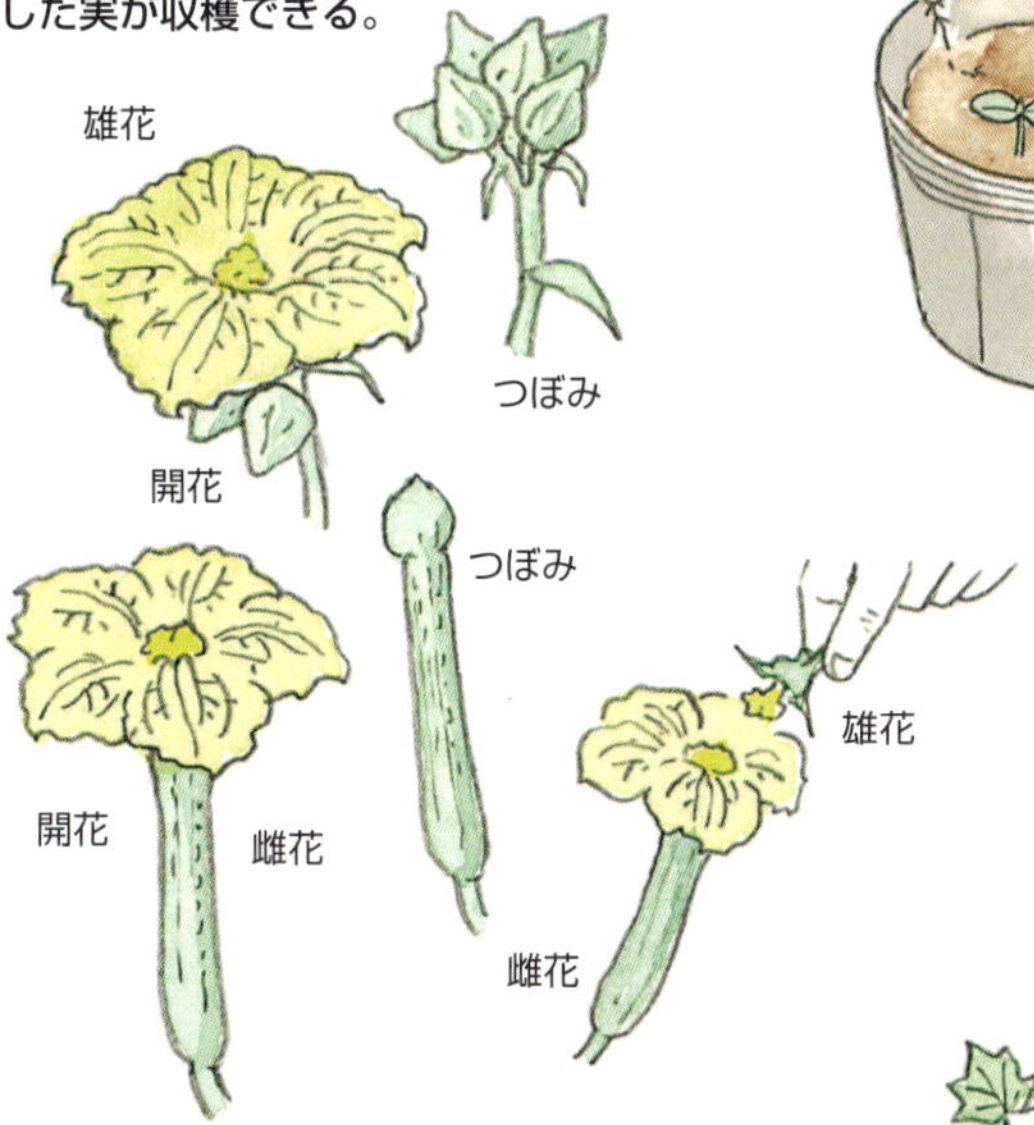

●苗づくり

タネは一晩水につけ、４号ポットに園芸用土などを入れてまく。ビニールでおおって暖かい場所におく。発芽したら間引きながら50日ほど育て、本葉２～３枚の苗にする。

●植えつけ

元肥をたっぷり施し、深く耕した場所に植える。本葉５枚ぐらいになったら支柱を立てたり、ネットやひもを張る。

皮をとりタネを出して乾燥させたヘチマ

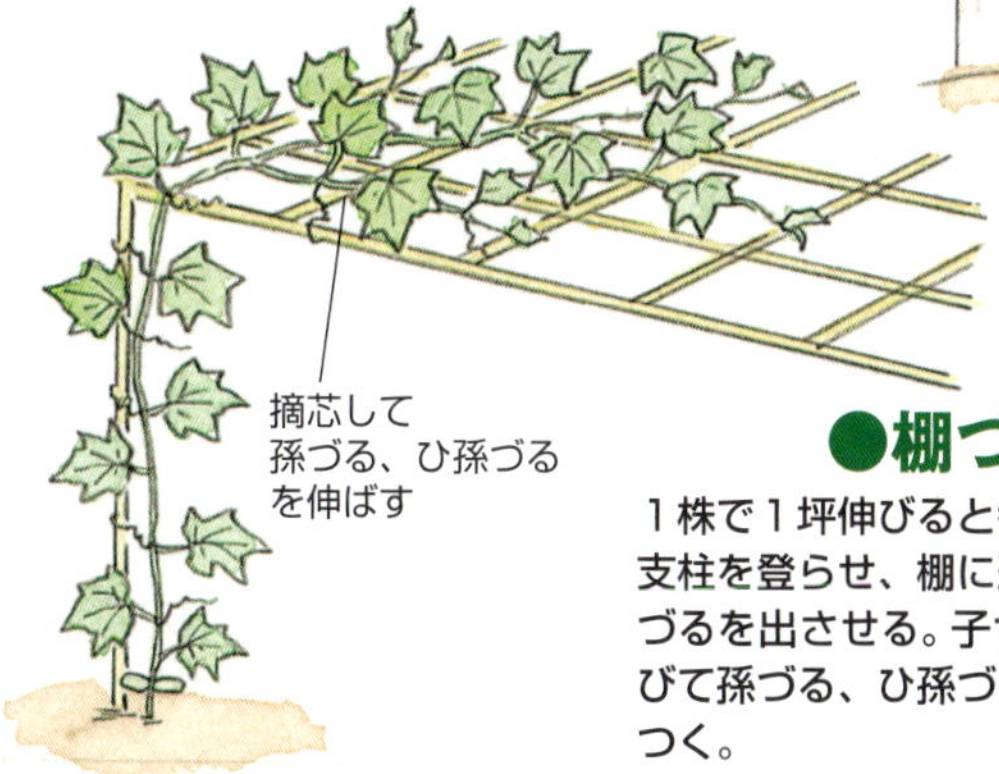

●棚づくり

１株で１坪伸びると考え、棚をつくる。支柱を登らせ、棚に達したら摘芯して子づるを出させる。子づるが15節以上に伸びて孫づる、ひ孫づるを出すと、雌花がつく。

号ポットで50日前後です。

植えつけ 5月上旬以降、気温が安定してから草丈40～50㎝の苗を植えつけます。市販のポット苗を入手して植えてもいいでしょう。1株でも1坪分ぐらい伸び広がりますが、複数植えるときは3ｍは株間をとります。1株あたり堆肥20kg、1B化成1kg、骨粉1kgを幅広く、深く施します。巻きひげが巻きついて大きくなるので、本葉5枚ぐらいで支柱を立てます。棚づくり、壁面づくりなど、仕立て方に合わせます。

摘芯 親づるを摘芯し、3～6本の子づるを発生させ、つるの配置を均等にします。15節以上になると、そこから出る孫づるやひ孫づるに、雌花が咲いて結実します。

人工授粉 丸いつぼみは雄花が咲きます。その花粉を、細長いつぼみの雌花が咲いたところにふれ、受粉させます。結実には、水切れさせないこともたいせつです。

■収穫

繊維をとるなら、果皮が黄色く実が軽くなったところにします。10日ほど水をとりかえながらつけておくと、果皮が腐ってするりとむけます。タネをとり出して洗い、乾燥させると繊維になります。11月ごろまでそのままにしておけば、水につけなくても皮が破れます。

■病害虫

つる割病などは連作をしないことが第一。

［果物類］

イチゴ

新しい子株を出させ、毎年、株を更新する

バラ科

イチゴ

イチゴ（とよのか）

［栽培カレンダー］

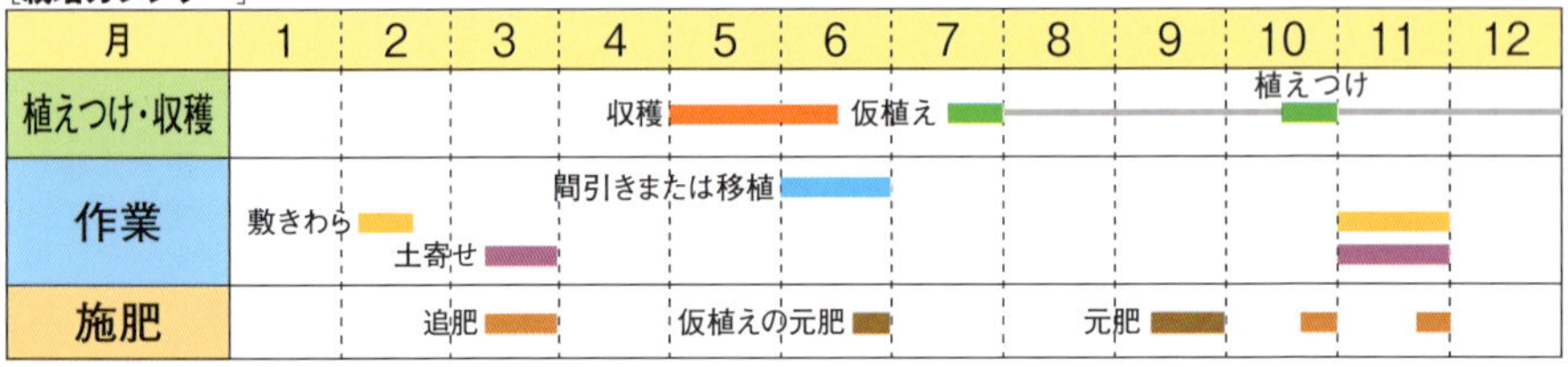

月
1
2
3
4
5
6
7
8
9
10
11
12
植えつけ・収穫
収穫
仮植え
植えつけ
作業
間引きまたは移植
敷きわら
土寄せ
施肥
追肥
仮植えの元肥
元肥

栽培ポイント

- マルチングで土の乾燥を抑える
- 毎年、子苗を新たに植えつける
- 窒素肥料は控えめに

■特性

とりたてのおいしさが格別なので、プランターや鉢づくりを含め、家庭菜園で人気が衰えません。ルーツはアメリカといわれており、オランダで改良されて広まったため、和名はオランダイチゴです。厳密な意味での果実はタネに見える部分で、その小さな粒の中にタネがあります。果肉のつもりで食べている赤い部分はじつは花托です。

■品種

東の「女峰」、西の「とよのか」といわれて久しいですが、家庭菜園では生育旺盛でつくりやすい「宝交早生」などがよいでしょう。

■栽培法

食べるイチゴから果実だけをとり、さらに小さなタネをとり出してまくのはかなり困難。普通は9月ごろから出回る苗を入手して植えつけます。一度植えると、翌年からは子苗ができるのでそれを利用すればよく、栽培家から子苗を譲ってもらう方法もあります。毎年、子苗を新しく植えかえ、苗を更新していくのが、よい収穫のコツです。

●子苗の仮植え

7月には1本のランナーに3～4株の子苗ができる。本葉2～3枚になったころ、ランナーを親株側に2㎝つけて切り離し、親株の植えつけと同じようにつくった移植床に、株間15～20㎝で植えつける。

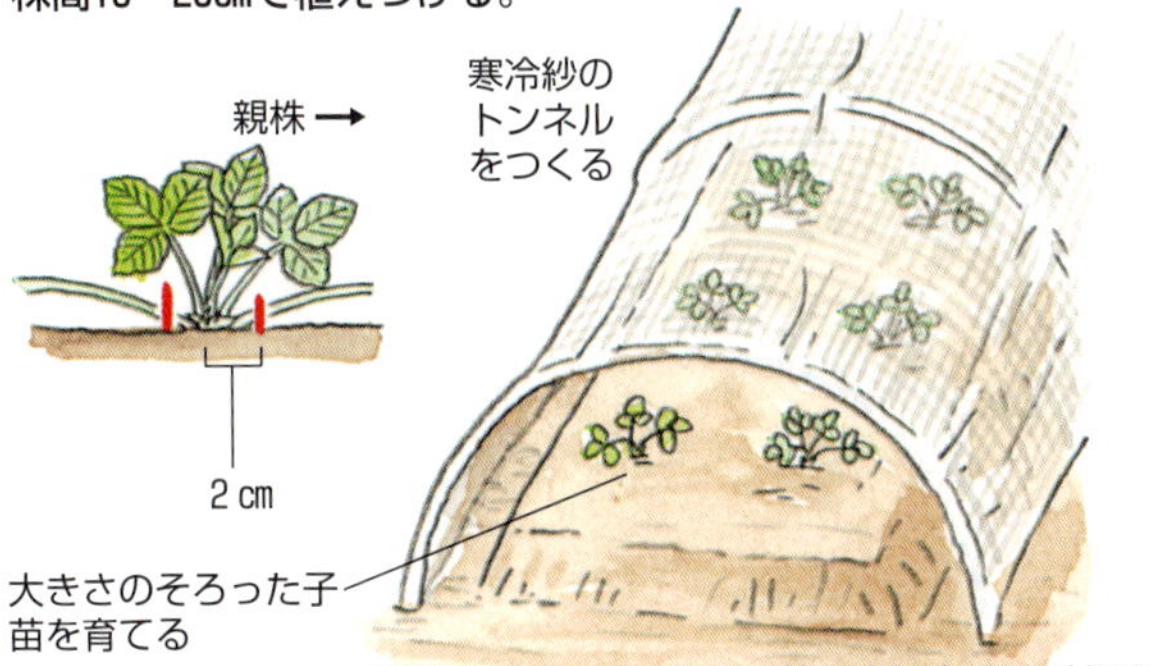
親株→
寒冷紗のトンネルをつくる
2㎝
大きさのそろった子苗を育てる
元肥は親株の畝と同じ。植え方は次ページ参照

●子苗づくり

収穫後、親株を1㎡に2株、株間60～70㎝になるように残す。または、あらかじめ苦土石灰をまいて耕した場所に、1㎡あたり堆肥バケツ2杯と化成肥料1握りを施して畝をつくり、新たに植えつけてもよい。

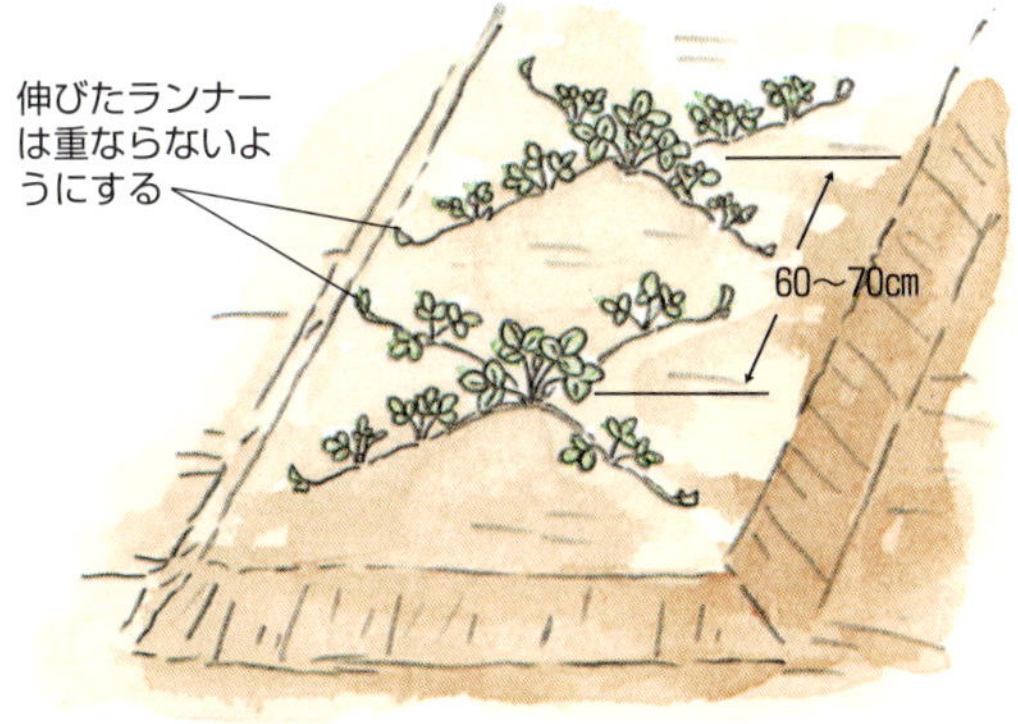
伸びたランナーは重ならないようにする
60～70㎝

根が浅く張るので暑さと乾燥に弱く、水もちのよい肥沃な粘質土を好みます。火山灰土や水はけのよすぎる砂質土の場所では、夏と冬の乾燥期をうまく乗り切るための、水やりと乾燥防止が成長のポイントになります。

子苗づくり　収穫が終わった6月ごろ、親株を1㎡あたり2株になるように間引いて残します。化成肥料を1株あたり1握り、株間に施して軽く耕しておきます。堆肥と化成肥料を元肥にしてよく耕した畝へ、新たに植えかえてもかまいません。翌月からランナーが何本か伸び、7月には1株に30～50株の子苗ができます。親株ではなく、この子苗を育てて収穫します。

移植床　子苗を移植する2週間前に、1㎡あたり堆肥バケツ2杯と化成肥料1握りを施し、よく耕して90～100㎝の平床をつくります。水切れしやすくなるので高畝にはしません。

子苗の仮植え　子苗が本葉2～3枚になったら、親株側のランナーを2㎝つけて切り、反対側は切り落として移植床に植えます。株間は15～20㎝にします。深植えすると芽が枯れるのでやや浅植えにし、十分に水やりをして落ち着かせ、乾かさないように注意して約2カ月間育てます。

苗の育成　夏の日ざしは強すぎるので、日中はよしずや寒冷紗で日よけをします。この段階で伸びるランナーは早めにとり除き、病害虫のもとになる枯れ葉や古葉なども除去して、いつも新葉が4～5枚開いているようにします。ハダニやアブラムシを防除するためにも、葉が混み合わないようにし、害虫が発生したら早めに駆除します。薬剤散布をするならダイシストン粒剤を土にすき込むか、7月中旬～下旬に1～2回、ケルセンを散布します。

植えつけ場所　平床は90～110㎝幅、株間25～30㎝で用意した苗が植えられる長さにつくります。1株あたり堆肥、腐葉土、乾燥鶏ふんを各1握りずつ施し、よく耕してから平らにならしておきます。植えつけの1～2週間前には平床の準備を終え、根が肥料焼けしないようにします。

植えつけ　本葉6～7枚に育てた苗を、10月中旬～下旬に平床に植えつけます。残したランナーの反対側に花房が出るので、ランナーを内側にして植えると、収穫しやすくなります。仮植えと同じく、株元の芽を埋めないように気をつけます。2～3週間たったら、株間に少量の化成肥料を施します。

冬越し　低温・短日が進むと、苗は休眠に入り株がわい化するため、小さくなったように見えます。追肥は、液体肥料などを月に1～2回施し、生育後期まで肥効が落ちないようにします。2月中旬ころには、びっちりと敷きわらをするか、ポリマルチをかけます。この時期に乾燥させてしまうと春に回復しない

●栽培の手順

1　収穫を終えた親株をそのままに残す場合は、化成肥料を1株につき1握り施してすき込む。

2　子株が切り離せるのは7月ごろ。親株側のランナーは2㎝残し、反対側はつけ根で切る。

3　1㎡に堆肥バケツ2杯と化成肥料1握りを施し、よく耕した移植床に15～20㎝間隔で植える。

4　2㎝残しておいたランナーは土に埋め、芽のつけ根にある成長点が埋まらないようにする。

ので、月1回ぐらいは水やりをします。よしずやビニールで北側を囲って寒風をよけ、雪が降る地域ではビニールトンネルをかけます。

春の手入れ　3月中旬～下旬になったら、よしずなどはずし、根元の枯れ葉やランナーなどを摘みとって整理します。化成肥料を1株に1つまみ根元に施し、軽く中耕します。

開花、結実　4月になると、最低でも1株に3～4本の花茎が伸び、やがて開花、結実をします。花は1茎に3～4個ずつつくので、実もそれだけつきます。ランナーも出始めますが、この時期はとり除きます。

■収穫

開花から30～40日で、実が完熟します。全体が十分に赤くなったものから、晴れた日の朝のうちに摘みとり収穫をします。雨に当たると実が傷みやすいので、梅雨に入ったらビニールトンネルをつくって雨よけにします。

たくさん実がついて食べきれないときは、ジャムやジュースに加工するとよいでしょう。

■病害虫

健全な苗を選び、枯れ葉をとり除いて風通しをよくし、敷きわらやポリマルチをしていれば、それほど病害虫にやられることはありません。まずは、それらの作業をきっちり行います。

収穫期に実が腐る灰色かび病は、スミレックスやロブラールを散布すると予防になりま

5 寒冷紗の下で強光線を避け、新しく伸びるランナーは切って本葉6～7枚まで育てる。

6 10月中旬～下旬に、ランナーを畝の内側にして植えつけると、畝の外側に向けて花房が出る。

7 寒肥を施したら敷きわらかポリマルチをする。地上部は枯れても、春になれば芽が伸びる。

8 新しく花茎が伸びる前に、枯れ葉やランナーなどを整理して敷きわらも直し、結実を待つ。

す。根から感染して株を枯らしてしまう萎黄病は、苗選びに気をつけるしかありません。苗は信頼のおける店から入手します。実を食べるナメクジ、カタツムリには誘引剤などを使って駆除します。ハダニやアブラムシは、早めの殺虫剤散布で防除します。

Q&A 花つき苗を入手したのだが……

4月の終わりから花つきの苗が出回るので、これを植えればすぐ収穫できそうですが、あまりよい実にはなりません。花つき苗は、育ててランナーを出させ、子苗をとるための親株と考えたほうがよいでしょう。また、ランナーはたくさん伸びるので、1株で子苗は30株以上つきます。仮植えをしないでそのまま育てると、苗の大きさがふぞろいになるばかりか、栄養が行き渡らず、おいしい実になりません。そこで、最初の大きな子苗や先端の小さな子苗は使わず、中間あたりの大きさのそろった子苗を、新たに植えつけて育てるようにします。これで、より充実した収穫が望めます。

［果物類］

スイカ

スペースに合わせて品種を選びたい

ウリ科

小玉スイカ

スイカ（縞王）

スイカ（タヒチ）

［栽培カレンダー］

月	1	2	3	4	5	6	7	8	9	10	11	12
タネまき・収穫			タネまき	（タネまき）			（収穫）	（収穫）	収穫			
植えつけ・収穫				植えつけ	（植えつけ）		（収穫）	（収穫）	収穫			
作業					摘芯	（摘芯）						
					人工授粉	（人工授粉）	（敷きわら）	敷きわら				
施肥		タネまきの元肥	（タネまきの元肥）	植えつけの元肥		追肥	（追肥）					

栽培ポイント

●連作を避け、有機質肥料を十分に

●苗は保温して成長を促す

●高温、少雨、水はけのよい砂質地を好む

■特性

アフリカの中南部が原産地で、現在出回っているのは米国で改良された品種を、日本でさらに改良したものです。生育旺盛で日照り続き、水不足といわれるような猛暑こそ、おいしい実ができる条件です。

■品種

大玉種では「縞王マックス」「紅大」「瑞祥」「金輝」などが、よくつくられています。皮が黒い「タヒチ」などもあります。細長いラグビーボール形、果肉の黄色い品種など、バリエーションも豊富です。狭い場所なら小玉スイカがよいでしょう。「紅こだま」「こだま」をはじめ、何種類かあります。

■栽培法

高温乾燥を好み、土質は選びません。雨が続くと実つきが悪く、病害虫も多発します。スイカは細い根が深く張るので乾燥に強いのですが、そのために植えかえると傷みが大きくなります。タネをじかまきしてホットキャップなどで保温するか、もっと暖かくなってから市販のポット苗を植えつけ、7〜8月に

●摘果

7～8節につく雌花の1番果と、3番果は奇形果になりやすいので、小さいうちに摘果。成長が遅い株なら花のうちに摘む。15節以降で結実させた2番果を充実させ、1つる1果を基本にする。

雌花

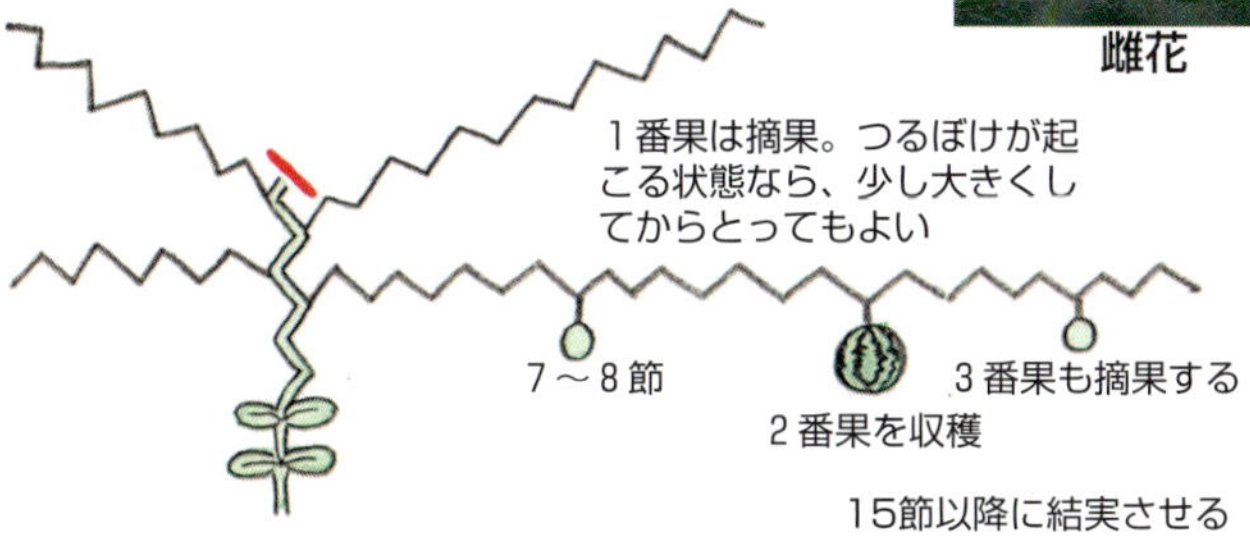

1番果は摘果。つるぼけが起こる状態なら、少し大きくしてからとってもよい
7～8節
2番果を収穫
3番果も摘果する
15節以降に結実させる

●人工授粉

生育がよいと雌雄両性花がついて結実するが、雄しべのない雌花が咲くようなら、人工授粉を行うことが確実な収穫につながる。晴れた日の朝7～9時がよいが、雨天なら9時以降にする。

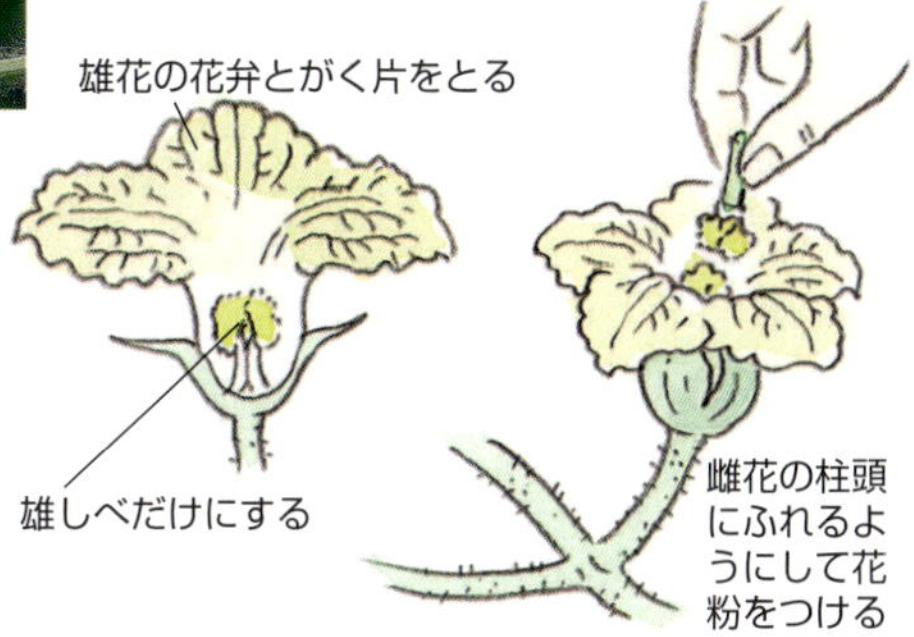

雄花の花弁とがく片をとる
雄しべだけにする
雌花の柱頭にふれるようにして花粉をつける

収穫します。

植え場所　ウリ科の中でも特にスイカは連作を嫌うので、4～5年は間をあけるようにします。市販の接ぎ木苗なら、台木がカボチャやユウガオなので連作も可能です。水はけのよい砂質の土を好み、粘質土では実がつかなくなるつるぼけや、炭疽病が多く発生しやすくなります。

タネまき、苗の植えつけ、いずれの場合も作業の2週間前に、直径30cm、深さ30cmの穴を掘り、堆肥と腐葉土を2～3kgと化成肥料200gを入れて土とまぜます。掘り返した土を埋め戻し、10cm高く盛り上げておきます。株間は120cm以上にします。できるだけ日当たりのよい場所を選びましょう。

タネをまく場合　4月上旬～中旬にじかまきをします。ポリマルチをしてから1カ所にタネを3～5粒ずつまき、軽く覆土して水やりをします。さらに市販のホットキャップをかぶせるか、支柱とビニールでドーム形のビニールテントをつくって保温します。これはウリバエやタネバエの幼虫による食害を防ぐのにも役立ちます。

苗を植える場合　本葉4～5枚で茎が太く、節間の詰まった接ぎ木苗を求めます。ポットをはずし、ポリマルチをしてから浅植えになるように植えつけ、たっぷり水やりをします。タネまきと同じ要領で、ホットキャップかビニールテントをかぶせ、乾かさないように2～3週間管理します。

ホットキャップの換気　本葉が3～4枚になると、ホットキャップの内部が蒸れてきます。すそをあけるか、頂上を破って換気をはかります。中が混んでくるので、1～2回、間引いて1カ所1株にします。苗も活着して芽が動き始めたら、換気をします。大きくなって葉が混み合ってきたら、少しずつ穴を大きくしていきます。

摘芯　整枝法はいろいろありますが、親づるは5～6節で摘芯し、子づるを3～4本仕立てにして、余分な子づるは摘みとり、つるの伸長が平均になるようにします。子づるの15節ぐらいにつく雌花を結実させ、それより下についた孫づるや1番果は摘みとります。結実果より先についた孫づるは放任しますが、3番果がついた場合は、よほど栄養がよくなければ摘果します。

人工授粉　雄花と雌花が咲きますが、生育が十分になると花粉を持った雌花（雌雄両性花）がつくようになり、より結実しやすくなります。雨が続いたり、生育がかんばしくなかったりして、結実しにくいときは、早朝に雄花の花粉を雌花の柱頭にふれさせます。両性花も人工授粉をすれば、さらに確実によい結果が得られます。なお、人工授粉をした日をラベルに書いておくと、収穫の目安になります。

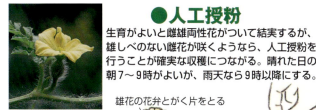

●栽培の手順

1 苗から育てるなら、つる割病に強い接ぎ木苗が安心。根鉢はくずさず浅植えにする。

2 暖かければポリマルチはしなくてもよいが、ホットキャップはかぶせ、換気穴をあける。

3 1カ所1株にしてホットキャップもはずしたら、敷きわらで乾燥を抑えるようにするとよい。

4 親づるを5～6節で摘心。出てきた子づるは、元気のよい3～4本を残して重ならないように広げ、そのほかの子づるを切る。

追肥　1番果が卵大になったら、株の周りの雑草や枯れ葉をとり除いて整理し、米ぬか、油かす、魚かすか乾燥鶏ふんを各2つかみ施します。軽く中耕、土寄せもします。硫安、尿素などの窒素分が多いと、つるや葉が元気よくなるものの、ちっとも実がならないという、つるぼけを引き起こします。

敷きわら　2番果が握りこぶし大になったら、畑一面に敷きわらをし、つるが絡み合わないように誘引します。

玉直し　1つるに1果を基本として、1株に3～5個の実がついています。実が大きいのでぶつかったり、日当たりが悪くて色むらになったりしないよう、玉直しを行います。つるごと持ち上げて無理なく、つるが上になるように正座させます。収穫の1週間前には、ひっくり返すようにして、花落ち部分（底になっているところ）を日に当てます。

■収穫

受粉後、35～40日たったところで表面を軽くたたいてみます。濁った音がしたら、中身が詰まって熟した状態なので、切りとり収穫します。近くの巻きひげが枯れているのも目安になります。すぐに食べず、2～3日おいて追熟させると、果肉がしまって甘みが増します。

■病害虫

ウリ科野菜に共通する病害虫対策をします。

5 写真の一番上の花はつけ根に球状のものがついているので、雌花とわかる。

6 1番果が卵大になったら追肥、中耕、土寄せ。2番果が握りこぶし大になったらわらを敷き直す。

7 実が十分に大きくなったら、地面についた部分に日を当てるよう置き直す「玉直し」をする。

8 品種により受粉からの収穫日数が決まっている。実をたたいて濁った音のものを収穫するとよい

特に若い苗のころに雨が続いたり気温が上がらないと、つるのつけ根が裂けて徐々に腐っていく、つる割病が発生しやすくなります。できるだけ早く株ごと抜きとり処分し、石灰をまいておきます。また、低温多湿状態は、葉や果皮に黒斑が出て、やがて腐る炭疽病や疫病も多くなります。ダイセンやダコニールをまいて予防します。葉が枯れるつる枯病やべと病もダコニールが有効。反対に乾燥が続くと、うどんこ病が発生するので、モレスタンを散布します。

ウリハムシ、ハモグリバエにはマラソンやカスケード乳剤を散布。生育不良のもとになるネコブセンチュウは、土壌消毒するしかありません。

Q&A

発芽がうまくいかない

発芽温度が25度以上と高いので、マルチングしてホットキャップもかぶせます。それでもむずかしい環境なら、苗から育てたほうがよいでしょう。スイカの苗は接ぎ木苗が出回ります。つる割病などに耐病性があり、連作障害も出ません。暖かくなってから植えつければよいので、成功しやすいといえます。

〔果物類〕

メロン

ウリ科

品種を選べば露地栽培も可能

メロン（アンデス）

メロン（プリンス）

〔栽培カレンダー〕

月	1	2	3	4	5	6	7	8	9	10	11	12
植えつけ・収穫				植えつけ	植えつけ		収穫					
タネまき・収穫				タネまき			収穫					
作業					摘芯、土寄せ	人工授粉、敷きわら						
施肥			タネまきの元肥	植えつけの元肥	追肥							

栽培ポイント

- 水はけのよい畑に堆肥類をたっぷり
- 病害虫対策のため接ぎ木苗を入手
- 収穫数を抑えておいしい実をつくる

特性

ルーツは北アフリカといわれており、欧米や中国へと伝わるにつれ、さまざまな品種が生まれました。マスクメロンと呼ばれる香りのよい高級メロンは、19世紀につくられたものを改良したアールス系です。美しい網目からネットメロンともいわれ、現在では日本独自のものとなっています。しかし、温室などの設備が必要なだけでなく、栽培もたいへんむずかしいため、家庭では露地メロンという、比較的つくりやすいものが主流です。

品種

マクワウリとの交配種「プリンス」「金太郎」「金銘」「アリス」などの露地メロンがつくりやすいでしょう。網目のある露地メロンには、「サンライズ」などがあります。

栽培法

ウリ科の中では連作障害が少なく、土質もそれほど選びません。高温乾燥を好むので、発芽がむずかしいようなら市販のポット苗を入手して植えます。

植え場所　日当たりと風通しがよく、水はけ

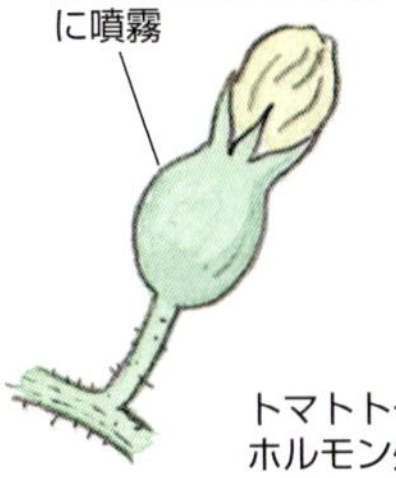

ふくらんできた子房に噴霧

●ホルモン処理

雌花を確実に受粉させるには人工授粉のほかに、ホルモン処理を行う方法もある。規定の倍率に希釈したホルモン処理剤を、雌花に噴霧するだけでよい。

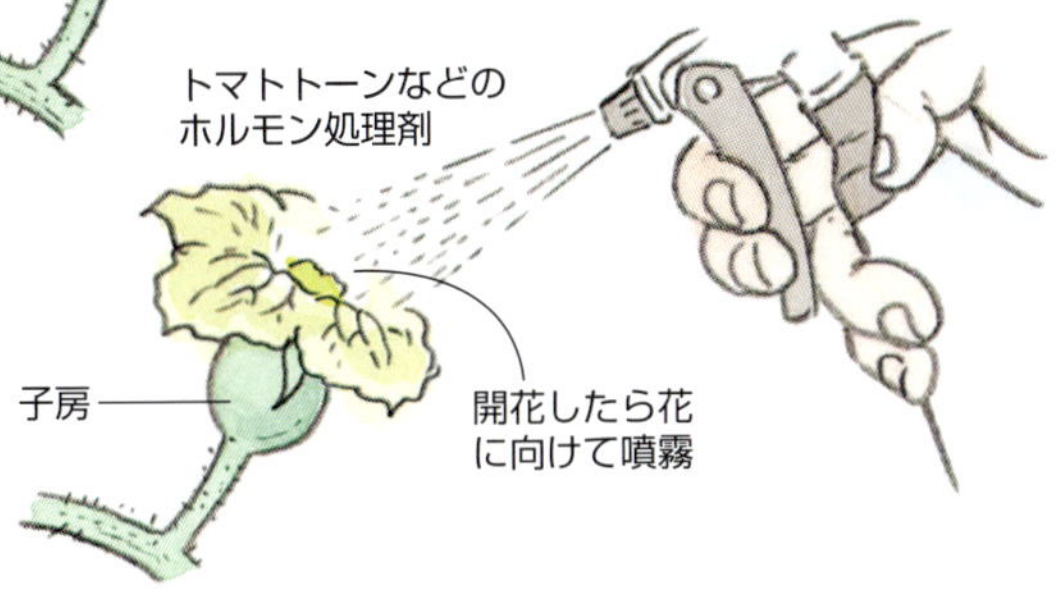

トマトトーンなどのホルモン処理剤
子房
開花したら花に向けて噴霧

●摘芯

親づるを摘芯して子づるを出させ、そこにつく孫づるの雌花を結実させる。子づる1本につき実は2～3個にする。

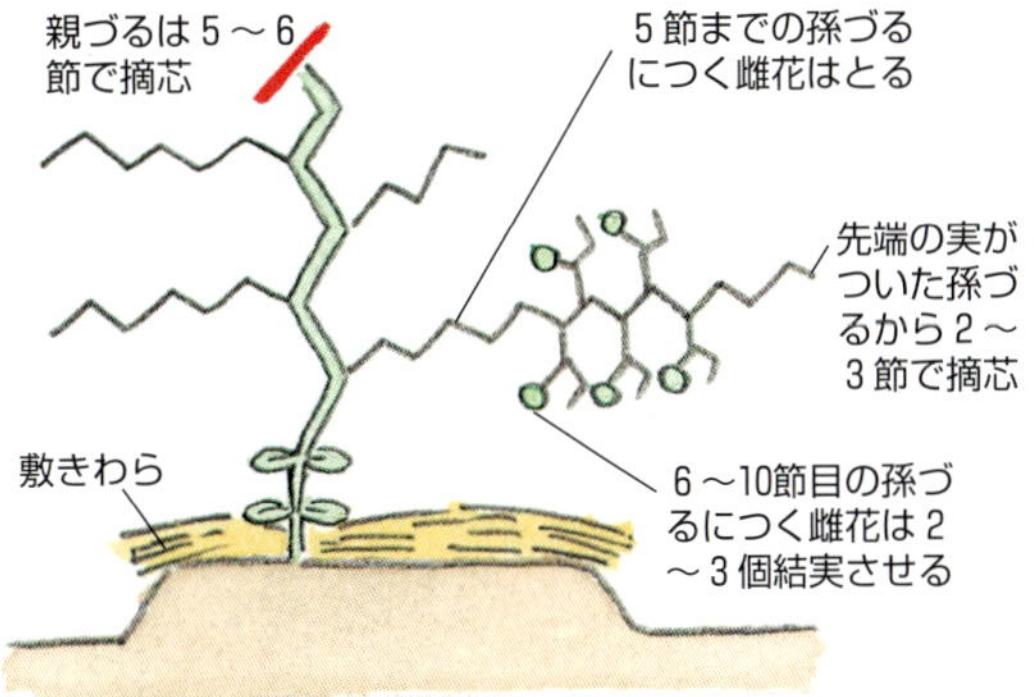

親づるは5～6節で摘芯
5節までの孫づるにつく雌花はとる
先端の実がついた孫づるから2～3節で摘芯
敷きわら
6～10節目の孫づるにつく雌花は2～3個結実させる

のよい肥沃な場所を選びます。タネまき、植えつけとも、2週間前に幅150cmの高畝をつくります。株間90cmで直径30cm、深さ30cmの穴を掘り、1カ所につき堆肥と腐葉土を1～1.5kg、化成肥料100gを施して土とよくまぜます。その上に掘り返した土を埋め戻しておきます。畝全体にポリマルチをし、地温を上げるようにします。

タネをまく場合　3月の彼岸以降、気温が安定してからまきます。1カ所にタネを3～5粒じかまきし、薄く覆土をして押さえ、たっぷり水やりをしたらホットキャップなどで保温します。発芽温度は28～30度とかなり高いので、日陰になるような場所では発芽しません。発芽したら本葉3～4枚までに、間引いて1株にします。暖かくても発芽は30～40日ほどかかります。

苗を植える場合　4～5月になったら市販の接ぎ木苗を入手し、タネまきと同じ準備をした場所に、やや浅植えになるよう植えつけます。苗は耐病性のある本葉3～4枚の接ぎ木苗がよく、節間が詰まったものを選びます。ホットキャップは収まらなくなるまではずさず、保温を続けます。

摘芯　植えつけて2～3週間ほどすると、つるも伸びてくるので、親づるを5～6節で摘芯して子づるを出させます。子づるは3～4本にして葉22～23枚のところで摘芯します。つるが絡まないように誘引しながら、孫づるを出させ、ここに結実させます。子づる1本に2～3個結実が見られたところで、先端を2～3節残して摘芯します。

追肥、敷きわら　親づるの摘芯後、子づるが伸び始めたら、油かす、米ぬか、魚かすなどの有機質肥料を追肥として施します。軽く中耕、土寄せをしたら、畝全体に敷きわらをします。以降、雌花の開花時や実が卵大になったころなど、様子を見て2～3回追肥をしては中耕、土寄せをします。成長が旺盛なら必要ありません。

人工授粉　子づるの6節目以降の孫づるから出ている、雌花を結実させます。日当たりが不足したり低温や30度を超えるような高温が続いたりすると、受粉が行われず花が落ちてしまいます。窒素分が多すぎて成長がよすぎ、なかなか実をつけないこともあります。実つきが悪いときは、雄花の花粉を雌花の柱頭にふれさせる人工授粉を行います。また、トマトトーンなどのホルモン処理剤を、規定量に合わせてスプレーする方法もあります。

摘果　マスクメロンなどは1株1個に摘果し、栄養を集中させることで味をよくしています。露地メロンも1本の子づるに2～3個にし、1株全体にあまりたくさん実をつけさせないようにします。最終的には6～8個になるよう、卵大になるまでに摘果します。

●栽培の手順

1 接ぎ木苗は深植えをすると、接ぎ穂から根が伸びて土壌感染の病気が出てしまうので注意。

2 空気穴をあけたホットキャップをかぶせる。おさまらなくなるぎりぎりまでかぶせておく。

3 ホットキャップをはずしたら敷きわらをする。乾燥と雨による病害虫発生を抑えるのによい。

4 摘芯は植えつけ2～3週間後から。最初に親づるを摘芯して子づるを2～3本だけ伸ばす。

■収穫

開花後40～50日で成熟するので、開花日や人工授粉の日をラベルに書いておくと、よい目安になります。その品種の成熟までの日数を、知っておくことがたいせつです。果皮の産毛がなくなったころ、へたがとれやすくなっているころなど、見た目にも変化が出てくるので、とり遅れないようにハサミで切りとり収穫をします。

■病害虫

高温乾燥を好むといっても、日本の夏のような猛暑はメロンにとっては暑すぎです。しかも湿気が多く、病害虫の発生も自然と増えてしまいます。メロンが温室でつくられているのは、発芽や初期生育中の保温などの効果もありますが、病害虫対策の意味も大きいのです。マスクメロンにくらべれば、紹介している露地メロンの被害は小さいですが、やはり病害虫対策は重要です。

せっかく育てていよいよ収穫というころ、株が全体に枯れてしまうことがあります。この最もやっかいなつる割病は、土壌感染やタネにあらかじめ菌が入っていることから発生するので、発病したら処分するしかありません。ただ株を抜いただけでは、3年ほど菌は生きられるので、徹底した消毒も必要です。防除策としては、耐病性の高い種類の接ぎ木苗を植えます。つる割病ほど急激ではありま

5 子づるは一度、葉22～23枚まで充実させて孫づるを出し、2～3個結実させてから摘芯する。

6 人工授粉はスイカと同じ。むき出しにした雄しべを雌花にふれさせる。雄花1つで2～3花につけられる。

7 1本の子づるで2～3個、全体でも6～8個に抑えてほかは早めに摘果し、実を充実させる。

8 産毛がとれてつやが出てくると、甘い香りがただよう。葉が黄変し、へたもとれやすくなる。

せんが、つる枯病も徐々に葉やつるが枯れます。薬剤散布で拡大を抑えます。

　このほか、アブラムシは樹液を吸いとるだけでなく、モザイク病を媒介するのでやっかいです。アブラムシがつきにくくなる反射マルチ（シルバーマルチなど）を使い、見つけしだいすぐに除去します。ウリ科に多いうどんこ病やハダニの発生には、専用の薬剤を散布しますが、うどんこ病に強い苗も売られています。葉に斑ができたり傷んだりすると養分が不十分になり、最終的には味も落ちるので、早めの対策が必要です。

Q&A 苗を植えたのにうまく成長しない

　ポット苗にあらかじめ水をやり、根鉢をくずさずに植えつけます。メロンの根の伸長地温は最低8～10度が必要です。根は繊細なので、地温が低いと植え傷みを起こします。ポリマルチを敷き、地温を高めて植えつけるなど保温対策に心を配る必要があります。また深植えも失敗の原因となります。深植えすると、過湿で根を傷めたり、接ぎ木苗の場合では接ぎ穂から根が出てしまい、病気を誘発してうまく根づかないということになるからです。接ぎ木苗は耐病性処理をした種類や、性質の強いカボチャなどを台木にしているので、接いであるメロンから根が出てしまっては、接ぎ木の意味がなくなってしまいます。

［豆類］

インゲン

収穫が早くできるつるなし種が簡単

マメ科

つるありインゲン（モロッコ）

つるなしインゲン（アーロン）

［栽培カレンダー］

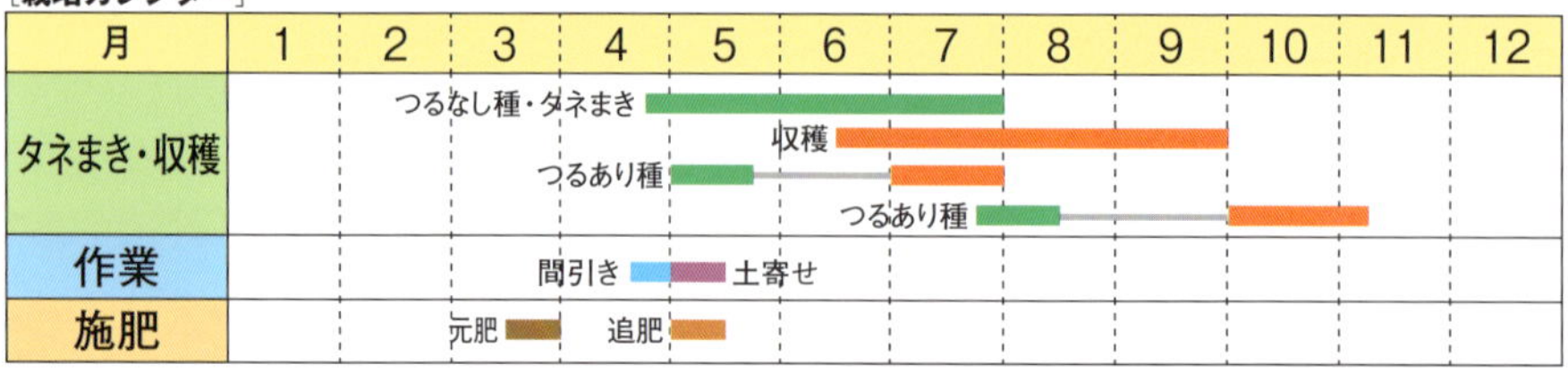

※作業と施肥はつるなし種

栽培ポイント

- マメ科は連作をしない
- あらかじめ苦土石灰をまいて耕す
- タネまき後は鳥害対策を立てる

■特性

中央アメリカ原産で、日本へ伝えたのは隠元禅師といわれています。未熟な状態で収穫し、さやごと食べます。タネまきから収穫までの期間が短く、収穫期間も短いつるなし種が育てやすいでしょう。つるあり種は夏まきでき、収穫期間が長いのが特徴です。関西では三度豆ともいわれるとおり、何度も季節に合った品種をまけます。

■品種

つるなし種は平さやの「つるなしモロッコ」、丸さやでは「恋みどり」「セリーナ」など。つるあり種では丸平さやの「ケンタッキー101」や丸さやの「いちず」などがあります。

■栽培法

インゲンは特に連作障害が出やすいので、3～4年は間をあけます。温度があれば発芽しやすいので、じかまきが楽です。

まき場所　水はけのよい肥沃な場所を選び、酸性土を嫌うので、タネまきの2週間前に苦土石灰をまいて耕しておきます。つるなし種は幅70㎝の畝に株間20～30㎝で2条まき、つるあり種は畝幅90㎝にして、株間30～40㎝の

●栽培の手順（つるなし種）

1 20～30cm間隔で2条がずれるよう千鳥に、ビールびんを押しつけたまき穴をつける。

2 これくらいまでの間引き苗なら、出芽しなかった場所や鳥害にあった箇所に補植できる。

3 本葉2～3枚で2株に間引き、条間や畝肩に追肥して中耕、土寄せ。つるあり種は2回行う。

4 タネまき後6～8週間で開花、結実。収穫も一時になるので、タネまき時期をずらすとよい。

5 開花後10日くらいから収穫を始める。とり遅れないよう、やわらかいうちに収穫する。

●つるあり種の場合

誘引しなくても自然に支柱に巻きつく。細長い支柱にするので合掌式にすると安定しやすい。

2条まきにします。1カ所につき乾燥鶏ふんか化成肥料を1握り、元肥として施し、土を埋め戻します。

タネまき　つるなし種は4月下旬から7月いっぱいまでまけます。タネまき後50日くらいで収穫できる品種が多く、一気に収穫が終わってしまうので、10日ほどずらして2～3回まき、長く収穫できるようにします。つるあり種は収穫まで70日前後ですが、収穫期間も長く続きます。暑さに強いので、5月か7～8月にまきます。タネは1カ所に3～4粒まき、覆土は1cmにします。

間引き、追肥　本葉2～3枚で2本に間引き、化成肥料を追肥して中耕、土寄せをします。つるあり種はつるが出てくるのを目安に、支柱を立てます。誘引しなくても、つるが絡んで登っていきます。

■収穫

実はタネ袋に記された収穫日数を目安に、やわらかい実を摘みとります。とり遅れると、かたくなってしまうので注意します。

■病害虫

病害虫は少ないほうですが、まいたタネが鳥に食べられやすいので、本葉が出るまで鳥よけネットなどを張ります。成長後はアブラムシとハダニを防除。ハスモンヨトウやハモグリバエ類はプレバゾンやアファーム乳剤などを散布します。

［豆類］エンドウ

マメ科

タネまき時期を逃さず、じょうずに冬越しを

栽培ポイント

- ●連作を特に嫌うので3～5年はあける
- ●苦土石灰をまいて耕しておく
- ●タネは早くまきすぎない

実エンドウ（仏国大サヤ）

スナップエンドウ（スナック）

［栽培カレンダー］

月	1	2	3	4	5	6	7	8	9	10	11	12
タネまき・収穫					収穫	収穫				タネまき	タネまき	
作業	土寄せ			支柱立て							敷きわら・土寄せ	敷きわら・土寄せ
施肥										元肥		

■特性

青く未熟なうちに収穫し、さやごと食べるサヤエンドウと、大きくなった実を食べる実エンドウ（グリンピースなど）があります。近年、大きな実になったものをさやごと食べるスナップエンドウもよくつくられています。たいへん古くから栽培されていますが、原産地は中央アジアから中近東にかけてといわれます。

■品種

サヤエンドウでは「白花絹サヤ」「赤花絹サヤ」「仏国大サヤ」など、実エンドウでは「ウスイ」「白竜」などがよいでしょう。スナップ品種には「ホルンスナック」などがあります。

■栽培法

暑さを嫌うので秋まきにして、翌年の初夏に収穫します。寒さには強いので、苗で越冬させ、春に開花、結実させます。

まき場所　連作障害が出やすく、また、酸性土にもたいへん弱いので、前作から3～5年はあけた場所を選び、苦土石灰をよくまいて耕します。タネまき10日前には堆肥を1㎡あたり1～2kg入れ、90cm幅の畝をつくります。

〔豆類〕
エンドウ

●栽培の手順

1 タネまきは初霜直前。ほどよい大きさで冬越しさせることがたいせつ。鳥に食べられないよう2～3㎝覆土。

2 霜よけとして敷きわらをしたり、笹を立てたりする。このくらいの大きさで冬越しさせるように育てる。

3 巻きひげが絡みつくので、株間に支柱を立ててひもやネットを張り、そこに巻きつかせる。

4 エンドウの赤花と白花。開花の様子も美しいのでフェンス仕立てにするのもよい。

マメ科植物は根瘤菌で窒素分をつくり出すので、やせ地でなければ窒素肥料はあまり必要ではなく、鶏ふんや草木灰などを施します。

タネまき 初霜の直前にまきます。早すぎても遅すぎても、寒さに耐えられる大きさにならず失敗します。10月下旬～11月上旬、株間30～40㎝で3～4粒ずつ、指で埋め込むように点まきし、覆土が2～3㎝になるようにします。

防寒 霜がおりて寒さが厳しくなる11月下旬になったら、北側の土を高く寄せて風よけにし、根元をおおうように敷きわらや落ち葉などを敷きます。冬は少し葉先が枯れたぐらいであれば、根は元気に育ち、春に成長が始まります。

支柱立て 春に脇芽が伸びて成長が始まったら、支柱を立ててネットやひもを張ります。やがて巻きひげが絡み、花が咲きます。

■収穫

開花後、サヤエンドウは12～20日、実エンドウは40日ぐらいを目安に、摘みとり収穫をします。サヤエンドウはさやがやわらかいうち、実エンドウは実がふくらんできてからとります。早生種や晩生種もあるので、品種の収穫時期をタネ袋で確認します。

■病害虫

春に茎葉が黄変して枯れるのが、連作障害の典型です。ほかはインゲンを参照。

［豆類］

エダマメ

まいたタネを鳥に食べられないよう注意

マメ科

エダマメの花

茶豆

エダマメ（白鳥）

［栽培カレンダー］

月	1	2	3	4	5	6	7	8	9	10	11	12
タネまき・収穫				タネまき	タネまき	収穫	収穫					
作業				間引き	間引き、ポット苗の植えつけ、土寄せ	土寄せ						
施肥					追肥							

栽培ポイント

- 土質は選ばず、酸度調整も不要
- 元肥は窒素分を控えめに少量施す
- 収穫時期を逃さない

■特性

中国東北部原産で栄養価が高く、古くから日本に入ってきて、今では日本の夏に欠かせない豆となりました。とりたてがおいしいので、収穫したらすぐゆでます。未熟なダイズの豆を食べるため、収穫期間が短いのも特徴。定番の青豆のほか最近、茶豆、黒豆がおいしいと人気ですが、これは熟したときのダイズの色をさして分けているものです。

■品種

青豆は「サッポロミドリ」「湯上り娘」「白鳥」、茶豆は「福成」、黒豆では「濃姫」などがあります。

■栽培法

日当たりがよければ土質も選ばず、やせ地でも育ちます。マメ科は根に寄生する根瘤菌が窒素分をつくるからですが、特にエダマメでは肥料がいらないほどです。ただし、乾燥にはやや弱いので、日照りが続くようなら水やりをします。

まき場所 畑なら特に元肥は必要ありません。初めて野菜をつくるようなら、リン酸とカリ分を補うため、草木灰か化成肥料を少量施し、

●栽培の手順

1 株間15㎝でまき穴に3粒ほどタネを埋めるようにしてまく。鳥害がひどいときや低温の時期ならポットまきにしてもよい。

2 覆土をしても鳥が食べることがあるので、本葉が出るまで、鳥よけネットや寒冷紗のトンネルを張る。

3 本葉4～5枚から、必要に応じてリン酸とカリ分を補う肥料を追肥、中耕、土寄せ。窒素過多にしないように注意。

4 とり遅れは味が落ちるだけでなく虫害もふえるので、8割ほどのマメがふくらんだところで、株ごと抜きとって収穫してしまう。

深めに施しておきます。

タネまき　タネは熟してダイズとなり、かたくなっているので、一晩水につけてやわらかくします。暖かくなった4月中旬以降、60㎝幅の畝に株間15㎝、深さは2～3㎝で1カ所に3粒の2条まきにします。元肥は少量の草木灰か少量の化成肥料をやや深めに施す程度で十分です。もっと早くまきたいなら、ポリポットにまいてビニールなどでおおい、暖かい場所で管理します。

間引きと植えつけ　じかまきは本葉が出たころ、2本に間引きます。ポット苗も間引き、本葉2～3枚になったら植えつけます。

追肥、土寄せ　本葉4～5枚で様子を見て化成肥料を少量施します。その後、中耕、株が倒れないよう土寄せを2回ほど行います。

■収穫

タネまき後80～90日したら、さやがふくらみ、しかも中の豆がやわらかく飛び出してくるうちに摘みとり収穫します。茶豆、黒豆もエダマメのうちは緑色です。とれすぎたときはすぐに塩ゆでして冷凍します。

■病害虫

タネまき後は鳥害対策が欠かせません。被害がひどいようならポット苗をつくり、植えつけます。暖地ではさやを食害するシンクイムシ、カメムシ類の害も大きいので、マラソン、スミチオンで防除します。

ソラマメ

ソラマメの花

［豆類］

ソラマメ

空を向いていたさやが下がったら収穫

マメ科

［栽培カレンダー］

月	1	2	3	4	5	6	7	8	9	10	11	12
タネまき・収穫					収穫	収穫				タネまき	タネまき	
作業			土寄せ	土寄せ								敷きわら
施肥			追肥	追肥						元肥		

栽培ポイント

- ●連作障害が出るので4～5年、間をあける
- ●苦土石灰をまいて酸性土を中和する
- ●乾燥と過湿に気をつける

■特性

中央アジアから地中海沿岸地方原産で高温多湿の日本の夏が苦手で、秋まきにして翌年の梅雨入り前に収穫、塩ゆでにして食べます。大きなさやに2～3個の大きな豆が入っており、完熟前がおいしく、収穫が遅れると甘みが減ります。さやをとると鮮度が落ちます。

■品種

豆が大きい一寸ソラマメ品種が人気で、晩生種「河内一寸」、中早生種「仁徳一寸」、たくさんとれる「陵西一寸」などがあります。

■栽培法

苗は特に寒さに強く、支柱もいらないので、手がかからず育てやすい豆です。暑くなる前に収穫をしてしまいます。

まき場所 連作と酸性土を嫌うので、日当たりがよく前作から4～5年あけた場所を選び、苦土石灰をまいて耕しておきます。タネまき1週間前に幅60～70㎝の畝をつくり、堆肥と化成肥料が1株あたり2握りとなるよう、溝を掘って施します。

タネまき 初霜の前の10月下旬から11月上旬、

●栽培の手順

1 株間25〜30cmで2粒ずつ、タネのおはぐろを斜め下に2〜3cm押し込む。寒ければポットまきにする。

2 この大きさで冬越しさせる。敷きわらをして乾燥を抑え、笹を立てるなどして寒風よけも行う。乾燥が続くときは水やりもする。

3 成長が始まったら化成肥料をばらまき、中耕、土寄せをする。開花の前にも追肥、実を充実させる。

4 さやが空を向いているうちはまだ収穫しない。水平ぐらいになったら中の実もふくらむので、利用する分だけ摘みとり収穫。

株間25〜30cmで1カ所に2粒ずつ、黒い筋のおはぐろが斜め下になるよう2〜3cmほど押し込みます。そこから芽と根が出るので、向きをまちがえないようにします。時期が早すぎると、成長しすぎて寒さにやられます。

敷きわら　寒さに強いとはいえ、冬は乾燥した日が続くので、12月の半ばごろ寒さよけも兼ねて敷きわらをします。元気がないようなら暖かい日中に水やりもします。

追肥、土寄せ　春になると再び成長が始まります。雑草をとり除き、化成肥料を追肥して中耕、倒れないように土寄せもします。4〜5月の開花前にも同じように追肥を行います。窒素分が多くなると、花がつかなくなるので気をつけます。株元の脇芽が多いときはかきとり、4〜5本枝にします。

■収穫

さやがふくらみ光沢も出て、筋の部分が黒くなってきます。〝空豆〟の名のとおり空を向いていたさやが、水平に下がってきたら摘みとります。品種ごとの収穫日数も目安にしましょう。おはぐろが黒くなっていなければ早すぎです。収穫後は急速に鮮度が落ちるので、すぐに塩ゆでをします。

■病害虫

連作による立枯病は抜きとり処分、過湿によるさび病や赤色斑点病には薬剤を散布。アブラムシやハスモンヨトウ類も防除します。

〔豆類〕

ラッカセイ

土にもぐって、さやをつけるおもしろい豆

マメ科

ラッカセイ

ラッカセイの花

［栽培カレンダー］

月	1	2	3	4	5	6	7	8	9	10	11	12
タネまき・収穫					タネまき					収穫	収穫	収穫
作業						植えつけ・土寄せ	土寄せ					
施肥					元肥							

栽培ポイント

- ●高温乾燥、砂質土を好む
- ●開花後は中耕して土寄せをする
- ●収穫後は天日干しする
- ●実入りは苦土石灰が決め手

■特性

南アメリカのアンデス地方が原産地といわれており、高温で成長し、受粉すると子房柄が土中にもぐってさやをつけるので、霜に弱い性質があります。油分にはオレイン酸とリノール酸を含んでおり、ビタミンEも多く、健康食品として見直されています。いらずに天日干ししたものは味が違い、最近は塩ゆでも普及してきました。

■品種

「ナカテユタカ」「千葉半立」が最もよく出回ります。塩ゆでに向く「郷の香」もふえています。食品として売られているものは、いってあるので発芽しません。

■栽培法

砂質土のような水はけのよい土を好み、25〜30度でよく成長します。発芽温度が高く、鳥やネズミなどに食べられることも多いので、苗を育ててから植えつけます。

タネまき　5月上旬ごろ、3号ポリポットに川砂を入れ、一晩水につけたタネを2〜3粒、2cmの深さに埋めます。水やり後は暖かい場

●栽培の手順

1 苦土石灰はたっぷりすき込む。立ち性種なら株間20cm、ほふく性種は30cmで植える。

2 子房柄がもぐりやすいように除草し、追肥、中耕、土寄せ。雑草よけに敷きわらもよい。

3 円内に花が落ちて下を向いているのが見られる。これが土の中にもぐり込んで実をつける。

4 もぐった子房柄の先端がさやになりかけている。収穫は試し掘りをして実を確認してから。

5 全体を掘り出し、さっと土を落とすように水洗いして寒風にさらしておくとよりおいしくなる。

所に置き、ビニールなどでおおいます。3～4日で発芽したら、1週間に1回、薄い液体肥料を施して本葉3～4枚まで育てます。

植えつけ 1㎡あたり苦土石灰5握りを施し、70～80㎝幅の畝をよく耕します。元肥は肥沃地では控え、やせ地では1株あたり1握りの化成肥料を溝に施してよく土とまぜ、掘った土を埋め戻します。株間20～30㎝で苗を植えつけます。

追肥、中耕、土寄せ 開花が始まったら除草して中耕、土寄せし、受粉した花の子房柄が土にもぐりやすくしておきます。このとき、生育状態がよくないようなら、除草後に化成肥料などを追肥として施しておきます。

■収穫

10～11月に茎葉が枯れ始めたら試し掘りをし、さやに網目ができていたら全体を掘り上げます。水洗いして畑に積み上げ、寒風にさらして天日干しにするとおいしくなります。また、水洗い後、さやごと塩ゆでにしてから、豆をとり出してもおいしく食べられます。

■病害虫

せっかくできたさやを食害するのはコガネムシです。未熟な堆肥などを使うと発生しやすくなるので、元肥に気をつけます。空さやが多い場所では、苦土石灰の散布も効果があります。黒渋病や褐斑病はベンレート、トップジンM、ダコニールで防除。

［根菜類］

土寄せでイモを大きくしていく

ジャガイモ

ナス科

ジャガイモ（メークイン）

ジャガイモ（伯爵）の花

ジャガイモ（男爵）

［栽培カレンダー］

月	1	2	3	4	5	6	7	8	9	10	11	12
植えつけ・収穫	春づくり・植えつけ						収穫					
							秋づくり				収穫	
作業					芽かき							
			土寄せ									
施肥		元肥			追肥							

※作業と施肥は春づくり

栽培ポイント

- 信頼できる店で無菌のタネイモを入手
- 土に茎葉が残るので連作しない
- 芽かきをして実の質を高くする

■特性

南アメリカのアンデス地方の原産で、15～20度の冷涼な気候を好み、昼夜の温度差があるとよく成長します。日本では北海道あたりの気候に合った品種が出回っていますが、適応力があって暖地でも育てられます。デンプン質とはいえカロリーはごはんの半分で、ビタミン類も多く含むため、肉料理のつけ合わせに用いられます。5月に咲く白や紫色の花もかわいらしいものです。

■品種

早生種の「男爵」をはじめ「きたあかり」「メークイン」「とうや」などがあります。暖地の秋植えなら晩生種の「農林1号」「デジマ」などが多く出回ります。

■栽培法

食べるジャガイモを土に埋めても、たいていは芽が出ないように処理されていたり、ウイルスをもっていたりして、うまく収穫できません。タネイモと呼ばれる種苗検定済みの、無菌のイモを植えつけます。夏の暑さで成長が止まってしまうので、春づくりで夏に収穫

●タネイモの切り方

種苗検定済みのタネイモを入手し、30～40gになるように切り分ける。必ず1片に2芽以上つける。

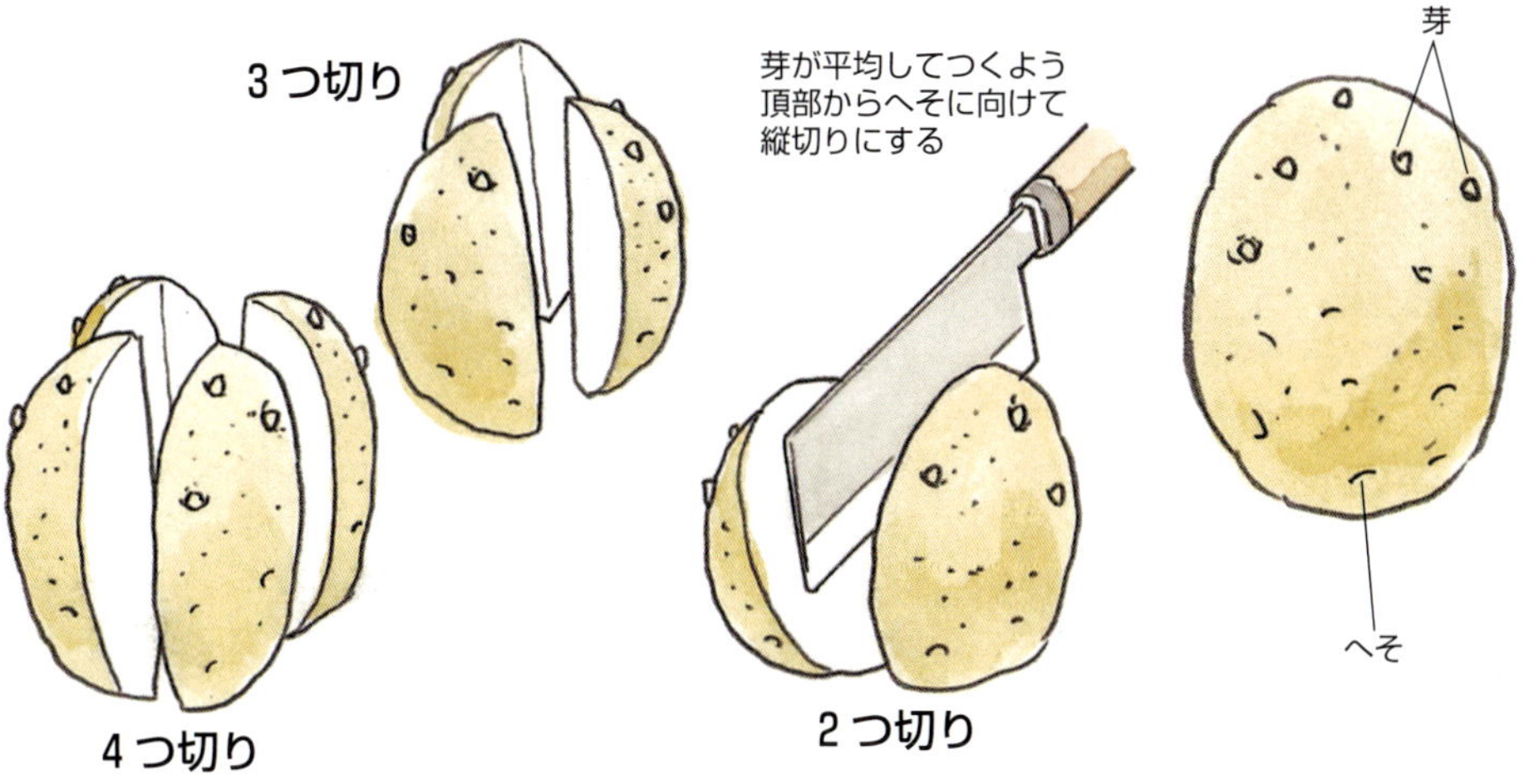
芽
へそ
芽が平均してつくよう
頂部からへそに向けて
縦切りにする
3つ切り
4つ切り
2つ切り

するか、涼しくなってから植える秋づくりにします。病害が少ない春づくりのほうが成功しやすいでしょう。

植え場所　水はけ、水もちのよい砂質土か粘質土を好みますが、あまり土質にはこだわらなくてもだいじょうぶです。酸性土への適応力もあり、どこにでも植えられます。土は深めによく耕して幅60～70cmの畝をつくり、水はけが悪い場所では畝を高くします。深さ20cmの植え溝を掘り、元肥に堆肥、腐葉土などを1株あたり2握りとなるように施します。元肥と底土をまぜ、掘り上げた土を5～6cmの厚さになるように埋め戻して間土とします。

タネイモ　よいタネイモを選ぶことが、よい収穫に直結します。タネイモは親株からウイルスが入らないよう、タネイモ用に栽培されたものです。信頼のおける園芸店で求めるようにします。

大きなタネイモは、植えつけの1～2日前に必ず芽をつけて30～40gに切り分けます。芽がたくさんあるほうを上、へこんだへそのあるほうを下にして、縦に切ることがたいせつです。へそとは、親株の根につながっていた部分です。切り口はそのまま乾かしておきます。

植えつけ　霜がおりなくなったら早めに、3月中旬～下旬にタネイモを植えつけます。株間30cmで間土の上にタネイモを置きます。覆土が7～8cmの厚さになるよう土を戻して、軽く踏み固めるように押さえます。

土寄せ、保護　芽が出てくるまでの3～4週間と発芽後の幼苗は、遅霜対策がたいせつです。気温が安定する4月下旬ごろまでは、軽く土寄せし、発芽したら芽の上にも土をかぶせたり、もみ殻や切りわら、腐葉土などを厚くかけたりして防寒対策にします。

芽かき　すべての芽が出てくると、1株から5～6本も芽が伸びますが、養分が分散して充実した成長が行われなくなってしまいます。そこで、発芽して1カ月ほどして芽が10cmになったところで、弱い芽をかきとって1～2本にします。このときむぞうさに芽を引っぱると、元が一つですからタネイモごと抜けてしまうこともあります。残す芽の根元を押さえ、かきとる芽は横に倒すようにして引っぱります。地上部だけでなく、つけ根から抜きとるようにします。

追肥、土寄せ　芽かき後とその2週間後に、追肥をして中耕、土寄せを行います。1株あたり化成肥料1握りを、株の周りにばらまき、軽く耕して土を寄せます。土寄せは畝間を掘って株元に土をかけます。2回で3cmぐらい高くなるようにします。

薬剤散布　病害虫防除は、ウイルスを媒介するアブラムシや疫病の防除が中心となります。また、薬剤が効かない青枯病などは、見つけ

●栽培の手順

1 へこんだ部分のへそと、その反対側の頂部に芽が多いので、縦に切り分けるとよい。

2 切り口を乾かし、株間30㎝で植え溝に並べる。7～8㎝の覆土をして軽く踏み固める。

3 発芽までの3～4週間と発芽後、遅霜よけ、寒さ対策として、腐葉土やもみ殻などを土にかけておくとよい。

4 芽数が多いときは10cmくらいで1～2本を残すよう、地ぎわを押さえて芽かきをする。

5 芽かき後とその2週間後、化成肥料をばらまき、土寄せ。イモを大きくするたいせつな作業。

6 葉が茂るころ土からイモが顔を出していないか気をつけ、収穫前に3回目の土寄せをする。

7 茎葉が枯れたところで1株試し掘りして、大きさを見る。収穫は晴れた日に行い、そのまま半日おいておく。

●中耕、土寄せ

株の周りに化成肥料をばらまき、根を傷めないように表土とまぜる。そのあと、畝間の土を株元に積み上げるように寄せる。

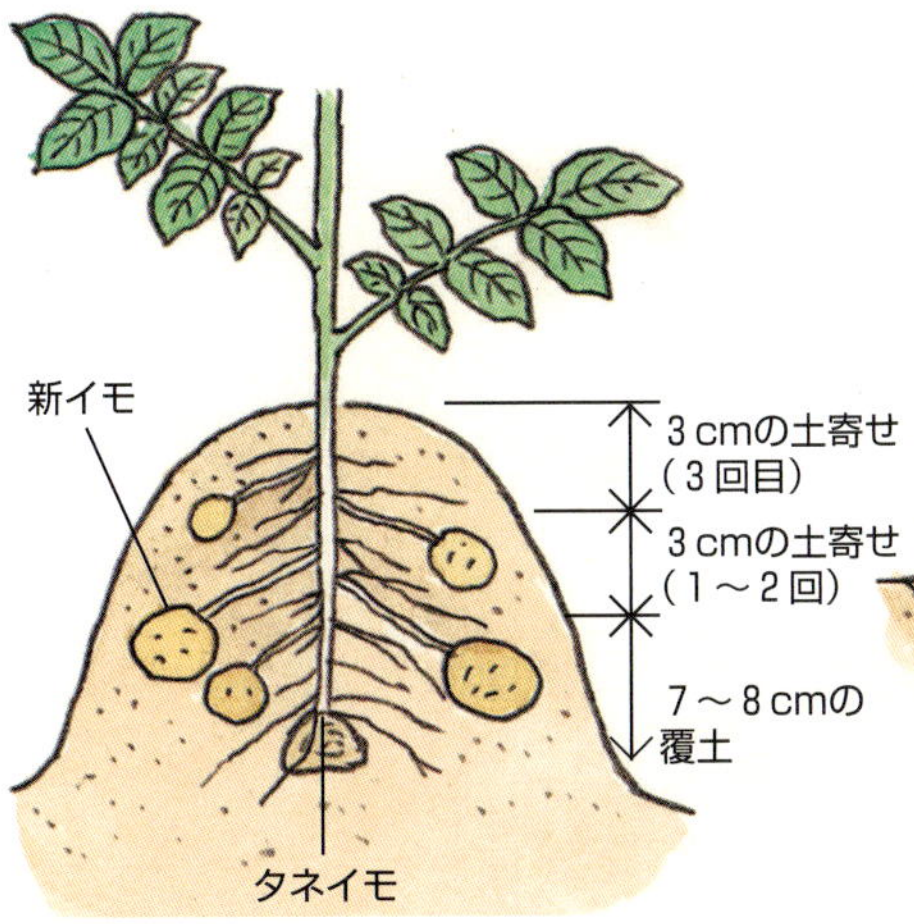
新イモ
3cmの土寄せ（3回目）
3cmの土寄せ（1〜2回）
7〜8cmの覆土
タネイモ

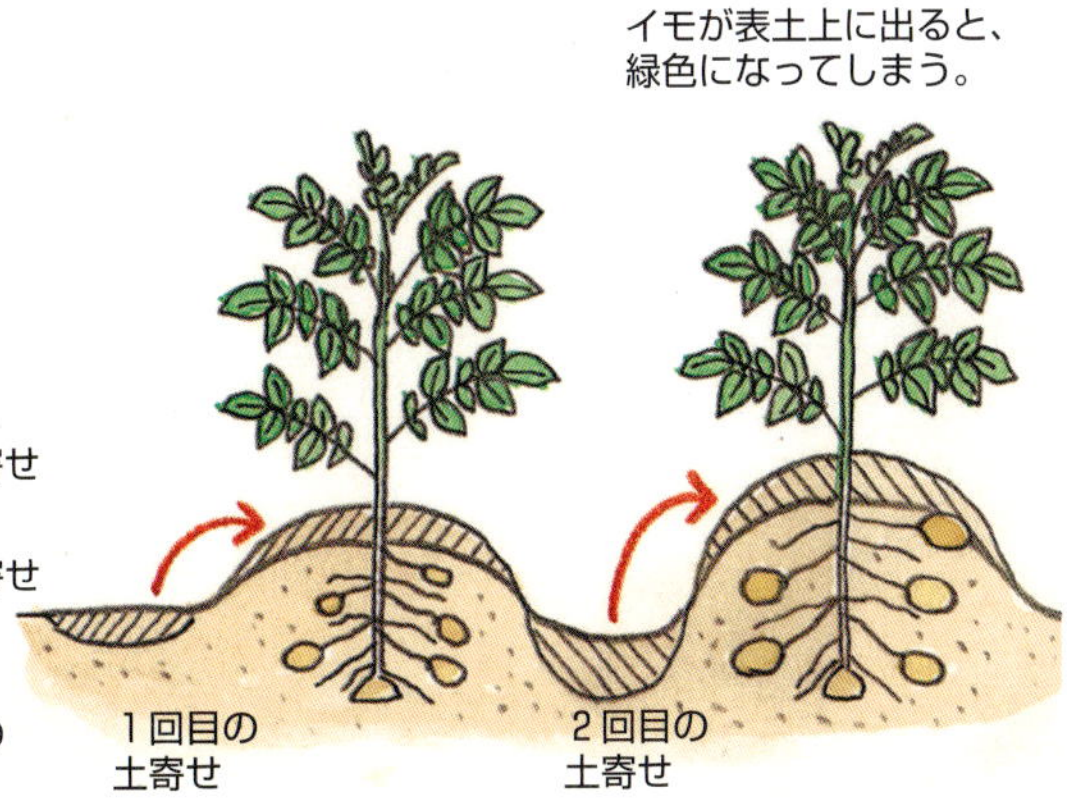
イモが表土上に出ると、緑色になってしまう。
1回目の土寄せ
2回目の土寄せ

しだい抜きとり処分して病害の拡大を抑えるようにします。

■収穫

6〜7月ごろ、茎葉が黄色く枯れ始めたら、試しに1株掘ってみて大きさを確認します。新しくできたイモが十分大きくなっていたら、株ごと引き抜いて収穫します。とり残しのないように、ていねいに土の中を確認しましょう。掘り出すのは天気のよい日を選び、半日ほど天日にさらしておきます。長く置きっぱなしにしているとイモが緑色になってくるので、土が乾いたら、箱などに重ならないように並べて日陰に保存します。

■病害虫

葉が縮れたり、大きく展開しないのはウイルス病、イモにかさぶたのような病斑ができて質が落ちるのが、そうか病。タネイモがそれらの病原菌を持っていなくても、元肥が未熟だったり、収穫後に茎や根が土に残ったままだったりすると、これらの病気が発生しやすくなります。無菌のタネイモを入手するのにあわせ、土壌に有機質肥料を用いる場合も十分な注意が必要です。収穫期ごろ長雨が続くと、株がとけるように腐る疫病が発生します。ダイセン水和剤や銅水和剤を予防散布しておきます。

害虫では、茎葉を食害して丸坊主にしてしまうテントウムシダマシが大敵です。ジャガイモを食い荒らしたあとはナスやキュウリに移っていくので、早めの防除がたいせつです。オルトラン、ダイアジノン、モスピランの散布が有効です。アブラムシの防除にも効果があります。葉を食害する害虫にはジャガイモガは、イモが地表に出たところから入り込み、実際の被害は収穫後のイモの食害です。イモを隠すように土寄せし、オルトランやパダンなどを収穫前に散布します。

Q&A イモが大きくならない

土寄せをしっかりしないと、イモが大きくなるスペースができません。地表に飛び出してしまうと緑色に変色するので、厚めに根元を埋めるようにします。追肥のたびに2回ほど土寄せをしたら、収穫前に最後の土寄せをします。イモが表面に出ると病気の侵入も招くので、作業は遅れないように行います。

また、せっかく伸びたのだからと、芽かきをせずに芽を4本以上育てると、順調に成長してもイモの大きさに限界が出てきます。大きなイモにしたいなら、確実に育ちそうな1本だけを残してほかをかきとります。さらに、植えつけとイモの肥大は密接な関係があり、植えつけが遅れると発芽も遅れ、肥大する日数が短縮して小イモしかとれません。

［根菜類］

芽が出てきたら、たいせつに育てたい ニンジン、ミニニンジン

セリ科

ミニニンジン（ピッコロ）

ニンジン（金時）

ニンジン（鮮紅五寸）

［栽培カレンダー］

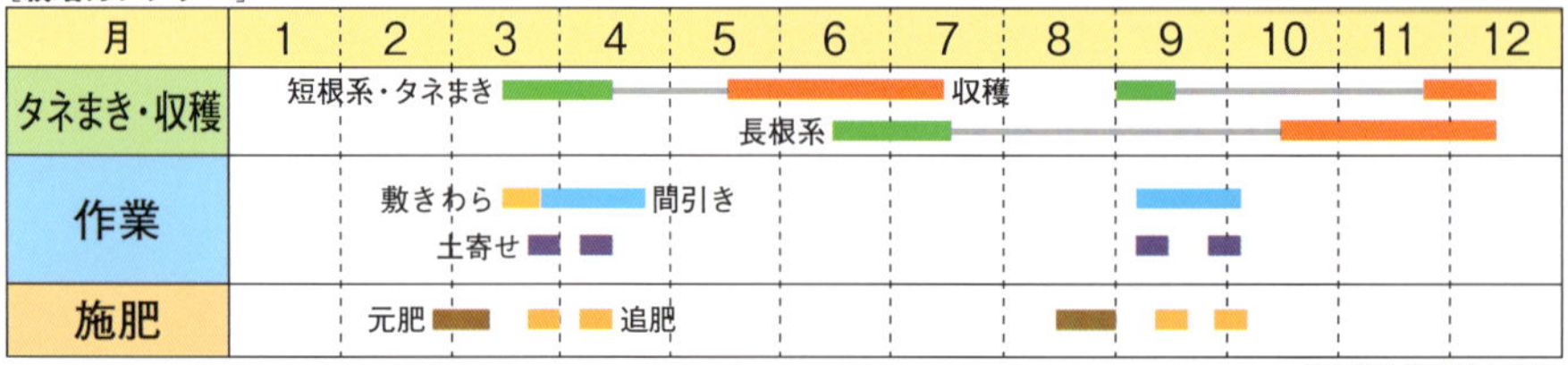
月
1 2 3 4 5 6 7 8 9 10 11 12
タネまき・収穫
短根系・タネまき
収穫
長根系
作業
敷きわら
間引き
土寄せ
施肥
元肥
追肥

※作業と施肥は短根系

栽培ポイント

- ●高温期前に収穫できるようタネまき
- ●土壌消毒をして完熟堆肥を施す
- ●覆土から発芽までは土を乾かさない
- ●とり遅れないようタネまき日をメモ

■特性

中央アジア、アフガニスタンあたりが原産地といわれ、18～22度の涼しい気候でよく生育します。なかなか芽が出にくく、出てからもゆっくり成長しますが、その分ビタミンを中心に栄養が豊富で、カロテンは根だけでなく葉にも多く含まれます。プランターで育てられるミニニンジンを中心に、生食するための品種も出てきています。

■品種

長根系より育てやすい短根系のほうが品種数が多く、春まき・夏まき用では「向陽二号」「時無五寸」「ベーターリッチ」、春まき用では「いなり五寸」「あすべに五寸」などがあります。ミニニンジンでは「ピッコロ」「ベビーキャロット」のほか、丸くなる「メヌエット」なども人気です。

■栽培法

発芽しにくいタネまきを成功させることが、いちばんのポイントです。そのためには、畑の土づくりからていねいに行います。

まき場所　連作障害は出にくいですが、ネコ

●まき場所の準備

すでに堆肥を施してある場所を選ぶ。2週間前までに苦土石灰と化成肥料を1㎡あたり各2握り施し、深さ30㎝に耕す。新しく野菜をつくる場所では、畝間に堆肥を施す。

畝はタネまき
前につくる
苦土石灰
2握り
化成肥料
2握り
30㎝

水をまいておく
40～50cm（短根系）
60～70cm（長根系）

●タネまき

発芽率はよくない。湿った土にタネをまき、覆土はふるいでかけるなど薄くして、クワの背などで押さえる。

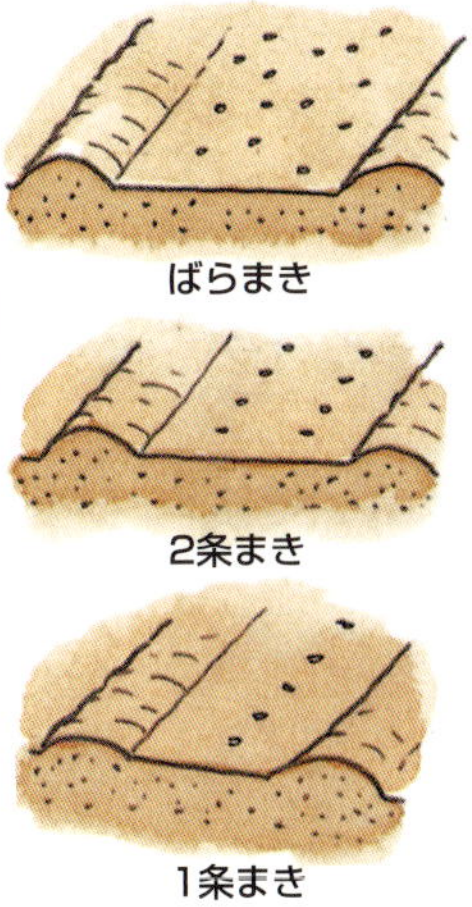
ばらまき
2条まき
1条まき

ブセンチュウ（ネマトーダ）の害が出やすいので、前作の収穫後には土壌消毒しておくほうがよいでしょう。酸性土に弱いので、タネまきの2週間以上前には苦土石灰を1㎡あたり2握り、元肥としては化成肥料2握りを施して、よく耕します。このとき、土にかたまりがあると、根に障害が出ますから、堆肥は前作時に施すこととし、タネまき直前に施すときは、畝間に施します。深さは30㎝ぐらい耕し、幅40～50㎝（長根系は60～70㎝）の畝をつくります。

タネまき　つくりやすいのは3～4月の春まきか、9月の秋まきです。春まきは桜前線をまきどきの目安にするとよいでしょう。長根系は梅雨明け近く、土がたっぷり水分を含んでいるときにまきます。

畝に深さ1㎝のまき溝を2本つけ、すじまきにします。溝を埋めるように薄く覆土したら、上からしっかり押さえます。たっぷり水やりをし、発芽するまで乾かさないようにします。覆土が厚かったり、土が乾燥してしまったりすると発芽しません。わらやもみ殻などを薄く敷いて乾燥を抑えるのもよい方法です。ただし、ほかの敷きわらのように厚くしてしまうと、やはり発芽しなくなるので注意します。発芽までの10日ほどの間に雑草も生えやすいので、敷きわらにはそれを抑える効果もあります。

間引き　うまく発芽しても、その後の初期生育が順調にいかないこともあるので、間引きは少しずつ行い、やや多めに残しておきます。本葉が1～2枚出たところで、1回目の間引きをします。混み合った部分で、元気のない芽を引き抜きます。2回目は本葉5～6枚のころで、株間が10～15㎝になるようにします。すでに根も伸びているので、土を掘り起こさないよう、根元を押さえて静かに引き抜きます。間引きが不十分だと根の太り具合が思わしくなく、質のよいニンジンができません。ミニニンジンの最終株間は5～8㎝になるように間引きます。

追肥、土寄せ　間引きの際には、草木灰か化成肥料をぱらぱらと畝肩にまき、軽く中耕をして土寄せを行います。2回目は1株1つまみを目安に畝全体にばらまき、軽く土をかけるようにして土寄せをします。肥料切れになると根が肥大しません。

また、夏の乾燥が続くような日は、朝夕に水やりをします。

■収穫

三寸ニンジンは発芽後80～90日、五寸ニンジンは100～120日、長根系は120～140日くらいが収穫時です。葉が黄色くなるほどに遅れると、根が割れる裂根になったり、かたくなったりしてしまいます。少し土を掘ると、根の太り具合が見えるので、太さ

●栽培の手順

1 棒などでまき溝をつけ、すじまきにする。短根系は２条まき、長根系は１条すじまきか点まきにする。

2 薄く覆土して水やり後、わらやもみ殻をかける程度に敷いて乾燥と雑草が生えるのを抑える。あまり厚く敷くと芽が出にくくなるので薄く敷くこと。

3 発芽までの約10日間は、わらなどの上から水やりをして乾燥させないことがたいせつ。

4 本葉１～２枚で最初の間引きを行い、本葉５～６枚で２回目の間引きをして、最終的に株間を10～15cmにする。

を確認してから掘り出します。根元付近をつかみ、まっすぐ引き抜きます。

たくさんとれたときは、いったん収穫したものを泥つきのまま、今度は首を出して斜めに埋めます。こうすると貯蔵できます。埋める場所がなければ、泥つきで新聞紙にくるんで涼しい場所においておきます。

■病害虫

それほど病害虫で悩むことはありませんが、ようやく収穫してみたら、根にこぶができて分岐していたというネコブセンチュウは、一度発生するとやっかいなので、しっかり対策を立てておきます。乾燥した畑や堆肥の施用が少ないときに発生が多くなります。完熟堆肥を施してよく耕し、土壌を改良して乾燥を防いだり、マリーゴールドを輪作体系に組み入れたりしてセンチュウの密度を低下させます。薬剤ではネマトリンエース粒剤がよいでしょう。ほかに、高温期に黒く変色する黒葉枯病や黒斑病が発生することがあります。肥料切れに注意し、生育期間中はダコニールなどを予防散布します。

夏や秋のタネまきは、コオロギなどが食害して枯れたりします。殺虫剤としてデナポンベイトをまいておくほか、ダイアジノン粒剤を地面にまくのも効果があります。キアゲハの幼虫は見つけしだい捕殺するか、マラソン乳剤で防除します。

5 根も伸びているので間引いたあとは、土で埋めておく。株間が狭いと根が太れない。

6 間引いたあとは草木灰か化成肥料を施し、根の肥大を促す。この時期は特に肥料切れさせないように注意する。

7 土の養分がとられるので、雑草は小さいうちに抜いていく。中耕しながら除草も行う。

8 首の太り具合を見て引き抜き収穫。収穫量が多すぎるときは、一度掘り出したものの首を出して土に斜めに埋めれば貯蔵できる。

Q&A プランターで育てたい

ミニニンジンはプランター栽培ができます。4～9月、大型プランターに市販の野菜用の土と肥料を使えば楽です。2列にまき溝をつけてすじまきし、薄く覆土をして押さえます。たっぷり水やりをしたら、乾かさないよう腐葉土を薄く一面に敷いて乾燥を抑えます。水やりは腐葉土の上から行います。間引きは本葉2枚から始め、4枚になるまでに株間6㎝にします。追肥として液体肥料を施し、ミニゴテや菜箸などで用土をつついて中耕します。タネまきから70日くらい（品種ごとの収穫日数を確認）で、土からのぞく根の直径が1.5㎝になったら、真上に引き抜くようにして収穫します。ミニニンジンはサラダ用に生食できる品種が多いですが、葉も根に劣らずビタミンが豊富なので捨てずに利用します。

なお、ミニニンジンのタネも土を押し上げる力が弱く、芽が出にくいところはニンジンと変わりません。そこで、同じくミニサイズのラディッシュをいっしょにまき、一つのプランターでラディッシュを収穫（83ページ参照）してから、ミニニンジンを収穫する方法もあります。

［根菜類］

サツマイモ

たっぷり太らせて甘いイモを収穫

ヒルガオ科

サツマイモ（ベニアズマ）

サツマイモ（コガネセンガン）

サツマイモ（山川紫）

［栽培カレンダー］

月	1	2	3	4	5	6	7	8	9	10	11	12
植えつけ・収穫					植えつけ			早掘り種・収穫		普通種		
作業						早掘り種・土寄せ／普通種・土寄せ	つる直し（早掘り種）	つる直し（普通種）				
施肥				元肥			早掘り種・追肥	普通種				

栽培ポイント

- 水はけと通気性をよくする
- 肥沃な場所を避け、肥料分を控える
- つる返しでイモの数を制限する

■特性

サツマイモは根茎ではなく、葉柄の基部から出た不定根の一部が肥大したものです。中央アメリカ、メキシコあたりを原産地とするイモで、日本では沖縄から鹿児島へ、そして全国に広まりました。加熱すると甘みが強く出ることと、食物繊維が多いのが特徴です。

やせ地でもよく育ち、性質が強健で育てやすいうえ、エネルギー源としても優秀なイモですから初めて野菜づくりをする人も心配無用。つるをたどるイモ掘りも楽しみです。

■品種　関東を風靡した「紅赤（金時）」は栽培がむずかしく、市場でも少なくなりました。いまは育てやすく、ほくほくした食感の「ベニアズマ」、早掘り用の「高系14号」などが出回ります。ほかに、皮も実も黄白色の「コガネセンガン」、紅イモの「ムラサキマサリ」など、形や大きさだけでなく、色の異なる品種、土地に合った品種も多く出ています。

■栽培法

日当たりが不可欠で、20～35度の高温でよく育ちます。沖縄や九州でも早掘りをすると

●苗の植え方とイモのつき方

普通、イモの苗を畝と平行に、水平に埋める。イモは葉のつけ根につくので、こうするとたくさんイモができる。

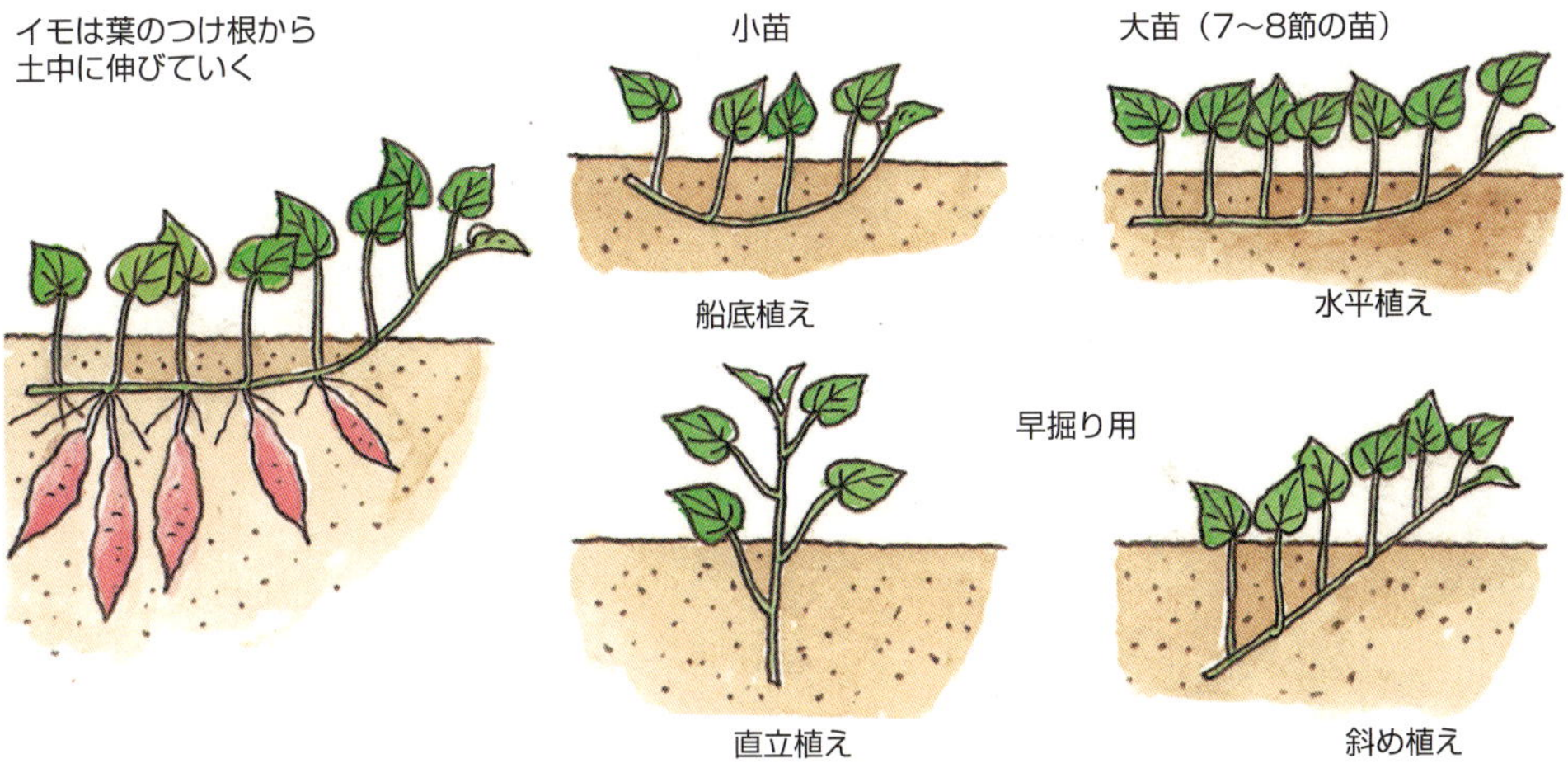
イモは葉のつけ根から
土中に伸びていく
小苗
船底植え
大苗（7～8節の苗）
水平植え
早掘り用
直立植え
斜め植え

きは、ビニールハウスなどで栽培しています。青森以北では栽培がむずかしいでしょう。発芽させる条件もつくりにくいので、苗を入手して植えつけます。

植え場所　土が湿っているとつるぼけになったり、太らず繊維の多いイモになったりします。土は深くよく耕しておき、水はけが悪い場所では高畝にするか、砂やパーライトなどをすき込んで水はけを改善します。このほか、日当たりが悪かったり、窒素分の多すぎるときにも起こりやすいので、植えつけ場所選びに気をつけます。

植えつけの1～2週間前、深さ15cmの溝を掘り、溝の底に草木灰や完熟堆肥、腐葉土などを5～6cmの厚さに埋めます。さらに、やせ地なら、過リン石灰か化成肥料を薄くまき、間土が10cm以上になるよう、溝の左右から土を掘り上げます。高畝になるようにして、畝間は60cmにします。

苗選び　葉が5～6枚ついただけの茎が、サツマイモの苗です。これを数本まとめたものが、5月上旬ごろに売り出されます。タネイモから発芽させたものを切りとってあるので、苗に根はありません。茎が太く充実したものを選びます。入手した苗は植えつけの前日から一晩、水につけて吸水させます。

植えつけ　小高くした畝の頂点に、30～35cm間隔で苗を畝に平行に寝かせます。そのまま土中に押しつけるように、2～3cm押し込みます。普通は水平に植えますが、早掘りしたいときは斜めに深く植えたり、直立に植えたりします。葉のつけ根から両側にイモが出ます。つけ根と土が密着するよう、上から土を押さえ、たっぷり水やりをして乾燥させないように管理します。

発根　だいたい地温が18度くらいあれば、2～3日、遅くとも10日ぐらいで発根します。早く植えたいときはマルチングをすると、地温が上がるとともに雑草が生えるのも防げます。植えつけ後はしおれたような感じになりますが、根がないためしかたありません。心配せずに水やりをします。発根すると芽もどんどん伸びてきます。

追肥、土寄せ　元肥が十分で、茎葉も元気よく伸びているようなら、特に追肥の必要はありません。砂質土のような保肥力の悪い畑は植えつけ40日前後に、株間や畝間に化成肥料を1株あたり1握り追肥として施します。

つるが2～3本伸びたところで、雑草をとり除き、軽く耕して土寄せします。耕すことで土に空気を含ませ、イモを太らせることができます。

つる返し　つるは気温が上がるにつれ、勢いよく伸びるようになります。やせ地でも育つサツマイモならではの旺盛さです。あまり植え広がっても収拾がつかないので、つるをい

●栽培の手順

1 5～6枚の葉がつき、茎の太い元気のある苗がよい。この苗が何本か束ねて売られている。

2 根がないので切り花のように、水を与えないとしおれてしまう。作業前日に水揚げをする。

3 畝と平行に苗を寝かせ、茎の節間に指をのせたら、ぐっと2～3cmの深さに押し込むようにするとうまく植えられる。

4 葉柄と葉だけが見えるように土をかけたら、たっぷり水やりをする。しおれたように見えても発芽する。

5 根が出てくれば、葉にも元気が出るので、水やりも終了。やがて先端のほうから新芽も出てくるようになる。

6 つるが伸びるころに除草、中耕、土寄せを行う。新芽が次々伸びているようなら追肥の必要はない。

ったん持ち上げ、つるから出ている根をちぎるようにします。これをつる返しといいます。ついでに雑草もとり、草木灰か消石灰を少しまきます。つるではなく苗から伸びた根に養分を集中させることで、イモの質がぐっとよくなります。

■収穫

早掘りは8月の旧盆ごろから可能です。普通は10～11月に収穫です。さぐり掘りをして太り具合を見ながら、時期をはかります。何株もあるなら1株を試し掘りしてみます。最初に、地上部を全部刈りとり、つるをたぐるようにしてイモを掘り上げます。途中で切れてしまうと、イモをとり残してしまうので気をつけます。たくさん収穫するときは、イモを傷つけないよう、広くスコップで周囲を掘ってもよいでしょう。掘ったイモはそのまま半日ほど天日にさらすと、甘みが増します。

ベニアズマは太いものがおいしく、細いものは筋立っておいしくありません。十分に太らせたイモはほくほくとして、甘みもたっぷり。しかし、とり遅れると表面が裂けたり味が落ちたりするので、霜がおりる前には掘り終えます。保存するときは乾燥と低温を嫌うので、新聞紙などにくるんで室内に置きます。霜がおりない場所に穴を掘り、空気が通るようにして埋めておく方法もあります。なお、紅赤は収穫後すぐに質が落ちるので、よい保

7
生育旺盛なので夏には大きく広がり場所もとる。根がちぎれるように、つるを持ち上げる。

8
つるの根を切るつる返しをしたら、葉の上から草木灰をまく。除草したときに消石灰をまいてもよい。

9
土中に手を入れてイモの大きさを探り、収穫の目途をつける。掘るときはつるから離してスコップを入れ、霜がおりる前には収穫する。

10
つるをたどるようにして、とり残しのないように掘り出し、半日ほどそのままおいておく。

●貯蔵法

掘り出したイモは半日ほど乾かしてから土を落とし、水はけのよい場所で穴に埋める。

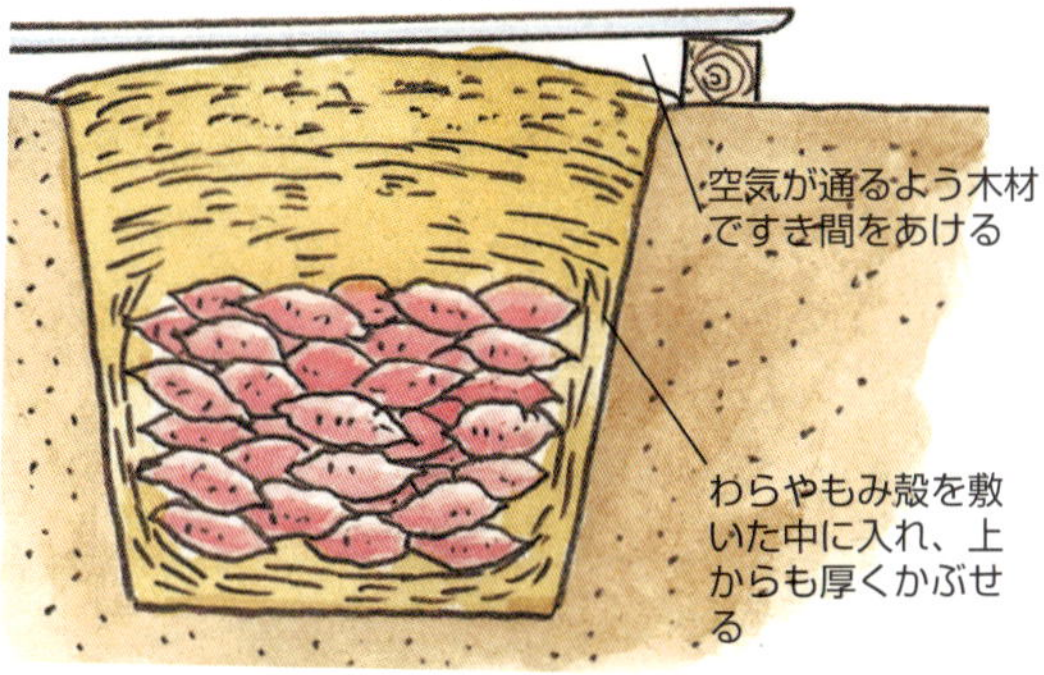
雨水が入らないようにトタンをかぶせる
空気が通るよう木材ですき間をあける
わらやもみ殻を敷いた中に入れ、上からも厚くかぶせる

存はできません。

■病害虫

病害虫対策は不要なぐらい丈夫ですが、葉を食害するエビガラスズメ、ハスモンヨトウなどのイモムシが発生するとやっかいです。葉が巻いているのは、イモコガの幼虫です。これらの害虫は見つけしだい捕殺するか、トレボン乳剤やエルサンを散布します。根を食べるのはコガネムシの幼虫なので、薬剤散布で防除します。病害に対しては、無菌のタネイモから苗をつくり、耐病性を高めてあります。

Q&A イモが太らない

肥料が多すぎて茎葉ばかりが育つと、なかなかイモが太りません。特に窒素分が過多にならないよう気をつけます。肥沃な畑には、肥料が多いと収穫もふえる早掘り用の品種、「高系14号」「コガネセンガン」などを選んで植えます。また、細長いゴボウ根になってしまうのは、植えつけ時の環境が原因です。土が乾燥して、かたくなっていて通気性が悪かったり、地温が高すぎたときに起こります。暖かくなってから植えた畝にポリマルチをすると、日中は地温が上がりすぎます。

［根菜類］

栄養たっぷりの葉も利用したい ダイコン

アブラナ科

ダイコン（耐病みの早生）

ダイコン（聖護院）

青首ダイコン

［栽培カレンダー］

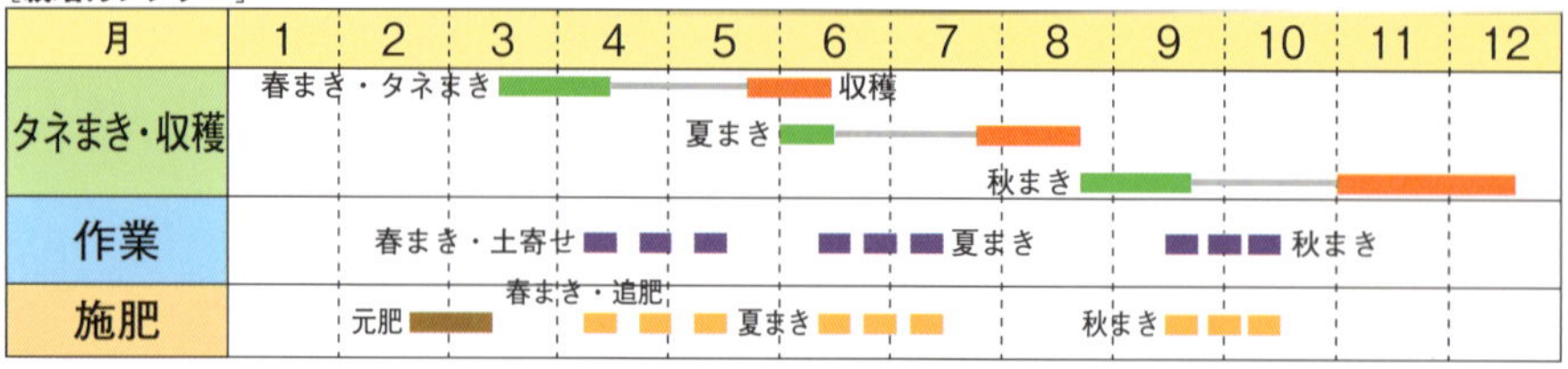

栽培ポイント

- **●畑は深く耕し、土のかたまりをとり除く**
- **●タネの下には元肥を入れない**
- **●すが入らないよう収穫を終える**

■特性

地中海沿岸地方の原産といわれ、冷涼な気候を好みますが、ほぼ一年じゅう栽培されています。消化酵素が消化を助け、葉は根よりさらに栄養価が高くなっています。

■品種

約30年前に出た「耐病総太り」以来、青首ダイコンが主流です。長さ40cm前後の「夏みの早生三号」、短太系では「おこのみ」や秋まきの「聖護院」などがあります。

■栽培法

寒さに強く18～20度で成長するので、つくりやすいのは秋まきです。花崗岩のようなかたい土では、短太系を選ぶようにします。

まき場所 水はけのよい場所に、タネまきの2週間以上前までに、苦土石灰を1㎡あたり2握りまきます。30～40cmの深さに耕し、土のかたまりをくずしてごみをとります。やせ地では堆肥や化成肥料を畝間に施してから、畝幅60～70cmの平畝をつくります。

タネまき 深さ3～4cmの溝へ25～30cmおきに元肥として化成肥料1握りを入れます。元

●栽培の手順

1 クワ幅の溝に25～30cm間隔で化成肥料を入れ、肥料を避けて間に5～6粒ずつ点まき。

2 発芽した子葉の先端に、タネの皮がついていたりして鳥害にあいやすい。鳥よけ対策をする。

3 本葉1～2枚で最初の間引き。3～4枚になったら2回目を行い、間引き後に追肥、土寄せをする。

4 本葉5～6枚で1本立ちにしたら、追肥と土寄せをする。なお、間引いた苗は間引き菜として利用するとよい。

5 アブラムシの害が多いので、薬剤などの予防散布を定期的に行う。早め早めの対策が必要になる。

6 青首ダイコン系は地上部が長く出てくるので、太り具合を見てまっすぐに引き抜き、収穫する。

肥と元肥との間に、間隔を1cm以上あけて5～6粒ずつ点まきします。薄く覆土、水やりして2～3日もすると発芽します。

間引き　発芽10～15日後、本葉1～2枚で1カ所3～4株に間引き始め、本葉5～6枚で1本立ちにします。根元を持って、残す株の土を押さえてまっすぐ引き抜きます。

追肥、土寄せ　2回目の間引きから、畝肩に油かすや化成肥料などを軽く1握り追肥、中耕、土寄せ。青首ダイコン以外は土寄せしないと、日に当たって苦くなることがあるなど、品種によってかなりちがいます。

■収穫

春、夏まきはタネまき後40～60日、秋まきは早生種で50～60日、遅くても90～100日で収穫。日数を目安に葉が広がってきたら、地上部の首の太り具合を見て早めに収穫しないと、すが入りやすくなります。葉柄の断面に空洞があれば、す入りとわかるので、初霜の前には収穫を終えます。秋に収穫する品種を早春にまくと、とう立ちしやすくなります。

■病害虫

高温期はアブラムシが多発、モザイク病が発生します。夏まきは根を食害するキスジノミハムシが発生しやすいので、タネまき時にオルトラン粒剤やモスピランを土によくまぜておくのが有効です。地ぎわから腐る軟腐病は連作を避けます。

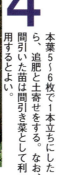

［根菜類］

ラディッシュ

タネまきをずらせば周年収穫も可能

アブラナ科

ラディッシュ（赤丸）

ラディッシュ（ホワイトアイスクル）

［栽培カレンダー］

月	1	2	3	4	5	6	7	8	9	10	11	12
タネまき・収穫		タネまき			収穫							
作業			間引き									
施肥			元肥									

栽培ポイント

- 水切れしないように管理する
- しっかり間引きをして根を太らせる
- とり遅れないよう収穫は早めに

■特性

二十日ダイコンともいわれるように、タネまきから1カ月ほどで収穫できます。生のままかりっと食べると、少し辛みがあり、ビタミンCがとれます。食べるときに収穫できるよう、プランターなどにタネまき時期をずらして栽培するとよいでしょう。

■品種

赤丸品種の「コメット」「レッドチャイム」、白丸品種の「ホワイトチェリッシュ」、白長品種の「雪小町」などのほか、多彩な色が出る「カラフルファイブ」、上が赤で下が白い「紅白」なども収穫が楽しいものです。ほとんどが真夏を除き栽培できます。

■栽培法

根の生育温度が15度前後なので、つくりやすいのは春と秋です。品種にもよりますが、タネまきから約30日で収穫できます。

まき場所　水はけと通気性のよいやわらかな土が適します。酸性土を嫌うので、畑にはあらかじめ苦土石灰をまいて耕しておきます。堆肥と化成肥料を施してベッド畝をつくります。

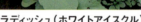

［根菜類］
ラディッシュ

●栽培の手順

1 すじまきにするのが普通だが、あいたスペースにちょっとつくりたいというならばらまきに。

2 混み合ったところを随時、間引いていく。間引いたあと、穴があかないように土を寄せる。

3 大きくなるにつれて、株間も広げていく。本葉3～4枚で株間5cmにするのを目安にする。

4 土から根の頭がのぞいてくるので、太り具合を見て引き抜く。早めの収穫が美味。

●プランター栽培の手順

1 10cm間隔の2条すじまきにして水切れ、肥料切れにならないよう、日当たりのよい場所で管理を行う。

2 肥料切れや水切れになると根がなかなか太らない。とり遅れるとすが入ってしまうので注意する。

プランターなら野菜用土を入れると簡単です。

タネまき 15cm間隔（プランターは10cm）のまき溝を掘り、タネが重ならないようにすじまきにします。覆土は薄くして軽く押さえ、たっぷり水やりをして新聞紙をかぶせます。乾燥するようなら上から水やりをし、3～5日、発芽を待ちます。

間引き 子葉が出てから本葉3～4枚までの間に、何回か間引いて株間5cmにします。元肥が十分で成長が順調なら追肥は不要ですが、元気がないようなら、条間に化成肥料をまくか液体肥料を施します。

■収穫

本葉が5～6枚になり、土からのぞく根の直径が品種にふさわしい大きさになったところで、引き抜き収穫します。暖かい時期は、とり遅れるとダイコンのようにすが入るので、早めの収穫を心がけます。

いつまでも根が太らないというのは、日当たりが悪かったり乾燥や肥料切れになったことが考えられます。特に乾燥しやすいプランター栽培では、日当たりのよい場所で、土が乾かないように水やりをします。

■病害虫

アブラムシ防除などは、生食するのでできるだけ薬剤を使わず、見つけしだい除去します。高温多湿は病気を招きやすいので、風通しをよくし、夏は日よけも行います。

［根菜類］

カブ

収穫のタイミングで大きさが決まる

アブラナ科

赤カブ

カブ（金町小カブ）

［栽培カレンダー］

月	1	2	3	4	5	6	7	8	9	10	11	12
タネまき・収穫			春まき・タネまき			収穫		秋まき				
作業			間引き 土寄せ									
施肥		元肥			追肥							

栽培ポイント

- ●秋まきはつくりやすく、収穫期も長い
- ●施肥などで水もちのよい土に
- ●株間をしっかりとり肥大させる

■特性

短く甘いダイコンといった感じですが、日本へはダイコンより早く渡来し、地域の特徴ある品種がたくさんつくられてきました。冷涼な気候を好むので栽培もダイコンに準じますが、根が短い分、栽培期間が短くなります。

■品種

収穫時期で小カブから中大カブまで楽しめる「耐病ひかり」、根強い人気の「金町小カブ」などがつくりやすいでしょう。ほかに、小カブの「みやしろ」「CR白根」「福小町」、中カブの「玉波」「スワン」、大カブは千枚漬などに向く「聖護院大丸蕪」「早生大蕪」など。このほか赤カブもかなり品種が多く出ています。

■栽培法

生育適温などはダイコンと同じですが、小カブは40～50日で収穫できるので、秋まきが最も簡単です。春や夏はやはり高温で、乾燥の影響や病気発生がふえます。タネまきを2～3回に分けると、長く収穫できます。

まき場所　タネまき1週間前に、堆肥を施してよく耕しておきます。水もちのよい粘質土

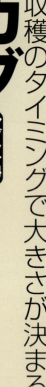

●栽培の手順

1 クワ幅にまき溝をつけ、ばらまきにするか2条のすじまきにする。覆土は薄くする。

2 混み合ったところを間引きながら育てる。一度に抜かず、葉がふれ合う程度を目安に行う。

3 本葉が大きくなり、枚数がふえてきたらまた間引く。間引き菜は捨てずに利用したい。

4 これぐらいに間引いたら、株間に追肥、軽く中耕、土寄せ。本葉5～6枚で株間10～15cmに。

5 土からのぞく大きさを見て早めに収穫。とり遅れは裂根や病害虫がふえる原因となる。

を好みますが、酸性土の許容は広いほうです。クワ幅でまき溝を浅く掘って化成肥料を薄く施し、2条すじまきか、ばらまきにします。間土は2～3㎝にします。または、まき溝ではなく、幅90～100㎝の平床にします。

タネまき　間土の上にタネが1.5㎝間隔にばらけるようにまきます。幅広のまき床には、全面にばらまきします。覆土は0.5～1㎝と薄くして軽く押さえ、たっぷり水やりをします。春や秋なら2～3日で発芽してきます。

間引き　子葉が開いてから数回、混み合った部分を間引き、本葉5～6枚で株間が10～15㎝になるようにします。

追肥　2回目以降、間引きのたびに化成肥料か油かすを株間に施し、軽く土にまぜて土寄せをします。土寄せすると表面が白くきれいになります。また、乾燥しているときは水やりも行いますが、追肥を兼ねて液体肥料を施してもよいでしょう。

■収穫

秋まきはタネまき後、40～50日から小カブが収穫でき、品種によってはそのまま大きくしてからの収穫も可能です。とり遅れは、す入りや裂根の原因になるので要注意。

■病害虫

アブラムシ、キスジノミハムシ、カブラハバチなどは、エルカン乳剤かマラソンで駆除します。

［根菜類］

サトイモ

手間いらずでたくさんの収穫

サトイモ科

サトイモ

サトイモの収穫

［栽培カレンダー］

月	1	2	3	4	5	6	7	8	9	10	11	12
植えつけ・収穫			植えつけ	植えつけ						収穫		
作業					芽出し植えの植えつけ							
						敷きわら	敷きわら					
					土寄せ	土寄せ	土寄せ					
施肥			元肥	元肥	追肥	追肥	追肥					

栽培ポイント

- 収穫まで半年以上かかるので栽培計画を立てる
- 水はけのよい場所を選ぶ
- 連作せず、4～5年はあける

■特性

東南アジア原産で、ねっとりとした食感が独特です。時間はかかりますが、手間をかけなくても子イモがたくさんできるので、スペースがあるなら植えてみましょう。

■品種

食べる部位で分けると、子イモ用として「石川早生」「土垂」、親イモ用には「八ツ頭」、親子兼用では「赤芽大吉（セレベス）」がよく出回ります。子イモ用種の青茎に対し、親イモ用や兼用種の赤茎はズイキとして食されます。

■栽培法

25～30度くらいで日当たりがよいとよく育ちますが、葉が大きいわりに根が浅く張るので、乾燥させないように注意します。

植え場所　水はけがよければ土質は選びませんが、砂質地など乾きやすい場合は水やりをし、敷きわらなどで乾燥を抑えます。90cm幅の畝に15cmの深さで植え溝を掘り、堆肥と骨粉など有機質肥料を1株あたり2握り施し、2～3cmの厚さで間土を入れます。

植えつけ　桜前線を目安に植えつけます。タ

●栽培の手順

1 上下をまちがえずに30cm間隔でタネイモを置く。とがったほうを差し込むようにする。

2 ポリマルチで地温を高めて発芽を促す。芽が出てきたら、その部分のシートをカッターなどで切るか、指で破る。

3 発芽には2～3週間かかる。本葉が出たところでポリマルチをはずしておく。その後に出てくる雑草は、早めにとり除く。

4 寒いときは箱植えにし、芽出ししてから植えたほうがよい。このくらいの大きさで植えつけ。

5 追肥は発芽後3週間とさらにその1カ月後の2回。子イモが出ないよう土寄せをしておく。

6 梅雨も明けると葉が展開する。葉を大きく広げさせることが、イモの充実につながる。高温乾燥で水切れしやすくなるので、敷きわらをするとよい。

ネイモは丸い芽のほうを上にして30cm間隔に置き、芽から5～6cm上まで土をかけて水やり。発芽温度が25～30度と高いので、畝全体をポリシートなどでおおいます。2～3週間で芽が出たら、シートを切ります。

芽出し植え　地温が低いときは箱植えにし、ビニールやガラス板をかぶせて保温します。日中は日当たりへ出して夜は室内にとり込み、本葉3枚まで育てたら植えつけます。

追肥、土寄せ　発芽して3週間以降と、それから1カ月後（梅雨明け前）に、追肥をします。株の周りに油かすや化成肥料などを1株あたり1握りずつ施し、中耕します。土寄せは1回目5cm、2回目は10cm程度とします。

敷きわら　ポリマルチは本葉が展開し始めたらはずし、夏の高温乾燥に備え、梅雨明け前に雑草を抜いて敷きわらをします。

■収穫

初霜のころ、晴天の日を選んで掘り上げます。イモを1つずつはずし、泥つきのまま、風通しのよい場所で陰干しをします。貯蔵は水はけのよい土中で行います。

■病害虫

食害するセスジスズメは見つけしだい捕殺。サトイモが大好物のハスモンヨトウは、若齢幼虫期にエルサン乳剤を散布します。アブラムシやハダニ、汚点病やモザイク病、軟腐病の影響は、特に心配はいりません。

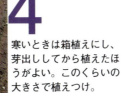

［根菜類］

香りが高く、生食する品種もある ゴボウ

キク科

ゴボウ（滝野川）

ゴボウ（ダイエット）

［栽培カレンダー］

月	1	2	3	4	5	6	7	8	9	10	11	12
タネまき・収穫		春まき・タネまき		━	━	━	━		秋まき ━	収穫 ━	━	━
作業			間引き	━		━						
					土寄せ	━	━					
施肥		追肥	━	━		━	━					

※作業と施肥は春まき

栽培ポイント

●苦土石灰で土の酸性を中和する
●肥沃な土を深く耕しておく
●覆土は薄くし、発芽まで土を乾かさない

■特性

中国、シベリアあたりの原産です。食物繊維の多い野菜で、皮と実の間に栄養も香りも凝縮されています。特にイヌリンという成分の、血中血糖値を下げる効果が注目されています。根が長いほど栽培期間も長いせいか、最近は短い品種に人気があります。

■品種

春から秋までまける「渡辺早生」、細長い滝野川系の「山田早生」などのほか、従来のゴボウより太く短い「サラダむすめ」、生食向きの「ダイエット」などが育てやすい品種です。

■栽培法

20〜25度でよく育ちますが、30度以上にも耐えられます。そこで、タネを春まきにして秋に収穫するか、初秋にまいて翌年の初夏に収穫します。栽培期間が長いので、植え場所が狭いときは仕上がりの短い品種を選ぶようにします。

まき場所　連作障害が出るので、4〜5年は間をあけます。できが土質に左右されやすく、火山灰土のような軽く乾いた土より、沖積土

●栽培の手順

1 15cm間隔で1カ所3～4粒の点まきにするか、写真のように15cmの条間ですじまきにする。2週間で発芽する。

2 本葉が出てきたら間引きをする。小さすぎたり大きすぎたりするものを抜き、残す苗の大きさを均等にする。

3 本葉3枚で15cm間隔に間引き後、化成肥料の追肥、中耕、土寄せを2回ほど繰り返す。

4 地上部が枯れかけてきたら、根の太さを見て収穫。最初に茎葉を短く刈りとってしまう。

5 根を傷つけないよう、根の少し横を掘る。穴は小さくてよいので、真下に深く掘る。

6 穴に根を倒すような気持ちで引き抜くと、折らずに収穫できる。作業中に乾かさないこと。

のほうが、肉質が密で香りも豊かになります。タネまき2週間前には酸性土を中和するため、苦土石灰をまいて深く耕し、40㎝幅のベッド畝をつくります。このとき元肥は施さず、やせ地の場合は発芽後、苗の列沿いに1㎡あたり堆肥3～4㎏と化成肥料2握りを施します。

タネまき　タネは新しいのを用いて4～5月または9月下旬に、15㎝間隔で1カ所に3～4粒まきます。タネが隠れる程度に覆土をして押さえ、水やり。覆土が厚いと光が届かず、発芽しなくなってしまいます。

間引き、追肥　2週間ほどして発芽したら、本葉3枚で1カ所1本になるよう、2～3回間引きます。そこから草丈30㎝になるまでの間に2回、株元に化成肥料を施して中耕、土寄せをします。

■収穫

品種ごとの収穫日数を目安に、茎葉が大きくなって枯れかけてきたら、少し土を掘って根の太さを確認し、太っていたら収穫を始めます。葉柄を短く刈りとり、根に沿うように深く土を掘り、その穴に倒すようにして抜きとります。根の横を深く掘り下げて、根を倒すような気持ちでていねいに抜きます。保存は土中に斜めに埋めます。

■病害虫

アブラムシ防除と、ヨトウムシ、ネキリムシ類などに注意します。

［根菜類］

水切れに注意して根を太らせる
ショウガ

ショウガ科

ショウガ(三州)

ショウガの収穫

［栽培カレンダー］

月	1	2	3	4	5	6	7	8	9	10	11	12
植えつけ・収穫			芽出し		植えつけ		収穫	収穫	収穫	収穫	収穫	
作業					土寄せ	土寄せ	敷きわら					
施肥				元肥	追肥	追肥						

栽培ポイント

●連作を避け、3～4年はあける
●芽出しをしたタネショウガを浅植えする
●乾燥しないよう敷きわらをする

■特性

アジア熱帯域原産で辛み成分に殺菌作用があり、料理の香辛料として、また、漢方薬では胃腸の疾患に用いられます。根茎が利用される根ショウガとしては7～11月に出回る新ショウガと、植えつけたタネショウガもひねショウガに利用できます。葉ショウガとしては谷中ショウガなどの軟化栽培した筆ショウガがあり、生食や酢漬けでおなじみです。

■品種

最も普通の中ショウガは、500g前後で「三州」「らくだ」などがあります。これより大きな大ショウガに「近江」、小ショウガでは「谷中」「金時」などがあります。

■栽培法

タネショウガを植えつけ、用途に合わせて収穫します。乾燥と過湿に注意。

芽出し 健全なタネショウガを入手し、3芽つけて60gくらいに切り分けます。発芽温度が高いので、箱や鉢に腐葉土7：赤土3の用土を入れ、タネショウガを隠すように覆土(3～5cm)をして暖かい場所で、1カ月ほど発

●栽培の手順

1 タネショウガの植えつけ。7～8cmに芽が伸びたタネショウガを間土の上に置き、5cmほど土を戻して芽を地上部に出す。深植えにしないこと。

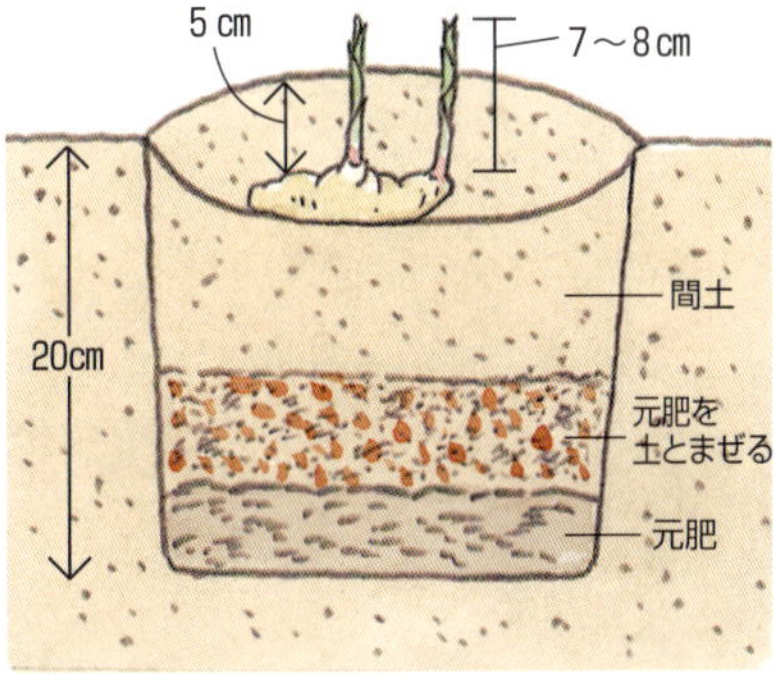

2 ポリマルチをすると乾燥が抑えられる。植えつけ場所の部分は、指で破るかカッターで切りとる。

3 根づくと新芽が伸びて開いてくる。２週間おきに除草してから追肥、中耕、土寄せを３回。

4 葉が大きくたくさん出ないと、ショウガの部分も肥大しない。葉の周りの除草も忘れずに。

5 根元付近が赤くなったら、葉ショウガの収穫どき。葉が枯れるころに収穫すると新ショウガになる。

芽を待ちます。

植え場所　前作から3～4年あけ、水はけ、水もちのよい肥沃な場所をよく耕します。植えつけ2週間前までに苦土石灰をまいてすき込みます。タネショウガは芽が5～6本になるまで生育するのに必要な養分を蓄えているので、1週間前に堆肥と軽く化成肥料を施し、間土をします。

植えつけ　30㎝間隔でタネショウガを置き、芽が頭を出すぐらいに土を埋め戻します。深植えしないように気をつけます。

追肥、敷きわら　最初の追肥は主茎が5～6葉のときに行います。以後、2週間隔で株の両サイドに1㎡あたり2～3握りの化成肥料を追肥、中耕、土寄せを計3回行います。梅雨明け後、乾燥を抑える敷きわらをします。

■収穫

夏から根元が赤くなったところを、葉ショウガとして収穫できます。そのまま葉が黄色くなるまで根を肥大させると、新ショウガが収穫できます。遅くとも、霜がおりる前に収穫を終わらせます。

■病害虫

夏に葉が黄色くなるのは、水切れが原因のことが多いので水やりをしてみます。連作障害の場合はあっという間に立ち枯れしてしまいます。害虫ではアワノメイガやネキリムシの防除をします。

〔葉茎菜類〕

ハクサイ

霜に当ててから収穫を始める

アブラナ科

ハクサイ（富風）

ハクサイの収穫

タケノコハクサイ

〔栽培カレンダー〕

月	1	2	3	4	5	6	7	8	9	10	11	12
タネまき・収穫	春まき・タネまき		タネまき（下旬）	タネまき（上旬）		収穫（下旬）	収穫（上旬）	秋まき（下旬）	秋まき（上旬）		収穫	収穫
作業			間引き（下旬）	間引き（上旬）、土寄せ	土寄せ				間引き、土寄せ	土寄せ	霜よけ（下旬）	霜よけ（上旬）
施肥			元肥	追肥	追肥			元肥	追肥	追肥		

栽培ポイント

- ●寒さに向かう季節がつくりやすい
- ●耐病性のある品種を選ぶ
- ●タネまき適期を逃さずまく
- ●水はけよく、元肥はたっぷりと

■特性

中国北部の原産で氷点下にも耐える強さがありますが、暑さには弱く、収穫のころ15～18度ぐらいだとうまく結球します。成長が早く貯蔵ができるので、冬のビタミン供給野菜としてぜひ育てたいものです。

■品種

耐病性が高く、結球しやすい小型の早生種がつくりやすいでしょう。家庭菜園の定番となっている「耐病六十日」や「金将二号」のほか、「無双」「富風」などがあります。最近は芯が黄色くなる黄芯系の品種が多くなっています。

■栽培法

成長初期は20度くらい、結球するころは15度くらいというのが望ましいので、夏の終わりにタネまきをして晩秋から冬に収穫するのがつくりやすいでしょう。タネまきがあまり遅れると、結球しにくくなります。春まきもできますが、発芽温度、生育温度を保つための保温設備とビニールトンネルが必要です。

肥料切れをしても結球しないので、元肥を十分に施します。

●栽培の手順

1 発芽したらアブラムシ、コナガ、シンクイムシの防除のため薬剤を予防散布しておく。

2 本葉が出たら間引く。本葉１～２枚で１カ所３～４株、３～４枚で２～３株になるようにする。

3 本葉５～６枚で１カ所１株にしたら、株周りに化成肥料をばらまいて、そっと土寄せする。その後、２週間ごとに様子を見て２～３回行う。

4 中心部分の葉が巻いてきて外葉が広がり、結球が始まる。病害虫も多発しやすい時期になる。

5 結球の大きさは外葉の大きさに比例するので、生育の初期段階でしっかり葉を大きく広げさせることが、よい収穫につながる。

6 外葉で包むようにして、結球した部分を霜から守る。霜よけをすると収穫時期を延ばすことが可能なので、食べきれない分は切りとらずこうしておくとよい。

●苗づくり

ポットまきにして暑さよけの寒冷紗のトンネルをかけると、水切れや病害虫の発生を抑えるので管理しやすくなる。

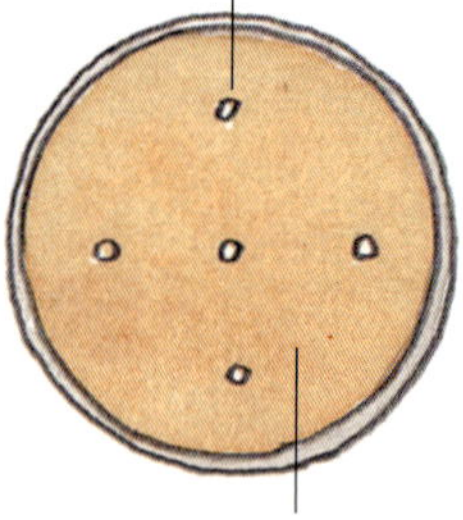
5～6粒まく
堆肥と畑土を半々にまぜたものに石灰を加える。

4号ポリポット
本葉が出てから間引き、本葉3枚で2本立ちにする。本葉4～5枚まで育てる。

40～45cm間隔で植え穴を掘り、アブラムシ防除のオルトラン粒剤をまぜておく。水やりをして根鉢をくずさず植えつける。
植え穴
オルトラン粒剤をまぜる

まき場所 タネまきの日を決めたら、2週間前に1㎡あたり苦土石灰か消石灰を2握りまき、深さ20㎝ぐらいでよく耕しておきます。前作からは3～4年はあけるようにします。

1週間前になったら、1㎡あたり堆肥バケツ1杯、化成肥料2握りを施し幅60㎝のベッド畝をつくります。水もちのよい土を好むので、水はけが悪い場所ではさらに高畝にし、生育初期から順調に成長させることがポイントです。

タネまき 関東付近で8月下旬～9月初旬、寒冷地は8月中旬がまきどきになります。早すぎると暑さや病害虫の発生で、遅すぎると結球する前に気温が下がりすぎて、大きくならなかったり、結球がうまくいかなかったりします。タネ袋にタネまきから収穫までの日数が示されているので、それをもとにまきどきを決めます。

雨が降ったあとか、たっぷり水やりしてからタネをまきます。株間40～45㎝間隔でビールびんの底などを押しつけ、そこに1カ所あたり5～6粒ばらまきます。タネが隠れる程度に軽く覆土して手で押さえ、水やりで落ち着かせます。育苗する場合はポリポットにまき、覆土後オルトラン粒剤の散布や寒冷紗をかけて害虫防除に努め、育苗します。育苗20日で本葉4～5枚苗に育てます。

間引き 本葉1～2枚になったら間引きを始

●株直し

本葉5～6枚で1本苗にする。1株1握りの化成肥料を株の周りにばらまいて土寄せする。その際、傾いた苗はまっすぐに直しておく。

株をまっすぐにする株直し
化成肥料

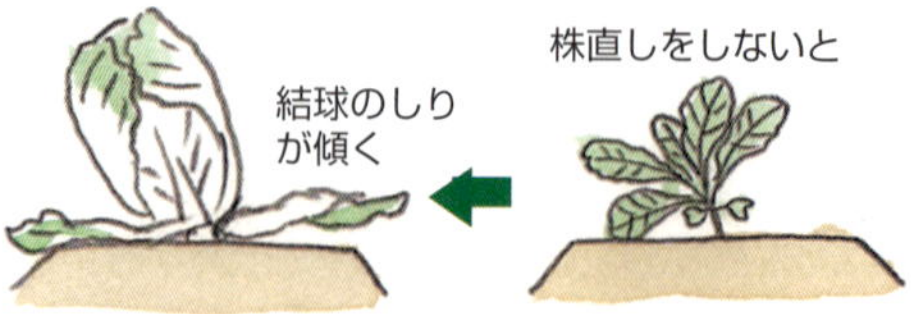
株直しをしないと
結球のしりが傾く

●収穫

結球がかたくなっていたら収穫。まず外葉をひと回りはずして地面に押しつけるように広げる。つけ根に包丁を入れ、結球を傾けるようにして切りとる。

押さえる

外葉を地面に押しつける

め、本葉5～6枚までに3回の間引きで1カ所1株にします。元気のない苗や病害虫におかされた苗、小さすぎたり大きすぎたりするもの、葉の緑色が濃すぎたり、赤みがかっているもの、葉柄が細長く青っぽいもの、本葉が細く立っているものなどを間引いていきます。

追肥、土寄せ　最後の間引きを終えたら、化成肥料を1株につき1握りほどばらまき、軽く土寄せをします。その後、2週間おきに合計2～3回施します。土寄せは根を切ったりしないよう、軽く水平にクワを入れますが、最後の追肥のころには細根がたくさん張っているので、中耕で根を傷めることのないよう、畝肩に肥料をまくだけでクワは入れません。

ヨトウムシが食害する。大きな虫は見つけしだい捕殺する。

薬剤散布　葉数がふえ、結球に向けて芯の葉が巻き、外側の葉がたれるようになってくると、病害虫の発生もふえてきます。べと病、白斑病などの殺菌剤を1～2回、定期散布します。結球が始まっていても散布が可能です。

霜よけ　11月下旬、初霜がおりたら葉を結束します。外葉で株を包み込むように丸め、上のほうをまとめてひもなどで縛ります。虫を入れないように気をつけましょう。寒さが厳しいときは、北風をよけるために笹やよしずを立てたり、すっぽり新聞紙でくるんで縛っておきます。

■収穫

11月中旬～12月に、タネ袋に記載された収穫日数を目安に、かたく結球しているものから切りとり収穫します。タネまきが遅いと花芽分化を起こし、葉が不足して結球しないままになってしまいます。頂部を押さえたときがっちりした感触があったら、ひもをはずして外葉をひと回りはずし、株元にナイフを入れて切り離します。

しっかり結球した株なら、外葉ごと新聞紙でくるみ、株元に土寄せしておけば、収穫を延ばせます。このとき、結球が不十分だと中心が腐敗してくるので気をつけます。また、収穫してからでも外葉ごと4～5日陰干しし、新聞紙でくるんで凍らない程度の冷暗所に置いておけば、2月ごろまで保存が可能です。

■病害虫

アブラナ科の大敵、根こぶ病は耐病性品種を選ぶことで、かなり発生が抑えられます。しかし、土がじめじめしていると、結球するころに地ぎわから枯れ、中が腐る軟腐病が発生します。これは耐病性品種でも抵抗できないので、アブラナ科の連作と早まきを避け、水はけをよくするしかありません。白斑病も連作で起こります。

害虫では、気温の高い生育初期に発生しやすく、乾燥しているとアブラムシが発生してモザイク病まで媒介します。ほかにアオムシ、ヨトウムシ、シンクイムシなどがありますが、定期的な薬剤散布で防除します。

Q&A　もっと収穫を遅らせたい

タネまきをずらせばよいのですが、寒くなってからまくことになり、花芽分化は生育のどの段階でも起こるので、結球が不良になります。また、晩生種（晩抽種）を選ばないと、花芽分化が起こって葉の成長が止まり、結球が大きくならなかったり、春にとう立ちしたりします。品種によっては1カ月以上、収穫期間が続くようなものもあり、必要な分だけ収穫しながら長く楽しむことができます。

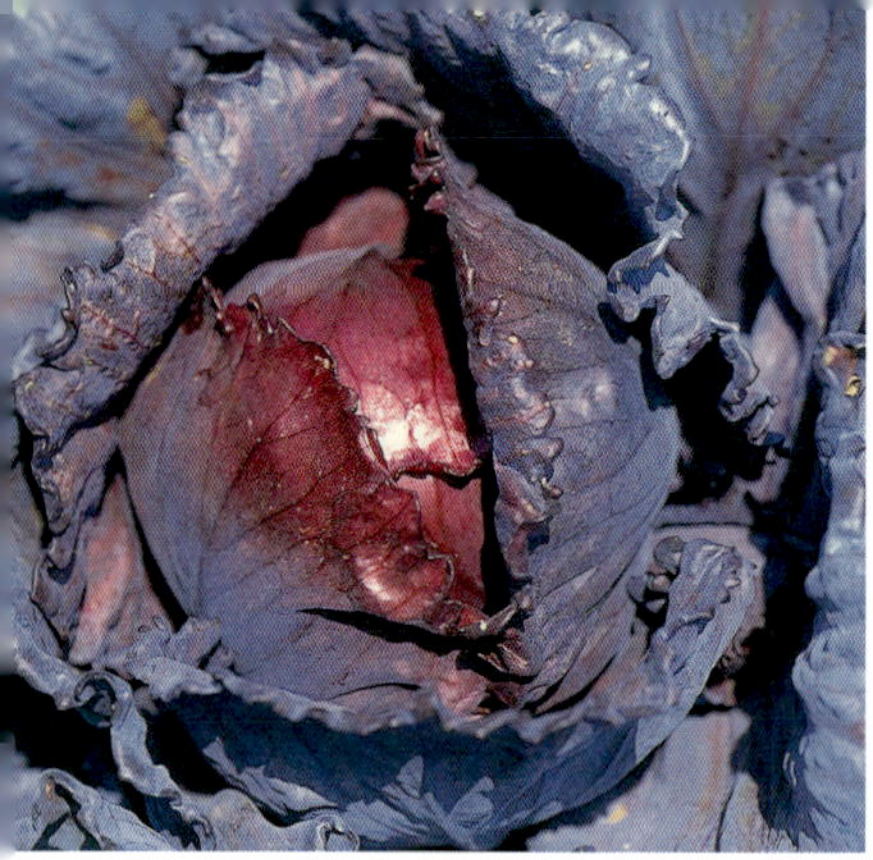

キャベツ（中生ルビーボール）

サボイキャベツ

キャベツ

［葉茎菜類］

多彩な品種で収穫時期が選べる
キャベツ

アブラナ科

［栽培カレンダー］

月	1	2	3	4	5	6	7	8	9	10	11	12
タネまき・収穫						夏まき・タネまき			収穫			
									秋まき			
作業						夏まき・敷きわら		間引き		土寄せ		
		土寄せ								秋まき		
施肥							夏まき・元肥		追肥			
		追肥									秋まき・元肥	

栽培ポイント

- ●まきどきに合った品種を選ぶ
- ●水もちのよい肥沃な場所を選ぶ
- ●冬越し前に苗を大きくしない

■特性

西ヨーロッパの原産でハクサイ同様、暑さに弱く寒さには強い性質があり、ビタミンCを中心にビタミン、ミネラル類が豊富で栄養価の高い野菜です。一年じゅう食べられるほど品種が豊富で、春、夏、秋にタネまきができますが、涼しいほうがつくりやすいので秋まきがおすすめです。

■品種

つくりやすい秋まきは翌春に収穫。「四季穫」「春波」「春ひかり七号」「マルシェ」「秋蒔早生」など品種は豊富です。萎黄病抵抗性品種（YR品種）が登場して、春まきや夏まきの病気発生はかなり抑えられるようになりました。夏まき冬どりでは「彩ひかり」「湖月」「冬凪」「金系201号」などがあり、早生種、中生種、晩生種を組み合わせれば、長く収穫できます。また、紫キャベツの「ネオルビー」なども出ています。春まきは生育後半に温度が上がって病害虫が発生しやすくなるので、必ず耐病性の高い品種を選ぶようにします。形状から丸玉系、寒玉系（扁平形）、サワー系（やわら

胚軸の短い苗はまっすぐ植える

胚軸の長い苗は深植えせず、斜めに植えると生育遅れにならない
胚軸

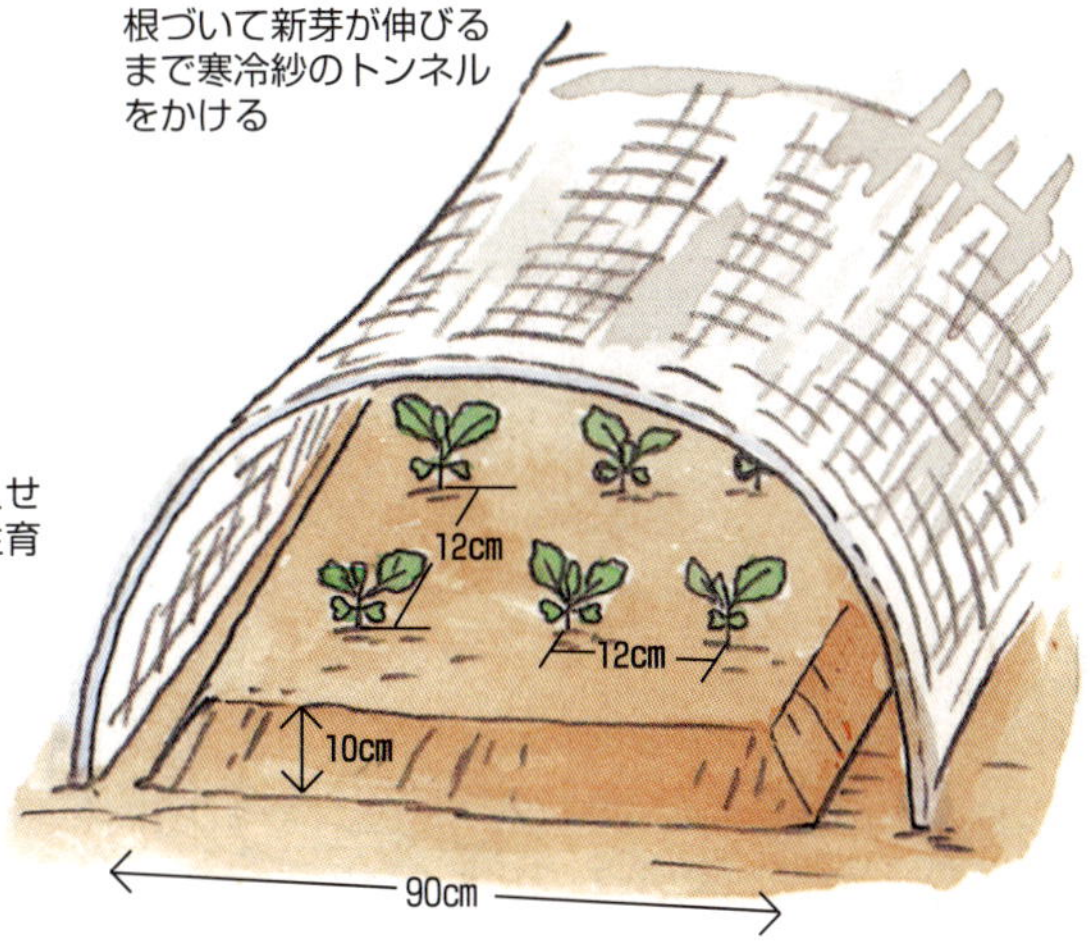
根づいて新芽が伸びるまで寒冷紗のトンネルをかける
12cm
12cm
10cm
90cm

●移植栽培

箱まきして発芽した苗は本葉2～3枚で、90cm幅の平床に仮植えする。1㎡あたり堆肥バケツ1/2杯、化成肥料1握りをすき込んでおく。株間は12cm。ポット植えにして並べてもよい。

かい生食用）と分けることもあります。

■栽培法

春まきは発芽温度を上げる設備が必要で、結球するころに温度が上がり梅雨を迎えるため、病害虫が発生しやすくなります。ここでは秋まきと夏まきを解説します。

●秋まきキャベツ

タネまき　9月下旬～10月上旬、平床に5～6cm間隔ですじまきにするか、箱まきにします。薄く覆土して水やりをしたら、敷きわらやぬれ新聞紙で、発芽までの2～3日間、土が乾かないように管理します。

育苗　発芽後、わらや新聞紙をとり除き、本葉が見えてきたところで、混み合った部分を間引き、2cm間隔にします。箱まきしたものは発芽から10～15日、本葉2～3枚で90cm幅の平床か3号ポリポットに植えつけ、本葉5～6枚になるまで育てます。

平床は化成肥料を1㎡あたり2握り施して耕しておき、株間15cmになるように植えつけます。ポット植えは、畑土に腐葉土を2割まぜた用土に1本ずつ植え、新芽が伸びたら10日に1回、化成肥料を1つまみずつ施します。

植え場所　土壌感染する病気を避けるため、アブラナ科をつくってから3～4年はあけます。水はけ、水もちのよい肥沃な場所を選んで準備します。植えつけ2週間前1㎡あたり苦土石灰を2握りくらい施してよく耕します。1㎡あたり堆肥バケツ1杯、化成肥料を2握り施してよく耕し、畝幅を早生種で50cm、中生種と晩生種は60cmにします。

植えつけ　株間40～45cmで苗が深植えにならないように植えつけ、北側の畝を高くします。

冬越し　寒さには強いですが、苗が小さいので冬越し対策で万全に備えます。初霜のころ、敷きわらをして乾燥を抑え、笹やよしずなどの風よけを立てて寒風を避けます。

追肥、土寄せ　年内は、葉を10枚ぐらいにして越冬させます。この時期に追肥をして葉が育ちすぎた状態で低温にあうと、花芽分化が起こり、成長が止まって春にとう立ちしてしまうからです。そのため、秋まき春どりの追肥は、3月から2週間ごとに2～3回行うようにします。化成肥料を1株あたり1握り施し、軽く中耕してしっかり土寄せをします。たいせつな葉が傷むことのないよう、葉が大きく広がる（結球が始まる）前までに作業をすませます。

薬剤散布　タネまきや植えつけ時にオルトラン粒剤を土にまぜることによって初期防除を行い、生育中はハクサイと同様にBT剤を散布します。植えつけ後120～150日、4月ごろには結球が始まるので、残効の短いマラソン乳剤、トレボン乳剤で病害虫を防除します。

●夏まきキャベツ

タネまき　7月中旬～下旬、秋まきと同じ要

●栽培の手順（秋まき）

1 平床に5～6㎝間隔でまき溝をつける。板などを押しつけると簡単。タネが重ならないようにすじまきにする。

2 苗は前ページのように移植栽培するほか、写真のようにポットに植えてもよい。いずれも寒冷紗をかけて育てる。

3 本葉4～5枚になったら、40～45㎝間隔で畝にやや深植えにする。畝間は50～60㎝にする。

4 根づいたら新芽も伸びる。葉10枚くらいで風よけや敷きわらの霜よけをして冬越しさせる。

領でタネをまきます。箱まきの場合は、涼しい場所に置いて管理します。

育苗　本葉1～2枚になったら、やはり秋まきと同じように平床かポリポットに移植します。高温期なので作業中にしおれたりしないよう、手ぎわよく、根を乾かさないように行います。日よけと虫よけを兼ねて寒冷紗のトンネルをつくり、約1カ月間、本葉5～6枚になるまで育てます。乾燥が激しい時期なので、水やりをしっかり行います。

植えつけ　8月下旬～9月上旬、秋まきと同じ準備をした場所に植えつけます。ただし、畝幅は60㎝とします。

追肥、土寄せ　植えつけ後2～3週間すると、根づいて新葉も展開してきます。これから10日ごとに2～3回、追肥として化成肥料を1株あたり1握り施し、軽く中耕して土寄せをします。球が握りこぶし程度になるまでに、最後の追肥をすませます。

薬剤散布　夏まきの結球は早く、植えつけ後30～40日で始まります。秋まきと同じ要領で薬剤散布をして、病害虫を防除します。

■収穫

秋まきの収穫は翌年の4～5月、夏まきはその年の10～12月ごろになります。外葉が広がり、内側の葉が巻いて結球が始まり、1カ月ぐらいで結球がかたくなったところを、外葉をはずし包丁で切りとります。秋まきは収

5 本葉20枚程度で外葉が大きく広がり、結球が始まる。その前に追肥や土寄せを終わらせる。

6 夜になると隠れていたヨトウムシが活動を始め、一晩で葉が食い荒らされる。小さいうちに駆除してしまうのがコツ。

7 結球が始まって１カ月ほどでかたく締まってくる。春は収穫が遅れると、とう立ちしてしまうので、収穫時期を逃さないようにする。

8 外葉をよけて結球のつけ根に包丁を差し込み、反対側に折り曲げるようにして収穫する。

穫が遅れると、裂球やとう立ちが起こります。

■病害虫

秋に多いべと病、冬から春に出る黒斑病が葉を枯らします。肥料過多にならないようにして、銅水和剤を散布します。土壌感染の病気は品種改良によってかなり抑えられています。軟腐病や萎黄病は発生したら、処分して拡大を抑えるほかありません。

秋まきではハスモンヨトウ、春まきはアオムシが大発生することがあるので、生育中はＢＴ剤（生物農薬）を主体に散布します。

Q&A 夏に収穫したい

春まき品種の早生種を選び、暖かくなって箱まきをしてビニールでおおうなど保温します。タネまき後25～30日、本葉3～4枚の若苗を朝夕の涼しいときに植えつけると、生育が順調に進みます。気温が低い時期は、保温や防霜効果のある不織布のベタ掛けフィルムを活用するのもよいでしょう。この時期に多い病害虫の被害を抑えます。短期間で大きくするため、元肥はしっかり施し、外葉の成長を促すこともたいせつです。敷きわらをすると、保温と乾燥防止に効果が出ます。とう立ちの心配はありませんが、葉がかたくなるので収穫時期は逃さないようにします。

［葉茎菜類］

メキャベツ

らせん状に結球し、何カ月も収穫が続く

アブラナ科

メキャベツの花

メキャベツ

［栽培カレンダー］

月	1	2	3	4	5	6	7	8	9	10	11	12
タネまき・収穫	収穫	収穫	収穫			タネまき	タネまき				収穫	収穫
作業							日よけ	日よけ・植えつけ	植えつけ・土寄せ	土寄せ	土寄せ	
施肥								元肥	追肥	追肥		

栽培ポイント

●連作を避け、水はけ、水もちのよい土に
●元肥と追肥をしっかり施す
●結球したら、そばの葉は切る

■特性

ベルギーなどでキャベツを改良してつくられた野菜で、50㎝ぐらいの茎にびっしりつく脇芽を収穫します。子持ち甘藍《カンラン》（甘藍はキャベツの別名）ともいいます。キャベツを直径2㎝に縮小したような形で、やはり寒さには強いですが、暑さにはキャベツより弱い傾向があります。ビタミンCはキャベツの約4倍で、ゆでても豊富な栄養分がそこなわれにくい優良野菜です。

■品種

よくつくられているのは「早生子持」「ファミリーセブン」です。7月ごろタネをまき、11月から翌年に収穫します。春まきもできますが、キャベツと同じく温度管理がむずかしいでしょう。

■栽培法

夏まきキャベツの要領でつくりますが、成長はキャベツより遅くなります。

タネまき　7月中旬～下旬、鉢か箱に畑土と堆肥を同量ずつまぜて入れ、点まきかすじまきしたら隠れる程度に覆土します。水やり後、

●栽培の手順

1

本葉2枚で移植床かポットに植え、本葉5～6枚まで育てたら、株間50～60㎝で植えつける。

2

2週間もすると葉がかなりふえて大きくなる。植えつけ20日後から追肥、中耕、土寄せを行う。

3

外葉が広がり、草丈も伸びる。中心からどんどん新葉が出てくるところがキャベツらしい。

4

下部の芽は、かきとるようにはずす。芽が出てきたところは下葉をとり、茎に日を当てる。

5

下から順に、結球が大きくなったところから摘みとり収穫する。上葉は10枚ほど残しておく。

新聞紙をぬらしてかぶせ、発芽を促します。

育苗　2～3日で発芽したら新聞紙をとり、本葉2枚くらいになったら、90㎝幅の移植床に15㎝間隔で植えつけます。畝全体に支柱を立て、寒冷紗のトンネルをつくって日よけをします。ポット植えでもかまいません。

植え場所　連作を避け、水はけ、水もちのよい場所に、1㎡あたり苦土石灰を2握り施してよく耕します。1㎡あたり堆肥バケツ1杯、化成肥料を2握り施します。70㎝幅の畝にします。

植えつけ　本葉5～6枚になったら、株間50～60㎝とって、株元に十分光が当たるように苗を植えつけます。

追肥、土寄せ　20日後から化成肥料を1株あたり1握り追肥して中耕、土寄せをします。2～3週間おきに3回繰り返します。

芽摘み　葉柄のつけ根に脇芽が出てきたら、下のほうは結球しないので早めにかきとり、下葉も切り落とします。結球ができたら近くの葉はとり、茎に日が当たるようにして、上葉だけを残します。

■収穫

11月以降2月ごろまで、結球がかたくなった下のほうから摘みとり収穫します。

■病害虫

キャベツと同じです。アブラムシ対策は、植えつけ時に薬剤を予防散布しておきます。

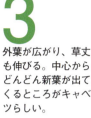

赤タマネギ

タマネギ（ホームタマネギ）

［葉茎菜類］

タマネギ

動脈硬化を予防するとされている野菜

ネギ科（ユリ科）

［栽培カレンダー］

月	1	2	3	4	5	6	7	8	9	10	11	12
タネまき・収穫					収穫	収穫			タネまき			
作業			土寄せ								植えつけ、敷きわら	敷きわら、土寄せ
施肥			追肥							元肥		追肥

栽培ポイント

- 各地方に適した品種を選ぶ
- 品種ごとのタネまき時期を守る
- 植えつけ時に苗の大きさをそろえる

特性

西アジア原産の古代から食べられている野菜です。茎のつけ根が肥大して球状になった部分を食べますが、葉も食べられます。辛みの成分チオスルフィネートに血液をさらさらにする効果、甘みのもとのオリゴ糖に整腸作用があるとされ注目されています。

品種

極早生種の「スーパーハイゴールド」もありますが、貯蔵がきく中晩生種が多く、「ネオアース」「アトン」「OP黄」「もみじ3号」など非常に豊富です。早生種は中晩生種より偏平です。また、生食に向く赤タマネギ「湘南レッド」「猩々赤」もよくつくられます。

栽培法

冷涼な気候を好み、20度前後で茎葉が生育して15～25度で日が長くなるとつけ根が肥大します。13度以下の低温にあうと花芽分化し、長日・高温下でとう立ちします。

タネまき　時期は、品種や地域によって異なりますが、秋まきは9月に入ったら早生種、中生種、晩生種の順にタネまき適期になりま

タマネギ［葉茎菜類］

●栽培の手順

●タネまき、育苗

90～120cm幅の平床に、8cm間隔でまき溝をつける。すじまき後、薄く覆土して発芽まで新聞紙をかけるか、敷きわらをして乾かないようにする。

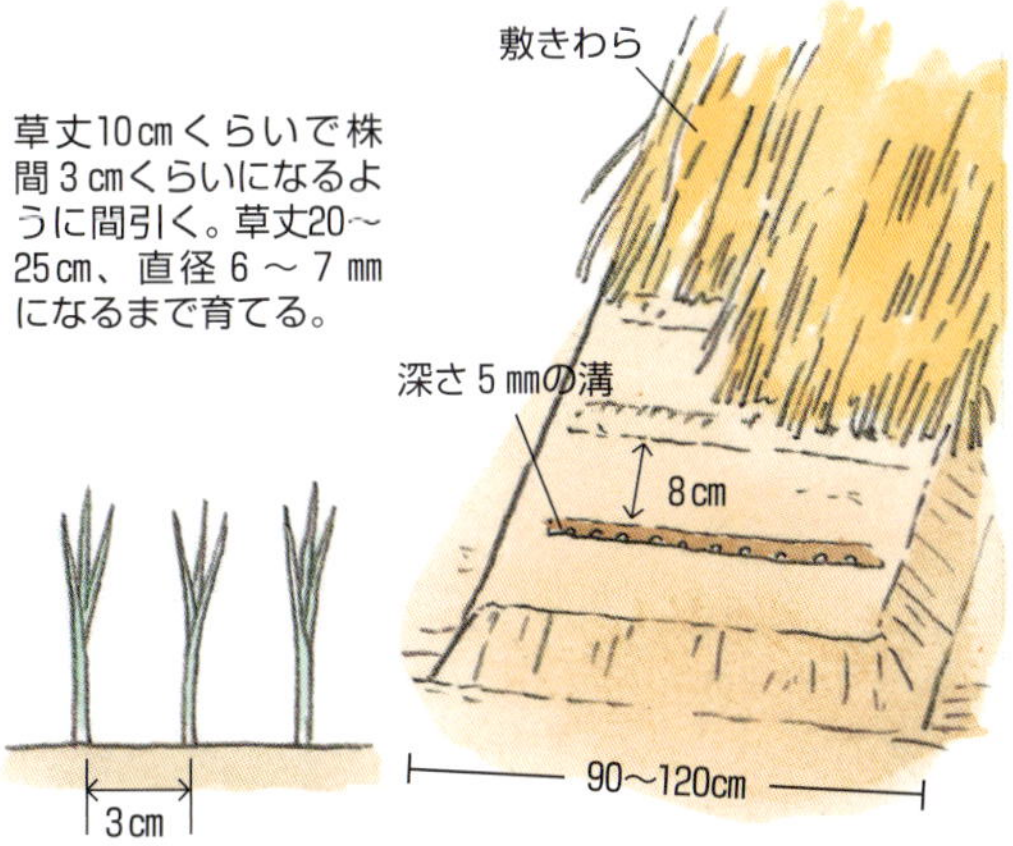
敷きわら
草丈10cmくらいで株間3cmくらいになるように間引く。草丈20～25cm、直径6～7mmになるまで育てる。
深さ5mmの溝
8cm
3cm
90～120cm

●植えつけ

のびのびとして、根も白くよく伸びている苗を植えつける。

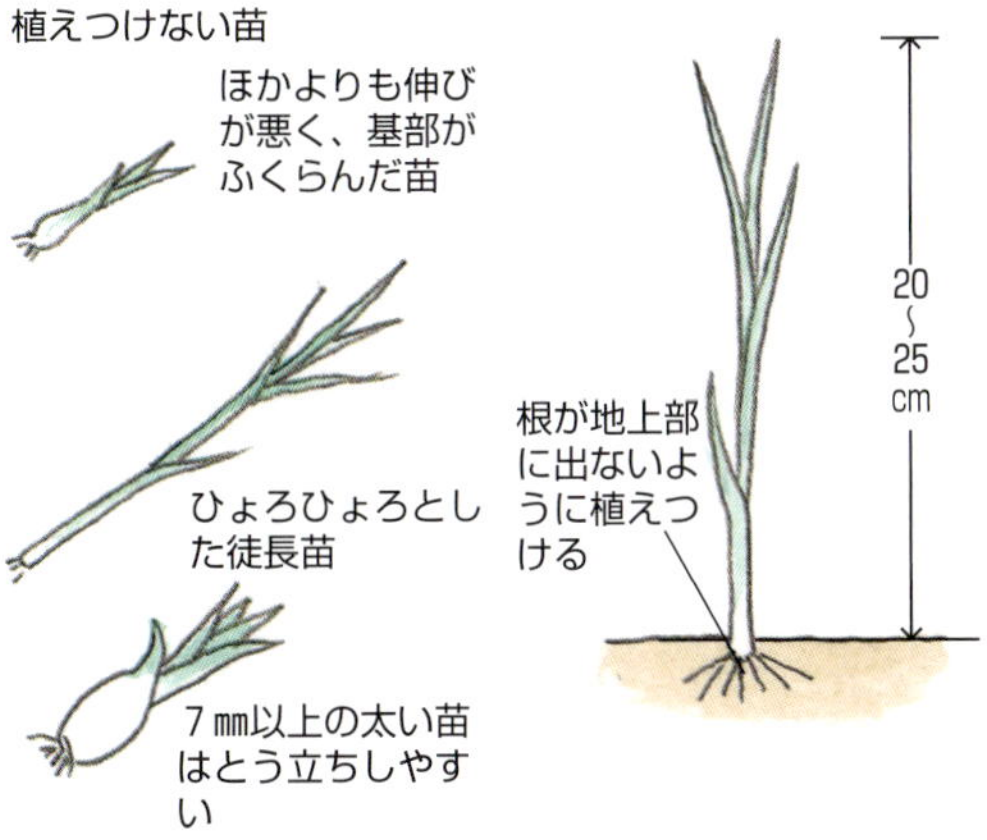
植えつけない苗
ほかよりも伸びが悪く、基部がふくらんだ苗
ひょろひょろとした徒長苗
7mm以上の太い苗はとう立ちしやすい
根が地上部に出ないように植えつける
20～25cm

1 15cm間隔で植えつけ、25日後に追肥して土寄せし、初霜の前に霜よけとして敷きわらをする。

2 株元が太ってきても、葉が8割ほど倒れるまでは収穫を待つ。収穫後、半日ほどこのまま乾かす。

す。畑土と堆肥を半々にまぜたまき床に、8cm間隔で溝をつけてすじまきにします。タネが重ならないように注意し、薄く覆土して水やりをしたら、湿った新聞紙などで発芽までおおいます。子葉が開いてから間引き始め、3cm間隔にしたら、50～55日で長さ20～25cm、茎の太さ6～7mmの苗に育てます。市販の苗を入手して植えつけてもよいでしょう。

植え場所 あらかじめ苦土石灰を1㎡2握りまき、よく耕しておきます。溝を掘って1㎡あたり堆肥バケツ1杯と化成肥料を2握り施して埋め戻し、幅60cmのベッド畝をつくります。ポリマルチもよい方法です。

植えつけ 条間20～25cm、株間15cmで苗を差し込み、根が見えなくなる程度に植えます。

追肥、冬越し 植えつけ後25日と3月上旬に、化成肥料を1㎡あたり1握り施して土寄せします。マルチングしていない場合は、初霜の前に全面に切りわらを敷きます。

■収穫

4～5月は、葉タマネギとして抜きとり収穫できます。5～6月になり茎葉が8割ほど倒れたところで、晴れた日に抜きとり収穫し、そのまま半日ほどおいて乾かします。つり下げておけば保存もききます。

■病害虫

害虫は少ないほうで、あまり心配はいりませんが、過湿はべと病を起こします。

ネギ（ボウズシラズ）

ワケギ

ネギ

［葉茎菜類］

追肥と土寄せでじっくりつくる

ネギ、ワケギ

ネギ科（ユリ科）

［栽培カレンダー］

月	1	2	3	4	5	6	7	8	9	10	11	12
タネまき・収穫			タネまき							収穫		
作業						植えつけ		土寄せ				
施肥						元肥		追肥				
葉ネギ			タネまき		植えつけ	土寄せ		追肥			収穫	
ワケギ								植えつけ		土寄せ		

栽培ポイント

- ●根深ネギは土寄せで葉鞘を白くつくる
- ●葉ネギは切りとり収穫で長く楽しむ
- ●ワケギは病気のない種球を入手

■特性

中国西部原産。関東の根深ネギ、関西の葉ネギといわれ、各地に特産品種があります。根深ネギは白い葉鞘を太く長くつくり、葉ネギは短く細くします。ワケギはタマネギとネギの種間雑種で、タネはありません。

■品種

根深ネギは「ホワイトツリー」「夏扇2号」「金長」など、葉ネギは「九条ネギ」「アクアグリーン」「小春」などがあります。ワケギは早生種と晩生種があります。

●根深ネギ

タネまき　春まきは4月に苦土石灰を1㎡あたり2握りまき、堆肥か腐葉土バケツ1杯をすき込んだ苗床に、6cm間隔にまき溝をつけ、すじまきにして薄く覆土、水やりをします。

間引き　本葉2〜3枚で2cm間隔に間引き、化成肥料を10日ごとに施します。

植え場所　あらかじめ苦土石灰をまいて中和しておいた場所に、植える当日、耕さずにクワ幅で深さ20cmの溝を東西に掘ります。

植えつけ　6〜7月ごろ20〜30cmになった苗

●栽培の手順（根深ネギ）

1 植えつけ場所はあらかじめ苦土石灰などをまいておき、よく耕しておく。植えつけ当日は、耕さずに溝だけ掘る。

2 苗の根を隠すように3～4cm覆土し、化成肥料を入れてから、堆肥やわらを7～8cmの厚さに入れる。

3 植えつけ40～50日後から1カ月おきに3回、追肥、土寄せを繰り返し、徐々に植え穴を埋めていく。

4 土寄せは葉の分岐点のやや上までとし、葉の成長点が埋まらないようにすることがたいせつ。

5 穴が埋まって最後の土寄せは、畝間の土を株元に寄せる。土に埋まった部分が白くなる。

6 春にとう立ちすると成長しなくなってしまうので、花茎が伸び、ネギ坊主がついたらすぐにとっておく。

を植えつけます。溝の北側に10～15cm間隔で苗を立て、浅く土をかけて軽く踏んで安定させます。上から化成肥料をまいて、堆肥か、わらを厚く敷きます。溝間は90cmにします。

土寄せ　植えつけ40～50日後、化成肥料を1m²あたり2握りまいて5～6cmの厚さに土をかけます。1カ月おきに3回繰り返し。

●葉ネギ

苗づくりまでは根深ネギと同じです。

植えつけ　植え溝は深さ10cmで、苗を2～3本ずつまとめて、15～20cm間隔にします。溝間は50～60cm。2週間ごとに同量の化成肥料を施しますが、土寄せは植えつけ1カ月後に1回だけ、倒れない程度にします。

●ワケギ

9月、肥沃な土に条間30cm、株間15cm間隔で2～3球ずつまとめ、種球の頭が少し見える程度に植えます。15cmくらいになったら、追肥、土寄せで分球を促します。

■収穫

根深ネギは、最後の土寄せから30～40日後、畝の端から掘りとります。葉ネギは大きなものから切りとり、化成肥料をまいておくと、新芽が伸びます。ワケギは葉数20本から株を分けるように、抜きとるか切りとります。

■病害虫

べと病や黒斑病に注意。スリップスやアブラムシは早めの薬剤散布で防除します。

［葉茎菜類］

ニラ

ネギ科（ユリ科）

何度も収穫、古くなったら株を更新

ニラ

花ニラ

黄ニラ

［栽培カレンダー］

月	1	2	3	4	5	6	7	8	9	10	11	12
植えつけ						植えつけ						
作業・収穫					2年目収穫		土寄せ		3年目株分け			敷きわら
施肥					2年目追肥	元肥			1年目追肥			

栽培ポイント

- ●苦土石灰であらかじめ酸性土を中和
- ●苗を植えつけるほうが簡単
- ●植えつけ3年後には株分けで更新

特性

東アジア原産。非常に強健なので場所を選ばずつくれ、何度も刈りとり収穫できます。葉ニラのほか、とう立ちさせて茎とつぼみを食べる花ニラ、軟化栽培した黄ニラもあります。黄ニラは手間がかかるため高級食材として扱われます。ニラはカロテンが豊富で、ビタミンB_1の吸収を促進するアリシンを含むため、スタミナ野菜として食べられます。

品種

幅広ニラの品種が多く、「スーパーグリーンベルト」「グリーンロード」「広巾ニラ」など。花ニラは「テンダーポール」。

栽培法

一度植えると、暑さや寒さで地上部が枯れたように見えても、季節が変わると葉が伸び、株がふえていきます。これを株分けしたものを植えつけるのが簡単です。

植え場所　植えつけ2週間前に、苦土石灰を1㎡あたり2握りまいて耕しておきます。1週間前に、クワ幅で深さ15㎝の植え溝を2本掘り、1㎡あたり堆肥バケツ2杯、化成肥料

ニラ
［葉茎菜類］

●栽培の手順

1　刈りとり収穫を繰り返すと株が弱ってしまう。3年ほど収穫して生育が衰えてきたら、9月にいったん掘り上げて株分けする。

2　大株はつけ根をハサミでおおまかに切ってから、分かれやすいところで株を2～4本ずつになるよう手で分ける。

3　植え溝に元肥を入れたら、間土をして20㎝間隔で4～5本ずつ植える。やや深植えになるように植え、1年間は収穫せずに肥培する。

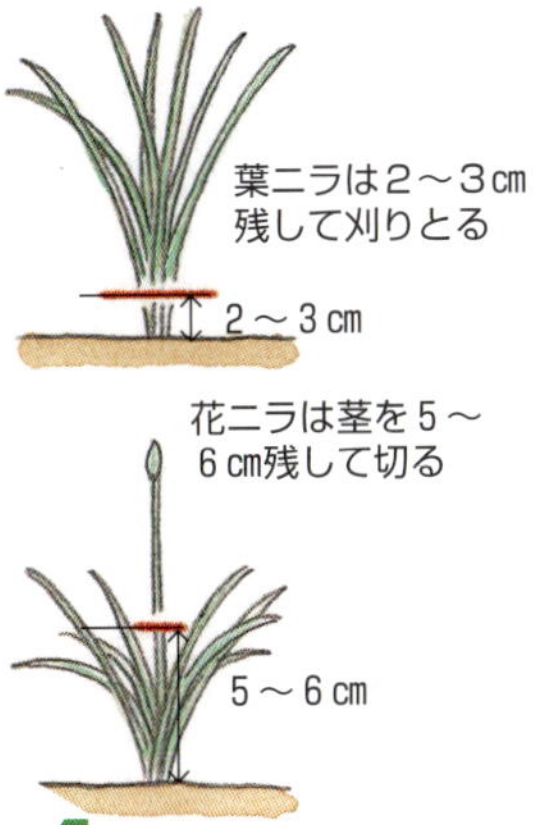
葉ニラは2～3㎝
残して刈りとる
2～3㎝
花ニラは茎を5～
6㎝残して切る
5～6㎝

4　花ニラを利用するときは開花前に切りとり収穫。葉ニラの収穫は8月までにして、9月からは株を回復させる。

ニラの花

2握りの元肥を施し、間土をします。溝間は50～60㎝にします。

植えつけ　6月中旬～7月上旬、苗を4～5本ずつ、20㎝間隔に2条植えます。

追肥、土寄せ　1年目は収穫しないで株を大きくします。化成肥料を株元にばらまき、軽く中耕して土寄せします。花茎は早めに摘みとり、すべての養分が成長にまわるようにします。霜がおりるようになったら、敷きわらなどをします。2年目以降、収穫のたびにお礼肥《れいごえ》として化成肥料を施して土寄せします。

株の更新　3年も収穫すると株が弱ってくるので、秋に株分けをして植えなおします。

タネまき　春まきが簡単です。彼岸のころ、畑土に腐葉土をまぜて箱まきし5月上旬ごろまで保温して育てます。発芽1カ月後から月1回、化成肥料を追肥としてばらまき、3カ月ほど育てて植えつけます。

■収穫

植えつけ2年目から、新葉が20㎝になったら、地ぎわで刈りとり収穫します。2～3㎝残しておけば、1カ月もしないうちに次の葉が伸び、収穫が繰り返せます。花ニラは、つぼみが開く前、薄皮がついている間に茎を5㎝ほど残して切りとり収穫。

■病害虫

アブラムシを防除し、過湿によるべと病やさび病の発生を抑えます。

［葉茎菜類］

夏・秋まきなら長く収穫が続けられる

ホウレンソウ

ヒユ科（アカザ科）

ホウレンソウ（むさし）

ホウレンソウ（ノーベル）

［栽培カレンダー］

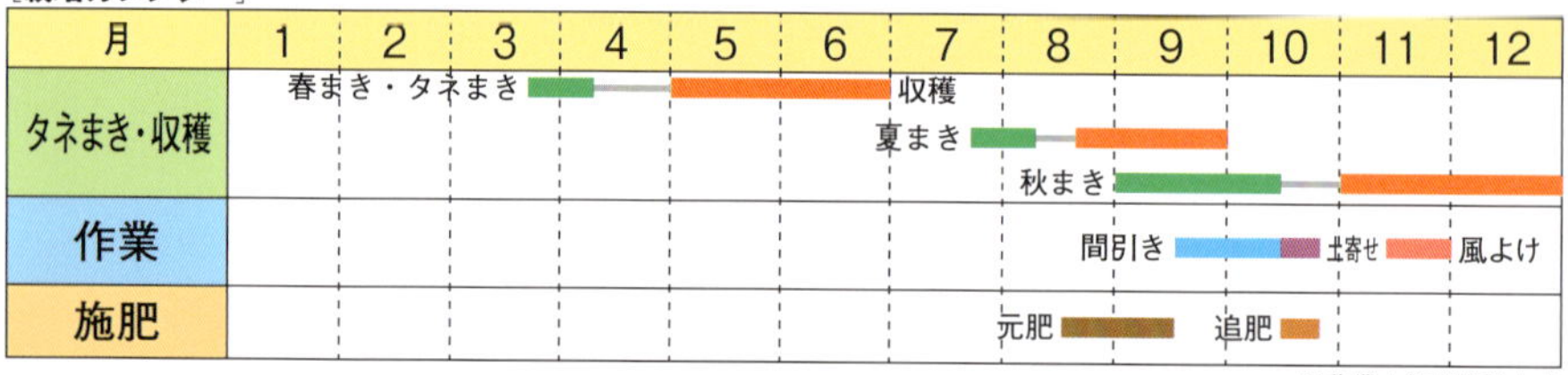

月
1
2
3
4
5
6
7
8
9
10
11
12
タネまき・収穫
春まき・タネまき
収穫
夏まき
秋まき
作業
間引き
土寄せ
風よけ
施肥
元肥
追肥

※作業と施肥は秋まき

栽培ポイント

- 苦土石灰で必ず土を中和しておく
- 発芽、成長をそろえるようにする
- 間引きをして葉を大きく広げさせる

■特性

西アジアの寒冷地原産で、氷点下にも強いのですが、25度以上の暑さには耐えられません。夏をはずして栽培する春まき、秋まきにします。ビタミンや鉄分の多い野菜として、日本の食卓にとけ込んでいます。

■品種

日本種と西洋種の交雑種がほとんどで、いずれも強健で収穫が多いのが特徴です。それらの多くは耐病性、特にべと病に抵抗が強い品種につくられています。つくりやすい秋まきでは「アトラス」「オーライ」「次郎丸」「まほろば」など。春・夏まきでは「おかめ」「パレード」「晩抽バルク」「プリウス」「アクティブ」「サンライト」などがよいでしょう。

■栽培法

冷涼な気候を好み、発芽、生育適温は15～20度です。日が長くなると、とう立ちするので、特に春まきは適した品種を選びます。

芽出しまき　春まきは3～4月、夏まきは7～8月、秋まきは9～10月になります。高温だと発芽率が落ちるので、夏まきは一晩水に

●栽培の手順

1 ホウレンソウは特に酸性土に弱いので、必ず石灰を多めにまいてから畝をつくる。

2 高温期はタネまきの前に芽出しを行う。タネはガーゼなどに包み、一晩、水につけて低温にあわせる。

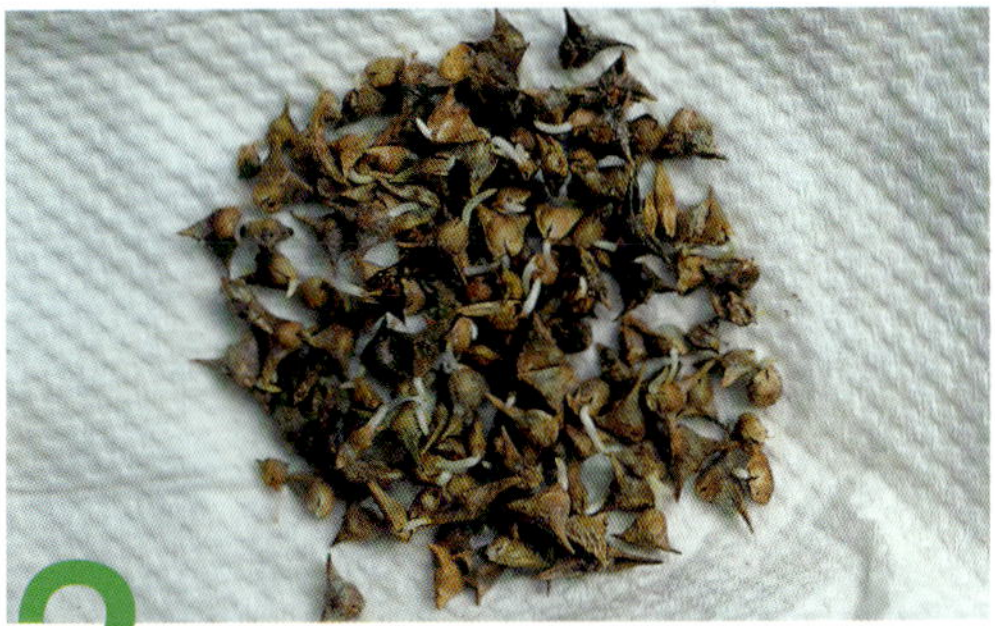

3 ガーゼを涼しいところで広げておく。芽が出たのを確認してからまく。春と秋は芽出し不要。

4 発芽までは乾かさないよう、タネまき後に水やりをしたらわらなどを敷く。

5 本葉が出てきたら間引き始め、本葉３～４枚で株間10㎝にする。間引き菜ももちろん利用。

6 本葉５～６枚になったら、大きくなった株から切りとり収穫。春まきはとり遅れないようにする。

つけたタネを広げ、芽出しさせます。

畝づくり　酸性土に特に弱いので、消石灰か苦土石灰を1㎡あたり3握り施してよく耕します。1㎡あたり堆肥バケツ1杯、化成肥料2握り施して、60㎝幅のベッド畝をつくります。

タネまき　10㎝間隔ですじまきします。タネがぶつからないようにまいたら、薄く覆土して押さえ、たっぷり水やりして、発芽まで乾かさないように管理します。3～7日で発芽します。

間引き　本葉1～2枚と本葉3～4枚のころ、間引きをして株間10㎝にします。

追肥、霜よけ　2回目の間引き後、列の間に化成肥料や草木灰を少量まき、中耕、土寄せをします。霜がおりるようになったら、北側に笹やよしずで風よけを立てます。

■収穫

葉が5～6枚になったら、葉がぶつかっているところを間引くように切りとり収穫します。春まきはとう立ちしやすいので、茎が立ち上がり始めたら切りとります。

■病害虫

べと病や立枯病対策は、耐病性のある品種を選ぶことが第一です。有機質肥料が多いと害虫もふえるので、被害が大きいようなら肥料を控え、土を厚くかぶせます。ポリマルチも有効な方法です。

[葉茎菜類]

アクがなく食べやすい緑黄色野菜
コマツナ

アブラナ科

コマツナ（味彩）

コマツナ（味彩）の花

［栽培カレンダー］

月	1	2	3	4	5	6	7	8	9	10	11	12
タネまき・収穫	春まき・タネまき（緑）～収穫（橙）											
	収穫（1～3月）								秋まき：タネまき（9～11月）		収穫（11～12月）	
作業									間引き（9～12月）			寒冷紗（12月）
施肥									元肥（9～11月）		追肥（11月）	

※作業と施肥は秋まき

栽培ポイント

- 秋まきのほうが育てやすい
- 完熟堆肥を十分に施した土づくり
- 害虫よけに寒冷紗のトンネルを張る

■特性

ホウレンソウと似ていますが、植物分類上はまったく違う科で、野菜としてはつけ菜類とされます。ホウレンソウよりビタミンCが多い、優秀なビタミン、ミネラル野菜です。西アジアから中国を経て、東京で改良されその地名が名につきました。

■品種

暑さ寒さに強く耐病性の高い品種づくりが行われており、周年収穫可能なものも多くなっています。「卯月」「みすぎ」「おそめ」「極楽天」「夏楽天」などがよくつくられます。

■栽培法

冷涼な気候を好み生育適温が18～20度なので、秋まきが適します。氷点下でも枯れず、軽く霜に当てたほうが甘みが増します。春まきは3～4月にまいて、早めに収穫。夏まきは耐暑性のある品種を選びます。

まき場所　深さ15cmのまき溝を掘り、長さ1mあたり堆肥1～2kg、化成肥料と鶏ふんを各1握り施して2cmの間土をします。畝幅は60cm。平床にするなら幅は90cmにして、元肥

［葉茎菜類］

コマツナ

●栽培の手順

1　ばらまきかすじまきにして軽く押さえ、土と密着させて発芽を促す。3～4日で発芽、間引く。

2　間引き菜を利用しながら、本葉5～6枚で株間を5cmにする。冬越しさせるなら追肥、土寄せ。

3　草丈が15～20cmになったら、つけ根から切りとって収穫。とり遅れると病害虫が発生する。

●プランターづくり

1　標準プランターに2条すじまきか、ばらまきにする。プランターは乾きやすいので、発芽後も水やりを続ける。

2　混み合ったところから随時、間引き収穫する。時期をずらしてタネをまいたプランターを、いくつかつくるとよい。

●袋づくり

肥料袋や土袋などを利用しても簡単につくれる。袋の底のほうの角を切って、水はけ用の穴をあけておくだけ。

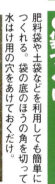

は同量を全面施肥にします。

タネまき　まき溝に条間10cmで2列のすじまきをしたら、タネが隠れる程度に薄く覆土し、軽く押さえて水やりします。ばらまきは、タネが1.5cm間隔になるくらいにまきます。9～11月に少しずつ時期をずらしてまくと、3月ごろまで収穫が続けられます。

間引き、追肥　3～4日で発芽したら、本葉5～6枚までに5cm間隔になるように間引きます。最後の間引き後、冬越しさせるときは、化成肥料をまいて土寄せします。

冬越し　12月になったら寒冷紗のトンネルをかけると、いっそうおいしくなります。

■収穫

間引き菜を利用しながら、草丈15～20cmくらいから切りとり収穫。秋まきは多少遅くなってもかまいませんが、春まきは病害虫にあう前、タネまき後1カ月で収穫を終えます。

■病害虫

できのよしあしは害虫防除しだいです。高温期無農薬で育てるのはかなりむずかしいですが、タネまき後に寒冷紗のトンネルをかけるとかなり違います。ヨトウムシ、アオムシ、コナガ防除にBT剤のエスマルクDFやマラソン乳剤などを散布します。

べと病は品種改良で発生しにくくなっていますが、発生したら生育初期ならダコニール水和剤などが散布できます。

[葉茎菜類]

秋まきがつくりやすい シュンギク

キク科

シュンギク(さとゆたか)

シュンギクの花

[栽培カレンダー]

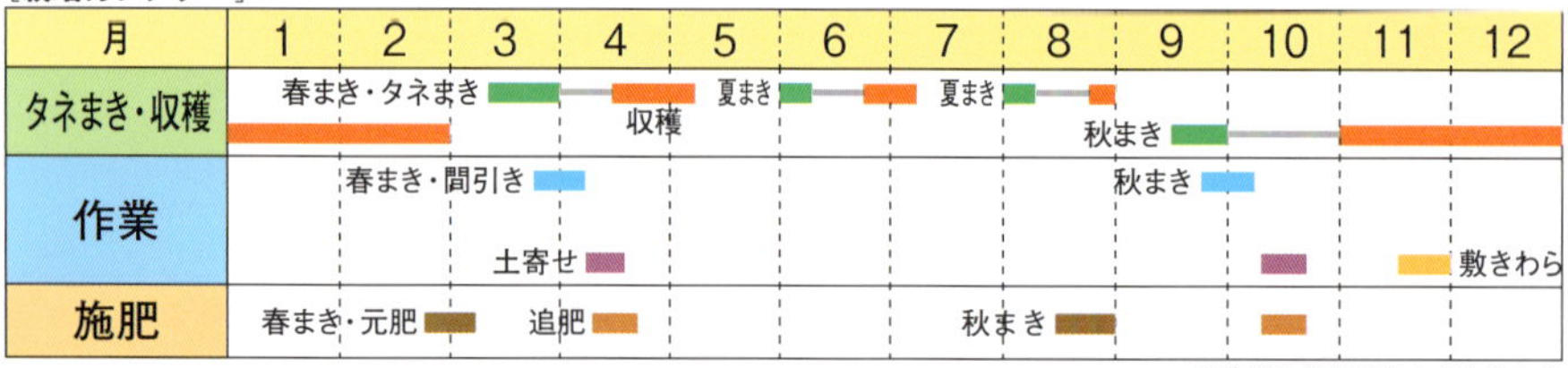

※作業と施肥は春まきと秋まき

栽培ポイント

- ●摘みとり収穫を続けるなら株立ちしない品種を選ぶ
- ●土づくりが根をつくる
- ●酸性土は中和する

特性

名前のとおり、春にとう立ちしてキクのような花を咲かせるので、秋まきにしたほうが長く収穫できます。関西ではキクナと呼ばれます。寒さには強いですが、ホウレンソウやコマツナほどではないので、冬は霜よけや風よけが必要です。

品種

主流は中葉種の摘みとり収穫です。これに向くのは、「きわめ中葉」「さとあきら」などです。「株張り中葉」など株元からたくさん芽が伸びるタイプは摘みとり収穫には向かず、一度に切りとり収穫になります。

栽培法

品種改良が進み、周年タネまきが可能ですが、発芽・生育適温が15~20度と涼しい気候を好むので、秋まきか春まきが適します。日が長くなるとどう立ちが始まるので、春まきは早く大きく育て、収穫します。

まき場所 酸性土を嫌うので、タネまきの2週間前に、1㎡あたり2握りの苦土石灰をまいて耕しておきます。幅60㎝の畝にクワ幅で

［葉茎菜類］
シュンギク

●栽培の手順

1 ばらまき、すじまきどちらも、本葉１～２枚から混み合ったところを間引いていく。１週間ほどで発芽するが、発芽率はあまりよくないほう。

2 本葉４～５枚で株間５～６cmにして追肥、土寄せ。株間は最終的に10～15cmにし、摘みとり収穫、切りとり収穫をする。

●プランターづくり

発芽適温でないときは、プランターにまくほうが管理が楽。摘みとり収穫の品種を選ぶほうが、随時収穫できて便利。

●摘みとり収穫

草丈20cmになったら本葉４～５枚を残して摘芯し、残した葉の脇芽を伸ばしていく。

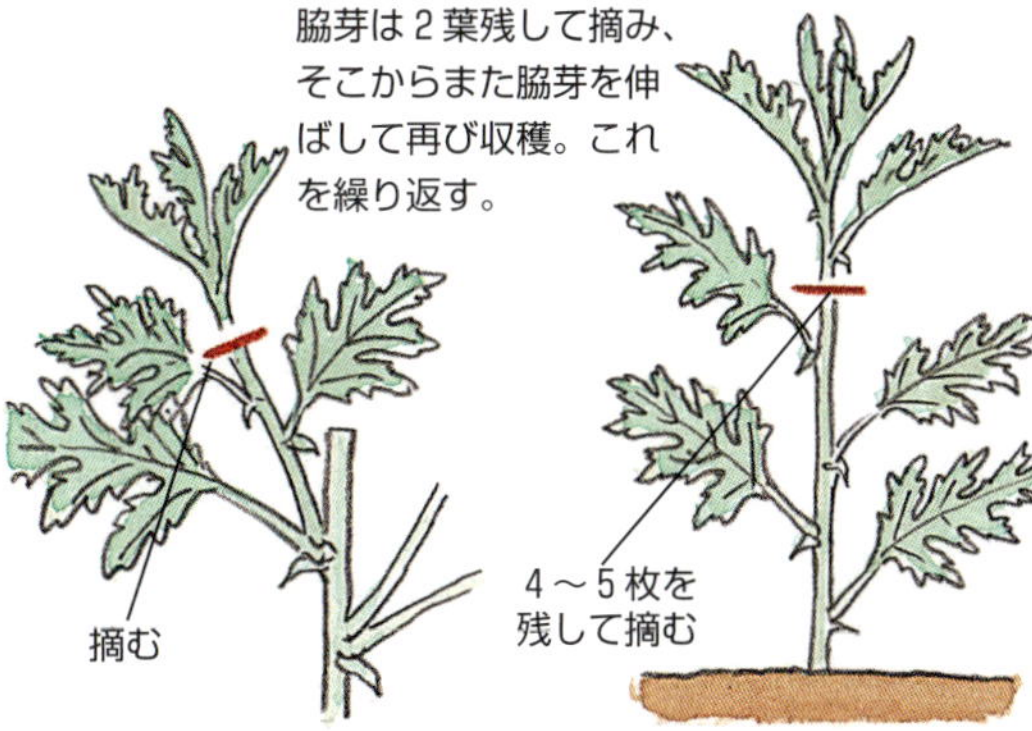
脇芽は２葉残して摘み、そこからまた脇芽を伸ばして再び収穫。これを繰り返す。
摘む
４～５枚を残して摘む

深さ15㎝のまき溝を掘り、1mにつき堆肥バケツ1杯、化成肥料2握りを施し、2〜3㎝の間土をします。たくさんまくなら元肥を全面施肥し、30〜100㎝幅のベッド畝にします。

タネまき　秋まきは9月、春まきは3月。まき溝に重ならないようばらまきします。ベッド畝は15㎝間隔のまき溝に、すじまきにします。タネを隠す程度に覆土して押さえ、水やりをして発芽まで乾かさずに管理。晩秋や早春は地温を上げるため、ビニールなどでマルチングして発芽を待ちます。

間引き、追肥　1週間ほどで発芽したら、本葉1〜2枚から間引きを始め、本葉4〜5枚で株間5〜6㎝にします。まき溝のサイドに沿って化成肥料などを追肥し、中耕、土寄せをします。冬は敷きわらもします。

プランターづくり　市販の野菜用土で、2条にすじまきします。

■収穫

株間10〜15㎝になるよう、間引き収穫します。草丈20㎝になったら、本葉4〜5枚を残して摘芯するように収穫し、脇芽を育てながら摘みとり収穫します。春まきはタネまき後1カ月で、切りとり収穫します。

■病害虫

被害は少ないほうで、秋まきはヨトウムシやネキリムシ、春まきはアブラムシやスリップスを防除するくらいです。

［葉茎菜類］

キョウナ

みずみずしいシャキシャキ感を楽しむ

アブラナ科

ミブナ

キョウナ

［栽培カレンダー］

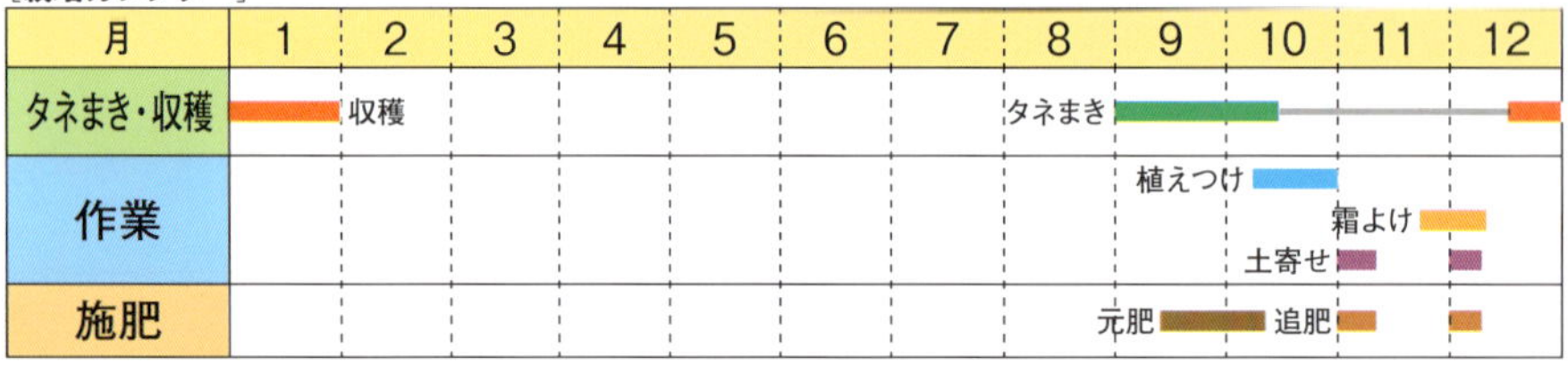

月
1
2
3
4
5
6
7
8
9
10
11
12
タネまき・収穫
収穫
タネまき
作業
植えつけ
霜よけ
土寄せ
施肥
元肥
追肥

栽培ポイント

- ●水もちのよい肥沃な場所を選ぶ
- ●連作を避けて土壌感染の病気を予防
- ●水切れをしないよう乾燥を抑える

■特性

京都で栽培されている京菜は、関西では水の流れの中でつくるためミズナ（水菜）と呼ばれます。分化した品種に、京都の壬生地方でつくられるミブナ（壬生菜）があります。キョウナは白い茎で葉にこまかく切れ込みが入って大株になり、ミブナは茎が緑色で葉に切れ込みが入りません。独特の歯ごたえと辛み、香りが鍋物や漬け物に合います。

■品種

キョウナは「千筋京水菜」「紅法師」、ミブナは「丸葉みぶな」「京錦」などがあります。

■栽培法

水を多く吸収し、株のつけ根からたくさんの茎を伸ばします。水もちのよい肥沃な土を好むので、堆肥など肥効の長い元肥にします。

タネまき　9～10月ごろが適期です。じかまきは、まき溝に1.5cm間隔にタネをばらまきし、薄く覆土してよく押さえ、たっぷり水やりします。また、栽培量が少ない場合はポリポットに4～5粒ずつまく方法もあります。

間引き　じかまきは本葉ができたら間引き、

●栽培の手順

1 タネは、ばらまきかすじまきにする。少量でよければ、すじまきのほうが間引き作業が楽にできてよい。

2 本葉2～3枚で2㎝間隔になるように間引く。隣の苗を抜かないように地ぎわを押さえて抜く。抜いたあとは土を埋め、乾燥させないようにする。

3 ポット苗は、本葉3～4枚になったら30㎝間隔で2条に植えつける。2列の左右を少しずらし、千鳥植えになるようにする。

4 寒くなるにつれ、どんどん芽が伸びて株全体が大きくなってくる。株径15㎝になったところで、つけ根から切りとる。

3回くらいで本葉7～8枚のときに株間25～30㎝にします。

育苗　タネまき後3～4日で発芽。本葉1～2枚から間引き、4～5枚で1株にします。

植え場所　あらかじめ苦土石灰を1㎡あたり2握りまいて耕しておきます。植えつけの2週間前までに、クワ幅で深さ15㎝の植え溝を掘ります。堆肥と化成肥料を各2握りずつ15㎝間隔で入れ、上から2～3㎝の間土をします。畝幅は60㎝にします。

植えつけ　株間30㎝で千鳥の2条植え（列をずらして植える）にします。

追肥、土寄せ　水切れしないように水やりをし、ときどき液体肥料を施します。安定がよくなるように土寄せもします。

脇芽摘み　11～12月ごろになると、根元のほうからどんどん芽が伸びて株が広がってきます。霜よけによしずや笹を北側に立てるか、ビニールトンネルをかけます。地ぎわから出る脇芽は早めに摘みとります。

■収穫

株径が15㎝になったら、つけ根をナイフで切りとり収穫します。9～10月にタネをまくと、年末から収穫できます。

■病害虫

害虫ではアブラムシ、コナガ、ヨトウムシなど。病気はべと病、白斑病のほか、連作を避けて軟腐病や立枯病を防除します。

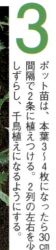

［葉茎菜類］

結球しないのでハクサイよりつくりやすい

サントウサイ

アブラナ科

サントウサイ

サントウサイ（丸葉山東菜）の花

［栽培カレンダー］

月
1
2
3
4
5
6
7
8
9
10
11
12
タネまき・収穫
収穫
タネまき
作業
間引き
風よけ
土寄せ
施肥
元肥
追肥

栽培ポイント

- ハクサイの栽培に準じる
- 水はけ、水もちのよい土づくりをする
- 寒さよけをして葉を守る

特性

中国山東省原産の結球しないハクサイで、日本へは明治初期に入ってきました。ハクサイはサントウサイが改良されたものです。ハクサイよりアクがなく、あっさりした漬け物やおひたしなどに合います。ハクサイの仲間はつけ菜と呼ばれ、結球しない葉もの野菜として、ほかにも小型のベカナなど、さまざまな形の葉の品種がつくられています。

品種

葉先の丸い丸葉種の「丸葉山東菜」、葉先が縮れている切り葉種の「新あずま山東菜」「EXキング」などがつくられます。関東でつくられるベカナも切り葉種で、「はまみなと」がつくりやすいでしょう。

栽培法

ハクサイに準じますが、結球を待つ必要はありません。乾燥には弱いので、水はけ、水もちのよい肥沃な土地が望ましいですが、やせ地でもよく育ちます。低温には強く暑さを嫌うので、秋まきにします。小型種ならプランター栽培もできます。

●追肥、土寄せ

1株に1握りの化成肥料を畝肩に施し、軽く耕して土寄せする。その後、乾燥を抑えるために敷きわらをする。

●まき場所の準備

タネまきの10日前までに、1㎡あたり苦土石灰2握りを施して耕しておく。そこへ堆肥バケツ1杯、化成肥料2握りを施してベッド畝をつくる。

●タネまき

30〜40cmおきにビールびんの底を押しつけてまき穴をつくる。5〜6粒ずつタネをまき、薄く覆土をして押さえ、水やりをする。乾かさないようにして発芽を待つ。

●間引き

4〜5日で発芽する。本葉2枚で3〜4本、本葉3〜4枚で2〜3本、3回目の間引きで本葉6〜7枚の1本苗にする。

●収穫

結球はしないので、中心部が黄色くなったところでつけ根を包丁で切りとる。間引き菜も利用できる。

まき場所　あらかじめ1㎡あたり苦土石灰2握りをまいて耕しておきます。堆肥バケツ1杯と化成肥料2握りを施し、全体に深く耕し、60〜70㎝幅のベッド畝をつくります。

タネまき　8月中旬〜9月中旬、株間30〜40㎝で1カ所に5〜6粒ずつ点まきし、3回の間引きで本葉2枚から間引きを始めます。本葉6〜7枚のときに1株立ちにします。ポリポットにまく場合はハクサイに準じます。

追肥　秋に2回ほど、1株あたり化成肥料1握りを畝肩に施し、軽く中耕して土寄せをします。敷きわらなどで乾燥を抑えます。

冬越し　霜がおりてからは、葉が傷むようなら、風よけを立てたり、ハクサイのように外葉で全体を包んでおきます。

■収穫

間引きながら利用しつつ、中心が黄色く色づいてきたら、つけ根を切りとり収穫。晩生種では、タネまき後3カ月ほどで収穫です。

■病害虫

軟腐病やモザイク病などの発生を抑えるために、アブラナ科の連作は避け、耐病性のある品種を選びます。水はけが悪いと、べと病になりやすいので注意。アブラムシやヨトウムシなどの害虫は、間引き収穫するだけに薬剤散布しにくいので、全体に寒冷紗のトンネルをかけるなどしたほうがよいでしょう。その際は乾燥に注意し、水やりを行います。

［葉茎菜類］

ガーデンの彩りとしてもつくられる レタス、リーフレタス

キク科

レタス（赤なんそうべに、サクラメント）

レタス（サクラメント）

［栽培カレンダー］

月	1	2	3	4	5	6	7	8	9	10	11	12
タネまき・収穫							タネまき	タネまき			収穫	収穫
作業								植えつけ／敷きわら	植えつけ／敷きわら			
施肥								元肥	追肥	追肥	追肥	

栽培ポイント

- ●涼しい場所で発芽させるか芽出しをする
- ●石灰をまいて土の酸性を中和する
- ●元肥をたっぷり施す

■特性

サラダで生食することが多いので、栄養をそこなわずにとることができます。品種改良がさかんでたくさんの形のレタスが生まれていますが、大きく結球レタス（玉レタス）と不結球レタス（リーフレタス）に分けられ、その中間として半結球するタイプ（サラダナ、120ページを参照）があります。

■品種

結球レタスは「シャトー」「エムラップ231」「シスコ」など。リーフレタスは、赤葉種のサニーレタスでは「晩抽レッドファイヤー」、青葉種「ダンシング」、赤青両種の混合のガーデンレタスミックスがよくつくられます。

■栽培法

地中海沿岸地方の原産といわれ、成長途中は暑さや寒さに強いですが、発芽・生育適温は15～20度で涼しいほうがよく育ちます。大きくなるにつれ寒暑に弱くなるため、つくりやすいのはとう立ちのない秋まきです。

タネまき　厳寒期前に収穫するため7月下旬～8月上旬にまきます。まだ地温が高いので、

●栽培の手順

1 酸性土を中和し、元肥もたっぷり施しておいた場所にベッド畝をつくり、苗を2条か4条で植えつける。

2 苗は植えつけ前に水を張ったバケツなどにポットごとつけ、鉢土の中までしっかり水を吸わせておく。

3 根鉢の大きさに穴をあけ、ポットをはずしたらすぐに植える。根をさらさないように作業するのがコツ。

4 株間30cmで浅植えになるようにする。水やりは土を湿らせる程度にして、早く根を伸ばさせるようにする。

5 本葉が出たら、リーフレタスはかきとり収穫できるが、玉レタスはよく外葉を育て、充実した結球をつくることがたいせつ。

玉レタスは横から押してかたく締まっていたら、つけ根を切りとる。霜に当てないようにトンネルをかければ、収穫を伸ばせる。

ガーゼにくるんだタネを一晩水につけ、冷蔵庫に2～4日入れて芽出ししてからまきます。鉢か平箱に清潔な用土と堆肥を入れ、5㎝間隔でタネが重ならないようにすじまきします。隠れる程度に覆土し、たっぷり水やりをして乾かさないようにします。

育苗　芽が出て本葉2枚になったら3号ポットに1本ずつ植えかえ、明るい日陰に置いて本葉3～4枚まで育てます。

植え場所　酸性土とやせ地を嫌うので、植えつけ2週間前に苦土石灰を1㎡あたり2握りまいて耕します。1㎡に堆肥バケツ1杯と化成肥料2握りを施し、80㎝（2条植え）か120㎝（4条植え）幅のベッド畝にします。

植えつけ　根鉢をくずさず、30㎝間隔で浅植えにし、水をやります。ポリマルチか敷きわらをして、乾燥と雨のはね上がりを防ぎます。

追肥　化成肥料や液体肥料など、結球が始まるまで3～4回施します。

■収穫

玉レタスは11月中旬以降、横から結球を押してみて、かたく締まったものから切りとり収穫します。霜がおりるころにはビニールトンネルで保温をします。

リーフレタスは葉が15枚ぐらいになったら、同様に切りとり収穫します。

■病害虫

サラダナ（121ページ）を参照。

［葉茎菜類］
サラダナ
下葉からかきとりながらも収穫できる
キク科

サラダナ

サラダナ（サンタクララ）

［栽培カレンダー］

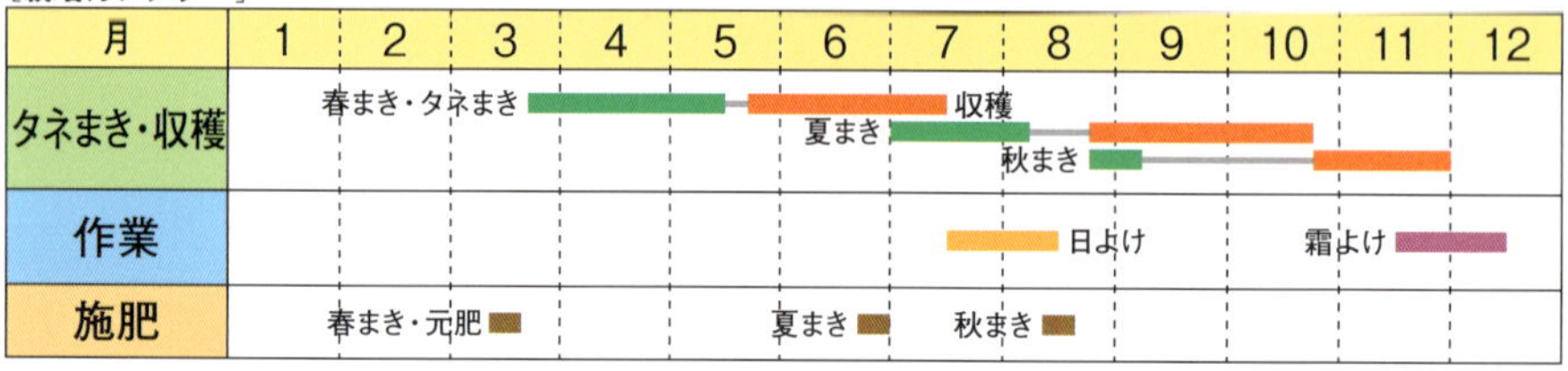

月
1
2
3
4
5
6
7
8
9
10
11
12
タネまき・収穫
春まき・タネまき
収穫
夏まき
秋まき
作業
日よけ
霜よけ
施肥
春まき・元肥
夏まき
秋まき

栽培ポイント
- ●発芽まで土を乾かさないよう管理
- ●浅植えにして病気を避ける
- ●レタスより肥料は少なくてよい

■特性
レタスの項で述べたとおり、結球レタスと不結球レタスの中間に位置するレタスで、結球しない分つくりやすく、途中で葉をかきとりながら利用する楽しみがあります。普通、サラダナといえばバターヘッド型が多いですが、ほかにも茎葉が立ち上がるステム型、それよりゆるく立ち上がるコス型があります。

■品種
バターヘッド型では「岡山サラダナ」「サマーグリーン」「四季用秀水」など、ステム型では「ステムレタス」「ケルン」、コス型はこぶし大の小さな「マノア」「コスタリカ4号」などがあります。

■栽培法
レタスの栽培に準じますが、肥料はかなり少なくてすみ、結球しないので手間がかからず、間引きや下葉をとりながら利用できるので、まさに家庭菜園向きの野菜といえます。

まき場所　夏まきはレタスのように、箱まきにして苗をつくって植えつけるほうが無難ですが、春や秋はもっと手軽に、じかまきで育

●植えつけ

本葉3～4枚で株間20㎝に植えつける。雨のはね返りを避けるため、ポリマルチをした畝に植えるとよい。

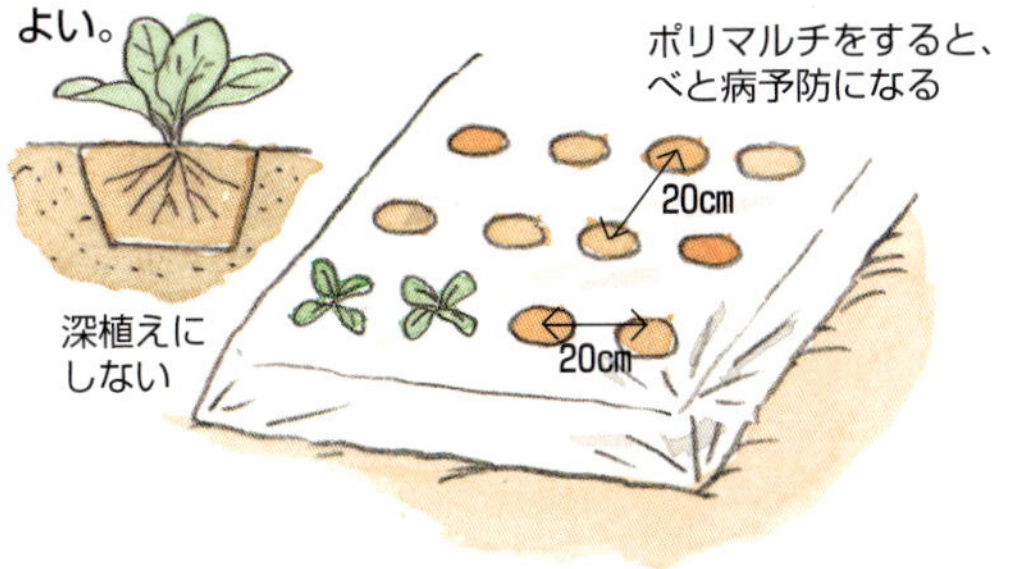
ポリマルチをすると、べと病予防になる
20㎝
20㎝
深植えにしない

●日よけ、防寒

夏は黒い寒冷紗のトンネルをかける。暑さと乾燥を抑えるだけでなく、風よけにもなる。冬は霜がおりるころにビニールトンネルをかける。

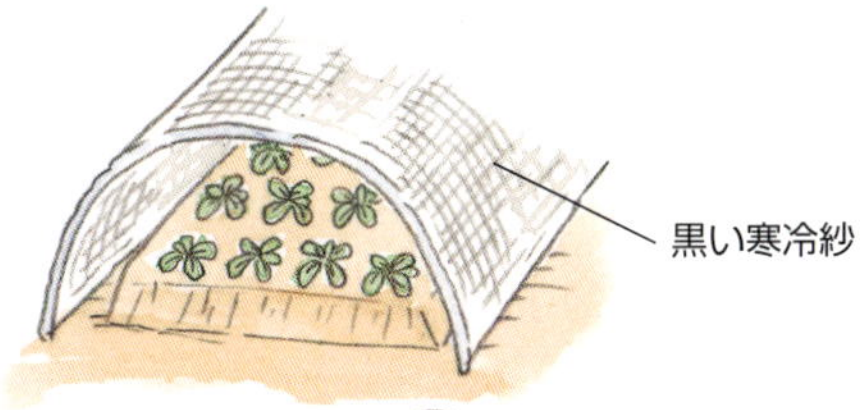
黒い寒冷紗

ビニールトンネル
穴をあけるか、穴あきビニールシートを利用するとよい

●タネまき（箱まきの場合）

より確実に苗をつくりたいときは、箱まきにして移植するとよい。トロ箱などに畑土と堆肥を半々にして入れ、条間5～6㎝のすじまき、またはばらまきにする。薄く覆土して新聞紙を敷き、その上から水やりをして発芽させる。

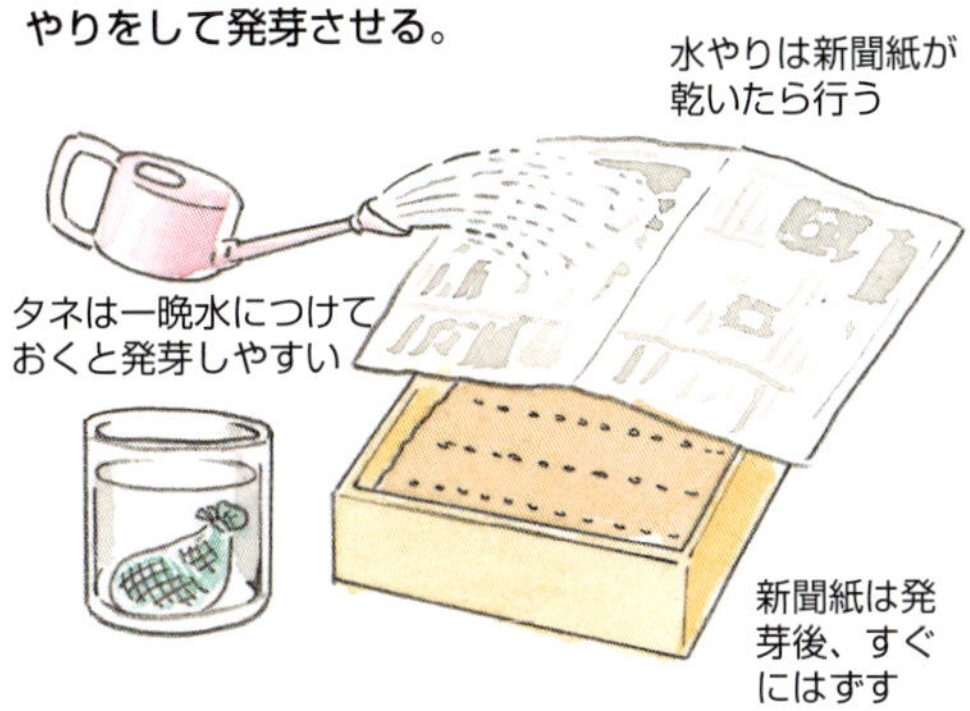
水やりは新聞紙が乾いたら行う
タネは一晩水につけておくと発芽しやすい
新聞紙は発芽後、すぐにはずす

●間引きと移植

3～5日で発芽する。子葉が重ならないように間引き、タネまき後15～20日で本葉2枚になったところで4号ポットに植える。

混んでいるところを間引く

ポットを並べ、寒冷紗の日よけをかけて乾燥を抑える

てでみましょう。1㎡あたり苦土石灰2握りをまいて耕し、堆肥バケツ1杯、化成肥料2握りの元肥を施して80～120㎝のベッド畝をつくります。

タネまき 20㎝間隔にビールびんの底を押しつけ、まき穴をつくります。5～6粒ずつまいて薄く覆土したら手で軽く押さえます。たっぷり水やりをして発芽を促します。

間引き 3～5日で発芽したら、混み合ったところを間引き、1カ所1株にします。

日よけ、防寒 レタスよりは暑さ寒さに強いほうです。夏は寒冷紗、冬はビニールトンネルをかけることで、一年じゅう育てることができます。ビニールトンネルは蒸れないよう、穴あきのものにします。追肥は特に必要ありません。

■収穫

春まきで30日から、秋まきなら60日から収穫できます。本葉が10枚以上になったら、7～8枚は残すようにして外葉からかきとり利用できます。または、中心部が巻いてきたら、つけ根から切りとり収穫します。

■病害虫

レタス類は深植えにすると立枯病にかかりやすいので、必ず浅植えにします。

害虫のネキリムシ、ヨトウムシ、アブラムシなどに注意します。

カリフラワー（スノークラウン）

ブロッコリー（緑嶺）

［葉茎菜類］

花蕾を食べるが、茎はもっと栄養豊富

カリフラワー、ブロッコリー

アブラナ科

［栽培カレンダー］

月	1	2	3	4	5	6	7	8	9	10	11	12
タネまき・収穫			収穫			タネまき						
作業							植えつけ	土寄せ				
施肥							元肥			追肥		

栽培ポイント

- ●収穫に合わせ品種とまきどきを選ぶ
- ●肥料をしっかり施し、肥料切れさせない
- ●葉を十分に広げて養分をつくらせる

■特性

カリフラワーはブロッコリーを改良したものとされ、ともにヨーロッパ原産で、茎の先端の花蕾を食べます。ブロッコリーは側蕾も食べられるものもあり、ビタミン、ミネラル類が特に豊富な健康野菜として人気。カリフラワーのほうがビタミン含有量は少ないものの、ゆでたときの損失量は少ないです。

■品種

カリフラワー　早生種「スノークラウン」がよくつくられますが、「福寿」や極早生種「白秋」、中生種の「ブライダル」なども人気。

ブロッコリー　早生種の「ピクセル」「海嶺」、中生種は「ハイツ」「グリーンパラソル」、中晩生種は「エンデバー」「グリーンベール」など。

■栽培法

肥料をよく吸収して20度前後で生育し、寒くなると花蕾がつきます。

タネまき、育苗　7月中旬ごろタネを箱まきしたら、本葉2枚で移植床に植えます。様子を見て液体肥料を追肥し、30～40日育てて本葉5～6枚にします。ポリポットで育てても

●栽培の手順（カリフラワー）

1 ポットまきにして本葉5～6枚まで育てた苗を、やや深植えにする。植えつけ後はたっぷり水やりして植え傷みを防ぐ。

2 植えつけ1～2週間後から、3～4週間ごとに2～3回、追肥、中耕、土寄せを繰り返して葉を充実させる。

3 収穫まで肥料切れさせず、外葉を大きく育てると、花蕾も充実する。

4 花蕾が3～5cmになったら、日よけと霜よけを兼ねて外葉で包んでひもで結ぶ。これで花蕾が白くなる。ブロッコリーにはこの作業は不要。

5 表面がでこぼこしないうちに、早めに収穫。外葉で包んでから15～20日、春まきなら10日ほどを目安にする。

よいでしょう。

植えつけ　早生種は畝幅70cmで株間30～35cm、中晩生種は畝幅80cmで株間40～45cmに、やや深植えにします。水はけのよい場所を選びますが、長く育てる中晩生種は、より肥沃な重い土のほうがよく育ちます。

追肥、土寄せ　植えつけて1週間後に1回目の追肥として株間に軽く1握りの化成肥料を施し、軽く中耕して土を寄せます。2回目は、その20日ほどあとに畝肩に施します。

結蕾　一定の大きさの苗が一定の低温にあうと花芽分化が起こり、やがて花蕾が出てきますが、大きさや温度は品種によって大きく異なります。早生種なら10月から収穫可能。

軟白　カリフラワーは花蕾が3～5cmになったら、外葉で花蕾を隠すように包んでひもで止め、日に当てないようにします。霜よけや害虫防除にもなります。

■収穫

花蕾の直径が12～15cmになったら、栄養の多い茎も10cmくらいつけて切りとり収穫します。ブロッコリーは脇芽の花蕾が肥大してくるものもあり、それも随時収穫できます。

■病害虫

病害虫はアブラムシやアオムシ類の防除に気をつけます。高温多湿では苗立枯病や軟腐病、肥料切れになるとべと病が出やすくなるので注意が必要です。

［葉茎菜類］

高温乾燥の夏をじょうずに乗り切りたい

セロリ

セリ科

セロリ（ミニホワイト）

セロリ

［栽培カレンダー］

月	1	2	3	4	5	6	7	8	9	10	11	12
タネまき・収穫				タネまき								収穫
作業							植えつけ 敷きわら					
施肥							元肥				追肥	

栽培ポイント

- ●育苗中は寒冷紗をかけて涼しくする
- ●乾燥は禁物。高温期は水やりもする
- ●肥料切れしないよう少量を何度も施す

特性

地中海沿岸地方からインドあたりが原産地といわれ、日本へは「清正人参」の名で16世紀から入ってはいましたが、食卓に上るようになったのは第二次大戦後です。西洋料理でブーケガルニの材料に使われるものより、日本では生食に向く、香りも味もあっさりした淡緑種がつくられています。

品種

大株で低温に強いコーネル系の品種がつくられています。家庭菜園ではやや小型の「トップセラー」などがよいでしょう。

栽培法

冷涼な気候を好み、生育適温は15～21度。低温や高温にも耐えるほうですが、25度以上になると株が弱ります。一度低温にあって高温・長日になるととう立ちするので、春まきより夏まきのほうが簡単です。乾燥を嫌い、肥料が不足すると茎が伸びません。

タネまき　5～6月、タネまき用土に、タネをばらまきして薄く覆土します。水やり後、新聞紙をかけて、乾かさないように管理しま

●栽培の手順

1 素焼きの平鉢にタネまき用土を入れてあらくばらまき。覆土は薄くして新聞紙をかけ、その上から水やり。

2 本葉2～3枚で5号ポットに植える。移植をすることで細根をたくさん出させる。ポットを並べて寒冷紗の日よけをかける。

3 ポリマルチをして植えつけると乾燥防止、病害虫防除に役立つ。白のラインはアブラムシよけ。

4 かわりに敷きわらでも、乾燥や雑草の繁茂、病害虫発生が抑えられる。脇芽をかきとり利用しながら、植えつけ60～70日で収穫する。

す。発芽までに10日ぐらいかかります。

育苗　発芽後は、徒長しないように本葉が出たら株間1cmに間引きます。本葉2～3枚になったら、5号ポットに植えつけます。15cm間隔で植え広げてもかまいません。寒冷紗の下で暑さを避けて管理し、鉢土が乾いたら水やりします。

植え場所　水はけ、水もちのよい肥沃な場所を好みます。植えつけ2週間前に1㎡あたり、苦土石灰を2握り施してよく耕します。堆肥バケツ1杯、鶏ふん500gを施してよく耕し、幅60cmのベッド畝をつくります。

植えつけ　本葉7～8枚に育った8月下旬～9月中旬、株間40cm（トップセラーは30cm）で深植えにならないよう植えつけ、根づくまでは水やりと遮光をします。その後はポリマルチか敷きわらをして乾燥を抑えます。雨のはね返りによる病害虫発生も抑えられます。

追肥　植えつけ20日ごろから化成肥料や液体肥料を施し、肥料切れしないようにします。

■収穫

株元から出てくる脇芽は、随時つけ根からかきとり利用します。植えつけて60～70日で、葉につやが出てきたら根ごと引き抜きます。

■病害虫

アブラムシは見つけしだい除去。軟腐病やモザイク病は、清潔な土と過湿を避けることで発生を抑えます。

［葉茎菜類］

一度植えると何年も収穫できる アスパラガス

キジカクシ科（ユリ科）

アスパラガス（実）

アスパラガス

栽培ポイント

- 苦土石灰をまいて酸性土を中和する
- 発芽適温が高いので、苗から育てる
- 茎葉を育てて根を充実させる

［栽培カレンダー］

月	1	2	3	4	5	6	7	8	9	10	11	12
タネまき・植えつけ		タネまき										
						植えつけ						
作業・収穫										敷きわら		
2年目			土寄せ			支柱立て						
3年目					収穫							
施肥			追肥							元肥		

■特性

観葉植物のアスパラガスと同じ属ですが、食用となるのは南ヨーロッパ、西アジア原産のものです。冬は地上部が枯れ、春になって出てくる新芽を食べます。夏には観葉植物のような仮葉が出ます。ビタミンやミネラルが豊富で、アスパラギン酸にタンパク質合成作用があり、疲労回復に効果があります。ホワイトアスパラガスは軟白栽培したものです。

■品種

「メリーワシントン500W」や、より収穫率の高い「アクセル」「ポールトム」「スーパーウェルカム」などがあります。

■栽培法

新芽は小さくても、葉が広がるとかなりスペースをとります。タネまきから収穫までに2年以上かかるので、苗を入手します。

植え場所　2週間前までに苦土石灰を1㎡あたり2握りまき、よく耕しておきます。50㎝間隔で植え穴を掘り、堆肥バケツ半分、鶏ふんと油かす、化成肥料を各1握りずつ施してまぜます。間土を5～6㎝の厚さに戻します。

〔葉茎菜類〕
アスパラガス

2
植えつけ3年目の春、新芽が15～20㎝になったら地ぎわをカマやナイフで切りとる。何本か残しておけば、収穫が続けられる。

●栽培の手順

1
タネをまくなら、1㎡あたり苦土石灰2握り、堆肥バケツ2杯、化成肥料2握りを施し、よく耕して2昼夜水につけたタネを条間20㎝のすじまきにする。発芽後は間引きながら、夏にこの状態になったら15㎝間隔にする。

●植えつけから肥培まで

①1㎡あたり苦土石灰2握りをまいて耕し、120㎝幅のベッド畝をつくる。株間50㎝の植え穴を掘り、元肥を入れて5～6㎝の間土をする。

②翌春、準備した場所に植えて5～6㎝の覆土をしたら、敷きわらで乾燥を抑える。芽が動きだしたら畝肩に化成肥料をばらまき、肥培する。

③夏には支柱を立てて誘引し、茎葉を広げて日当たりよく育てる。冬には地上部は枯れるが根株は残る。これを2年続けて株を大きくする。

畝幅は120㎝にします。

植えつけ　茎葉が枯れてから翌年の萌芽《ほうが》前の春植えが活着がよいですが、秋植えもできます。初霜のころ1カ所2～3株ずつ、根をよく広げて根株が隠れるくらいの深植えにします。敷きわらで乾燥も抑えます。

追肥　2年間は収穫せず、株を養成します。夏は支柱を立てて茎を誘引し、乾燥が続くときは水やり。秋、枯れ葉は刈りとります。春、芽が出るころと初夏には追肥をして軽く中耕します。寒さには強いほうで、地上部が枯れても敷きわらはしておきます。

タネまきする場合　発芽適温が25度以上と高いですが、2月下旬、ぬるま湯に2昼夜つけたタネを、苗床にすじまきするか、箱まきにします。1㎝ほど覆土し、発芽までマルチングとビニールトンネルなどで、できるだけ地温を上げます。2週間ほどで発芽したら、間引いて15㎝間隔にし、翌春に植えつけます。

■収穫

3年目の新芽が15～20㎝になったら、地ぎわから切りとり収穫。春の追肥は同様に行い、収穫後にお礼肥します。何本かは収穫せずに成長させると、8年ほど収穫が続けられます。その後は株分けしてつくり直します。雌雄異株で太いほうが雄株です。

■病害虫

過湿になると斑点病などが発生します。

［葉茎菜類］

形のおもしろさも楽しみの一つ
コールラビー

アブラナ科

コールラビー（緑色種）

コールラビーの花

［栽培カレンダー］

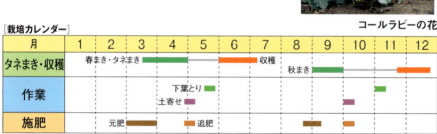

月	1	2	3	4	5	6	7	8	9	10	11	12
タネまき・収穫		春まき・タネまき					収穫	秋まき				
作業				土寄せ	下葉とり							
施肥		元肥			追肥							

栽培ポイント

- **肥料切れしないように追肥する**
- **下葉をとって球を肥大させる**
- **高温期は早めに収穫する**

■特性

メキャベツ、カリフラワーと同じキャベツの仲間。地中海沿岸地方原産でイタリア料理に使われます。カブの形をした茎のつけ根を食べます。キャベツとカブを足した味ですが、カブよりカロテン、ビタミンCを多く含んでいます。

■品種

緑色種の「サンバード」「グランドデューク」、紫色種の「パープルバード」などがあります。

■栽培法

冷涼な気候を好み、性質は強健です。

まき場所 苦土石灰をまいて耕したところに、1㎡あたり堆肥バケツ1杯、化成肥料1握りを全面に施します。土を寄せて幅60cmのベッド畝をつくります。

タネまき 3～4月か9月、株間20cmで4～5粒ずつ2条に点まきし、覆土は薄くして手で押さえ、水やりします。発芽したら2～3回間引いて本葉4～5枚で1本にします。ポリポットで育苗して植えてもよいでしょう。

追肥、土寄せ 1本立ちにしたら、株の周り

〔葉茎菜類〕

コールラビー

●栽培の手順

1 じかまきするときは、株間20cmの点まきにして本葉が出たら間引く。ガーデンの縁取りにもよい。

2 本葉5～6枚で1本立ちにしたら追肥、中耕、土寄せをしてつけ根を太らせる。土が乾くようなら敷きわらなどをする。

3 つけ根が太ってきたら下葉を切り、球を充実させるが、上葉5～6枚は残すようにする。

●プランターづくり

株間15cmで3～4粒ずつ点まきし、ごく薄く覆土したら軽く押さえて土をなじませる。

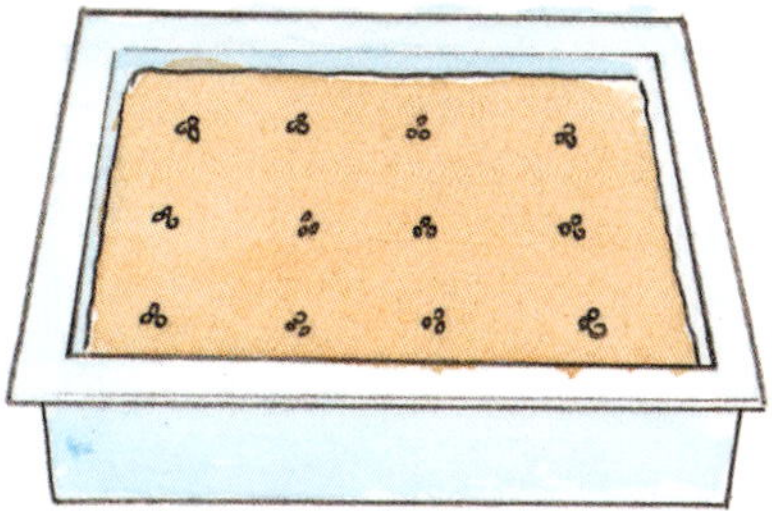

新聞紙をのせ、その上から霧水をかけて湿らせる。新聞紙が乾かないように水やりをする。

発芽したら新聞紙をとり、間引いて本葉4～5枚で1本立ちにする。水やりをし、週1回は液体肥料を施して株を充実させる。

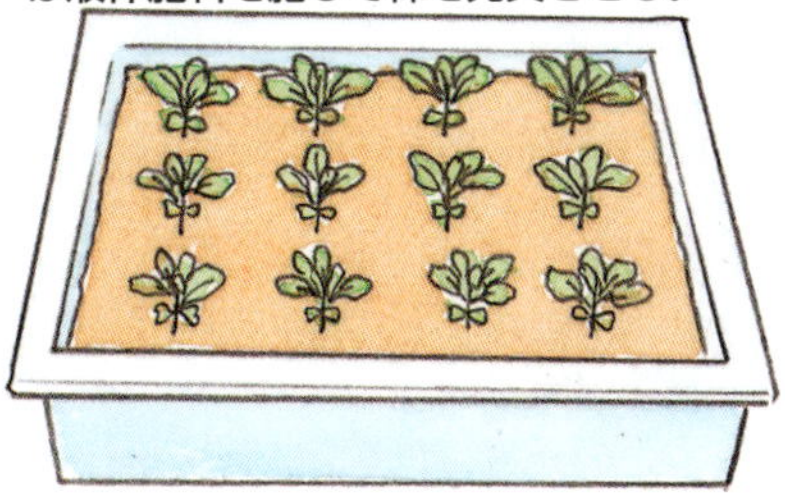

に化成肥料をばらまいて中耕、土寄せをします。高温期は寒冷紗で遮光します。

下葉とり　つけ根がふくらみ始めたら、下のほうの葉は2cmくらい軸を残して切りとってしまいます。養分が葉のほうにとられないようにして、つけ根を太らせるためです。葉は上のほうから出ている5～6枚があればだいじょうぶです。

プランター栽培　深さ15cmぐらいのプランターや鉢で栽培すると、管理が楽なうえに、観賞用にもなります。タネまき時期をずらすと、収穫期間が長くなります。市販の野菜の培養土に、15cm間隔で3～4粒ずつ点まきし、本葉4～5枚で1株に間引きます。発芽まで乾燥させず、発芽後は週1回、液体肥料で肥培します。

■収穫

球径5cmくらいから、球の下と上を切りとって収穫します。とう立ちは遅いですが、とり遅れるとかたくなってしまうので、そのときは煮たりスープにしたりしましょう。新聞紙にくるんで冷暗所に置けば長もちします。

■病害虫

アブラナ科を連作すると立枯病が出たりします。土壌感染では薬剤も効きませんが、べと病は殺菌剤の散布で防除します。害虫はアブラムシやコナガがつきますが、育苗期間は寒冷紗のトンネルをかけるのが効果的です。

アーティチョーク

アーティチョークのつぼみ

アーティチョークの花

〔葉茎菜類〕

つぼみがかたいうちが収穫時
アーティチョーク

キク科

［栽培カレンダー］

月	1	2	3	4	5	6	7	8	9	10	11	12
タネまき				タネまき ■								
作業・収穫		2年目	土寄せ ■		収穫 ■	植えつけ ■ 敷きわら ■	■		土寄せ ■ 株分け ■		■	
施肥			追肥 ■		元肥 ■				■		■	

栽培ポイント

- ●移植を嫌うので、植え場所に注意
- ●水はけ、水もちのよい肥沃地に植える
- ●水切れしないように水やりをする

■特性

地中海沿岸地方が原産地といわれ、ギリシア・ローマ時代から食されており、イタリア、フランス料理ではポピュラーな食材。和名はチョウセンアザミで、アザミのような花が咲きますが、食べるのはかたいつぼみです。アクが強いためレモン汁などと一緒にゆで、がく（苞片）や花托部分を食べます。コレステロール値を下げ、腎臓や肝臓によいとされ、ヨーロッパでは健康食品とされます。

■品種

日本では、ハーブとして青紫色の花の種類が売られていますが、欧米では形や大きさの異なる何種類かが栽培されています。

■栽培法

春まきが育てやすいでしょう。じかまきしてもよいですが、発芽適温は15～20度で、気温が安定しないうちは苗をつくります。

タネまき　4月中旬ころに園芸用土を平箱にすじまきします。薄く覆土し、発芽まで乾かさないように管理します。本葉1～2枚で4号ポットに植え、本葉4～5枚まで育てます。

●栽培の手順

●追肥

春と秋、株の周りに化成肥料をばらまく。１年間は収穫をせず、十分に肥培する。

化成肥料

●タネまき

平箱に条間15㎝、タネ間隔2㎝ですじまきにする。薄く覆土して新聞紙をかぶせ、上から霧水などで水やりをし、発芽したらすぐに新聞紙をはずす。

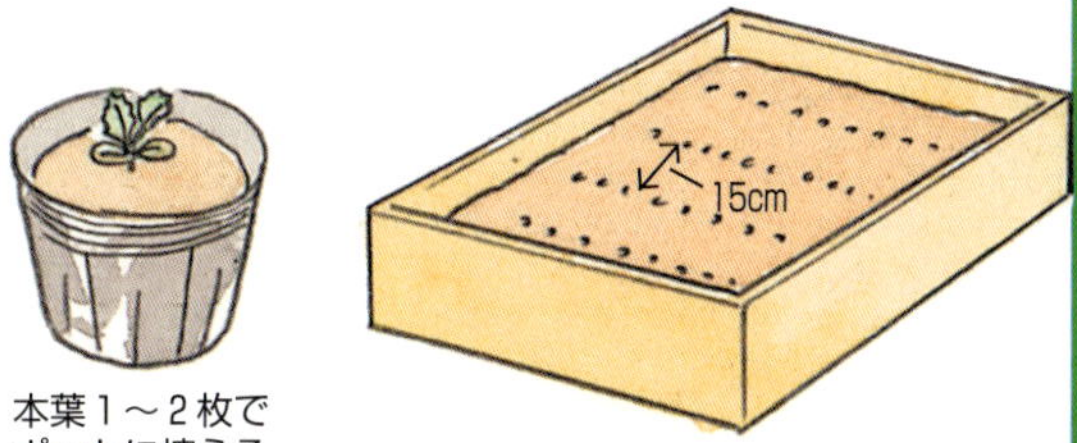
本葉１～２枚で
ポットに植える
15㎝

●冬越し

１年目の冬、枯れた地上部を刈りとる。根は残っているので、寒さ対策として土寄せをして敷きわらをしておく。

敷きわら
土寄せ
刈る

●植えつけ

堆肥を１㎡当たりバケツ１杯施し、全面的に深さ50㎝くらいよく耕す。１m幅の畝をつくり、株間50㎝で苗を植えつける。梅雨に入ったら敷きわらで雨のはね返りを抑える。

よく耕す
堆肥
バケツ１杯
50㎝
敷きわら
1m

●株分け

９月ごろ、本葉４～５枚になった子株を、根土をつけて掘りとり、５号鉢に植える。そのまま冬越しさせ、翌年６月になったら、畑や鉢に植えつける。

子株
園芸用手袋
で作業する

植え場所　日当たりと水はけ、水もちのよい肥沃な場所に、1㎡あたり堆肥バケツ1杯を施してよく耕します。根が深く張るので深さ50㎝は掘り返します。

植えつけ　6月になったら、畝幅1m、株間50㎝で植えつけます。移植を嫌うので、根が深く伸びる前に行います。梅雨になったら、株元には敷きわらをします。

水やり、追肥　敷きわらをしても、土が乾いたら水やりをします。2mに伸びるほど生育旺盛ですが、春から秋の成長期の初めと終わりには、化成肥料1握りを追肥します。収穫後は秋の追肥をお礼肥にします。寒さには強いですが、花が終わると地上部が枯れるので切りとって土寄せし、わらを敷きます。

株分け　3～4年育て、子株がふえてきたら、9月に本葉4～5枚の子株を切りとって掘り上げ、別の場所に植えつけます。

■収穫

タネまきの翌年から、5月中旬ごろにつぼみがつくので、まだかたいうちに切りとり収穫します。切り口にはすぐにレモン汁を塗ります。まるごとゆで、花托は中の毛のような部分を全部とり出して食べます。収穫しなければ、花を観賞できます。

■病害虫

アブラムシは見つけしだい防除。つぼみが落ちるのは、多くが水切れです。

［葉茎菜類］

小粒につくって甘酢漬けにしたい ラッキョウ

ネギ科（ユリ科）

ラッキョウ

ラッキョウの花

［栽培カレンダー］

月	1	2	3	4	5	6	7	8	9	10	11	12
植えつけ							植えつけ	植えつけ				
作業・収穫								敷きわら	敷きわら	土寄せ		
			2年目 土寄せ	2年目 土寄せ					土寄せ			
			3年目 土寄せ	3年目 土寄せ		収穫	収穫					
施肥			追肥	追肥				元肥	追肥	追肥		

栽培ポイント

- ●水はけよく、元肥は控えめに
- ●種球が地上に出ないように土寄せ
- ●1年目は肥培に努める

■特性

中国原産でやせ地によく育つ、ニラよりも強健な野菜です。地下の肥大した鱗茎を食べます。夏には地上部が枯れて休眠しますが、涼しくなると茎葉を伸ばして成長を始めます。ビタミンB_1の吸収を助けるアリシンが含まれており、健胃や利尿作用が期待できます。

■品種

一般的に出回るのは大粒のラクダ系で、各地に特産の品種があります。ラクダ系から、やや小さい八つ房系が生まれました。小球の「玉ラッキョウ」は台湾からの移入種で、「九頭竜」は球のしまり、歯切れのよい品種です。

■栽培法

種球を植えて翌年の6～7月に収穫できますが、翌年は肥培に努め、3年目から小粒で良質のラッキョウを目指します。

植え場所 植えつけ1週間前、植え溝を深さ15㎝くらいに掘り、1㎡あたり堆肥バケツ1杯と化成肥料2握りを施し、間土を戻します。砂地のようなやせ地のほうが、小粒でしまった球ができます。肥沃な場所では多収になり

●栽培の手順

1 種球は１個６～７ｇのものがよい。分球しているので、１つずつ手でちぎって簡単に分けられる。

2 間土の上に畝間30cm、株間15cmで２球ずつ５～６cmの深さに植える。２条植えでもよい。芽が出るくらいにする。

3 翌年の４～５月、葉が伸びるのでよく茂らせて地下部を肥大させる。植えつけ１年目は収穫せずもう１年育てる。

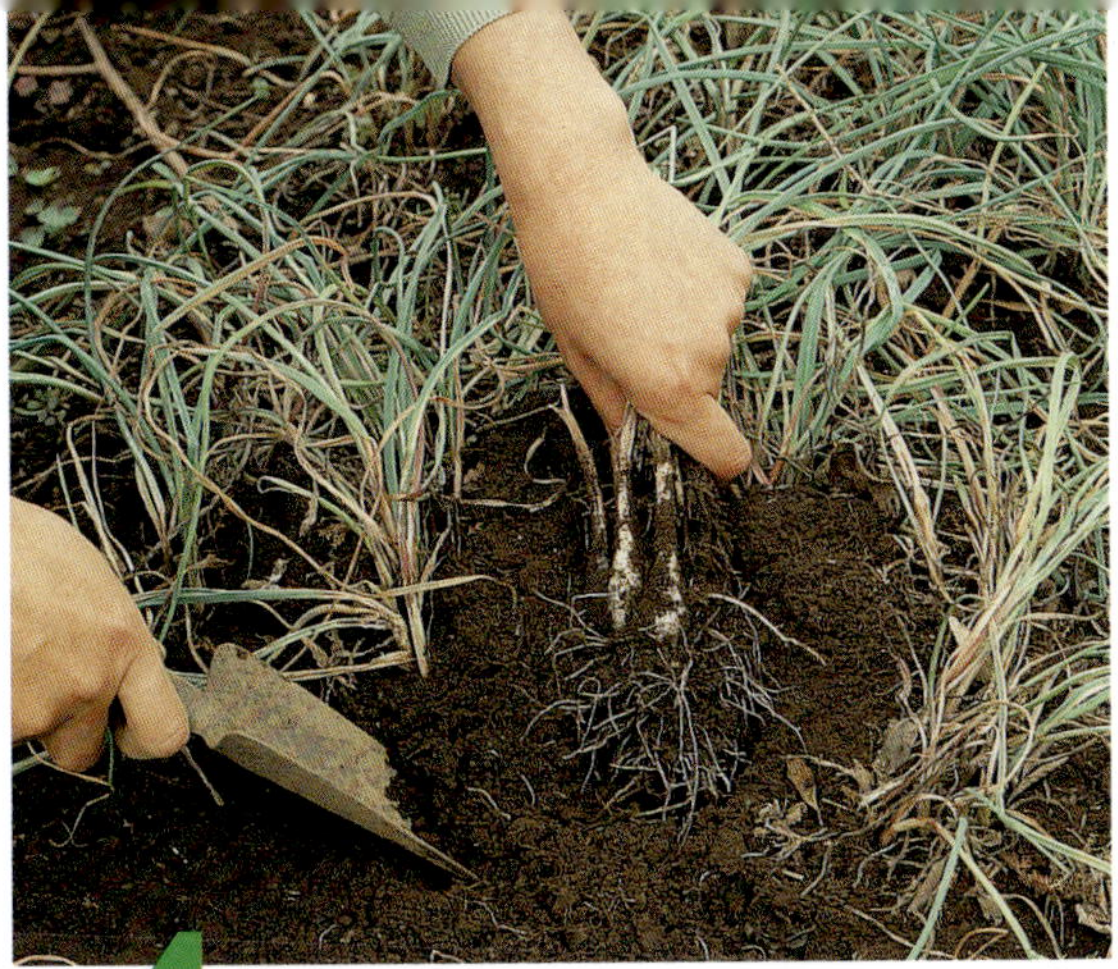

4 必要なら追肥、土寄せをし、３年目の６～７月、葉が枯れてきたら傷つけないように掘りとり収穫。

●収穫後の作業

球をほぐさず、土をつけたまま日陰で２～３日干す。塩漬け後、甘酢につけると保存が効く。

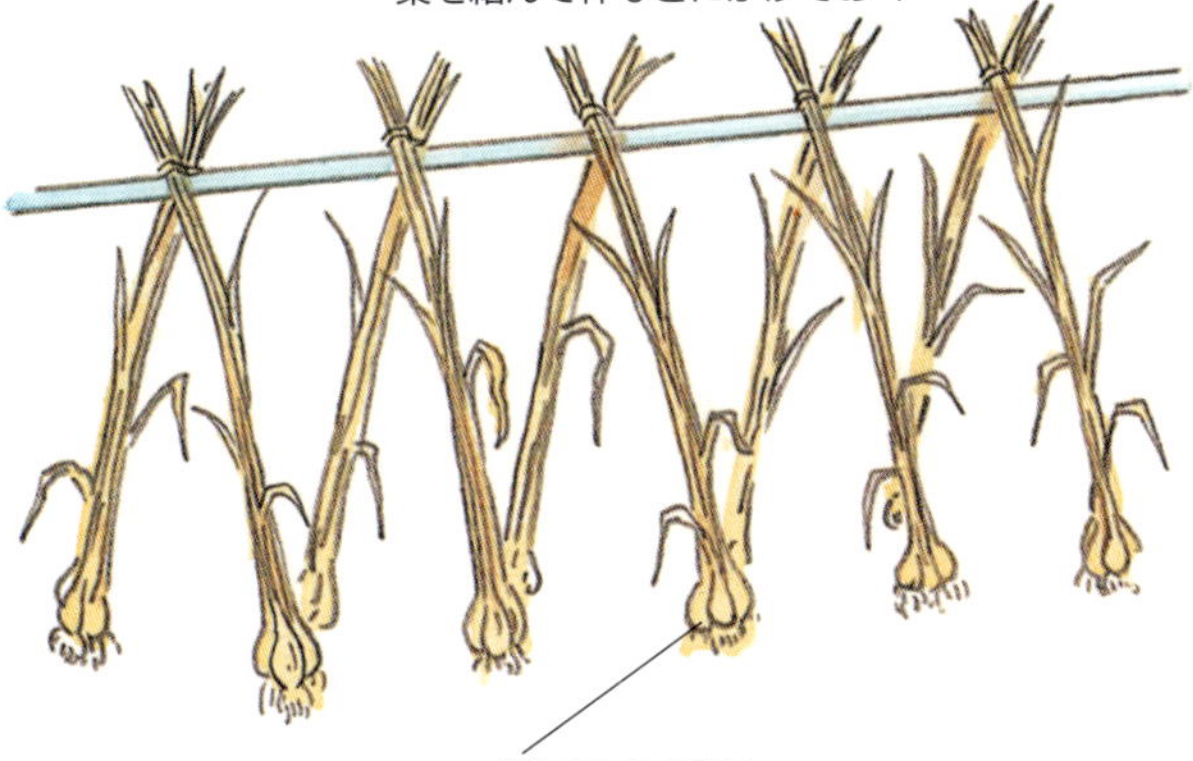
葉を結んで棒などにかけておく
球はほぐさない
土はつけたままにする

ますが、大粒で大味になります。

植えつけ 8月下旬～9月上旬、畝間30cm、株間15cmにして2球ずつ、5～6cmの深さに植えて覆土します。浅植えにすると乾燥してネダニの発生が多くなり、深植えにすると収量が低下します。

敷きわら、追肥 発芽したら敷きわらをして乾燥を抑え、冬越しさせます。4～5月に追肥をして球の肥大と生育を促進させます。軽く中耕して土寄せをします。特に浅植えにした場合は、球根が日に当たって緑色にならないよう、土寄せをしっかり行います。夏は葉が枯れますがそのままにしておき、秋の新芽のころ追肥します。

プランターづくり 川砂と腐葉土を等量まぜて入れ、浅植えにします。土寄せのかわりに増し土をします。

■収穫

球が完全に肥大、充実するのは7月上旬～中旬ごろです。植えつけて2回目の夏、地上部が枯れたところで、球根を掘りとります。土をつけたまま2～3日、日陰で乾かしてから、水洗いして食べます。塩漬けしたものを甘酢に漬けてもよいでしょう。小粒の上下を切り、タル型にしたものが花ラッキョウです。

■病害虫

ネダニ、白色疫病、灰色かび病は早期に薬剤散布して防除します。

［葉茎菜類］

あいたスペースにちょっと植えたい

ミョウガ

ショウガ科

ミョウガの花

ミョウガ

［栽培カレンダー］

月
1
2
3
4
5
6
7
8
9
10
11
12
植えつけ・収穫
種株・植えつけ
株分け株
夏ミョウガ・収穫
秋ミョウガ
ミョウガタケ
作業
敷きわら
土寄せ
施肥
追肥

栽培ポイント

- ●化成肥料は根に直接当てない
- ●乾燥が激しい夏は水やりをする
- ●花ミョウガは早めの収穫を心がける

■特性

中国原産で日本にも自生します。地下茎が伸びてふえ、一度植えつけるとずっと収穫できます。日当たりのやや悪い湿った場所のほうが、やわらかくおいしい収穫になります。木の下など、ほかの植物が栽培しにくいところに植えるのもよい方法です。開花前に花穂を収穫する花ミョウガは夏から秋、若い茎を軟白させるミョウガタケは春に食べられます。

■品種

収穫の季節により、早生種は夏ミョウガ、晩生種は秋ミョウガとして出回ります。

■栽培法

水もちがよく、日陰の湿った場所を好みます。春の彼岸ごろから出回る種株を植えるか、株分けしたものを6月ごろ植えつけます。

植え場所　全面に堆肥を施し、クワ幅で植え溝を5㎝以上掘ります。やせ地では溝を深く掘って堆肥と化成肥料を入れ、間土を5㎝以上します。

植えつけ　春の彼岸過ぎに、種株は新芽をつけて15～20㎝に切り、株間15㎝に2列に植え

●株の更新

11月下旬～12月上旬、1ｍおきに40㎝幅で根株を切るように土を掘りとり、土を埋め戻す。毎年場所をずらして行うとよい。

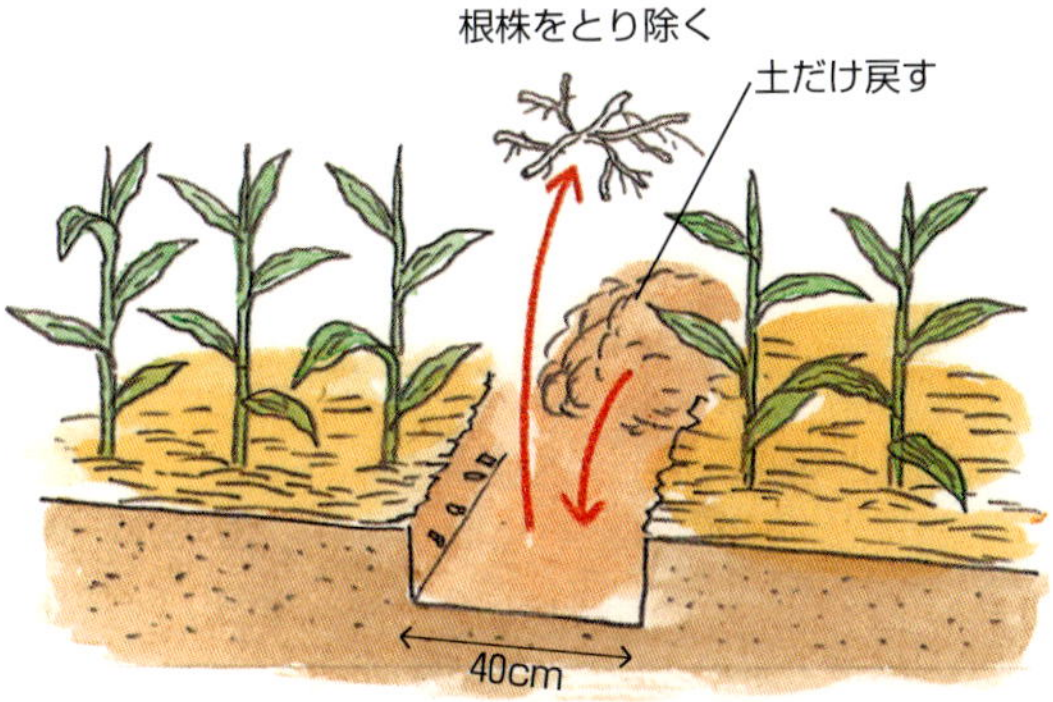

●種株の植えつけ

必ず新芽をつけて種株を切り、芽を上にして株間15㎝に植える。植え溝はクワ幅で５～６㎝の深さに掘り、畝間は60㎝にする。

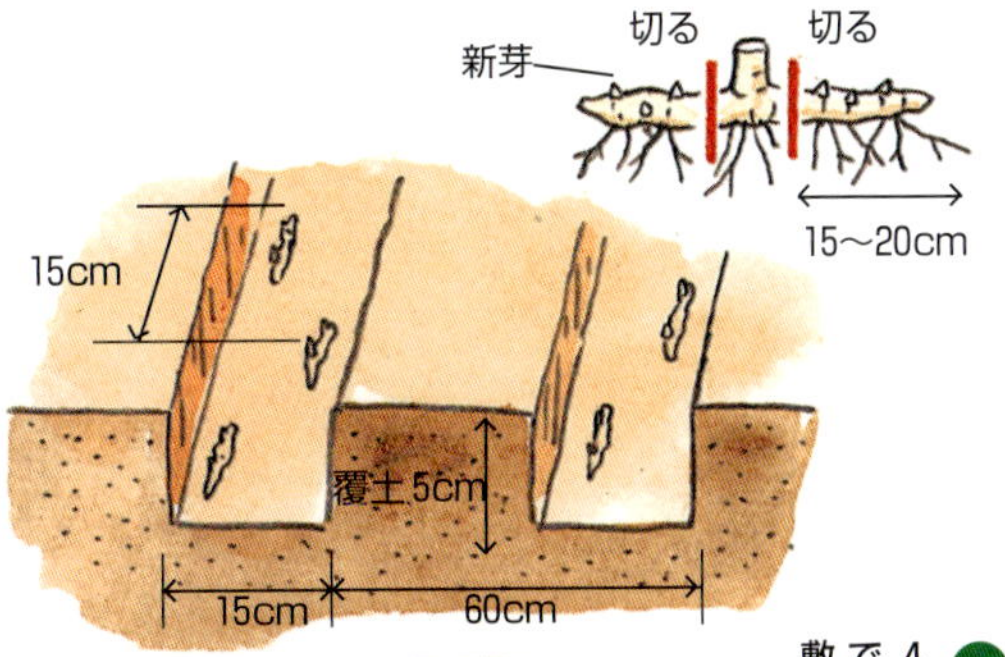

●株の植えつけ

4～5葉になった株を株間20㎝で植えつける。落ち葉やわらを敷いて乾燥を抑える。

●軟白栽培

段ボール箱と黒いビニールで遮光する。３週間後、箱の下を５～６時間あける。1週間後にも行う。収穫は５月中旬以降になる。

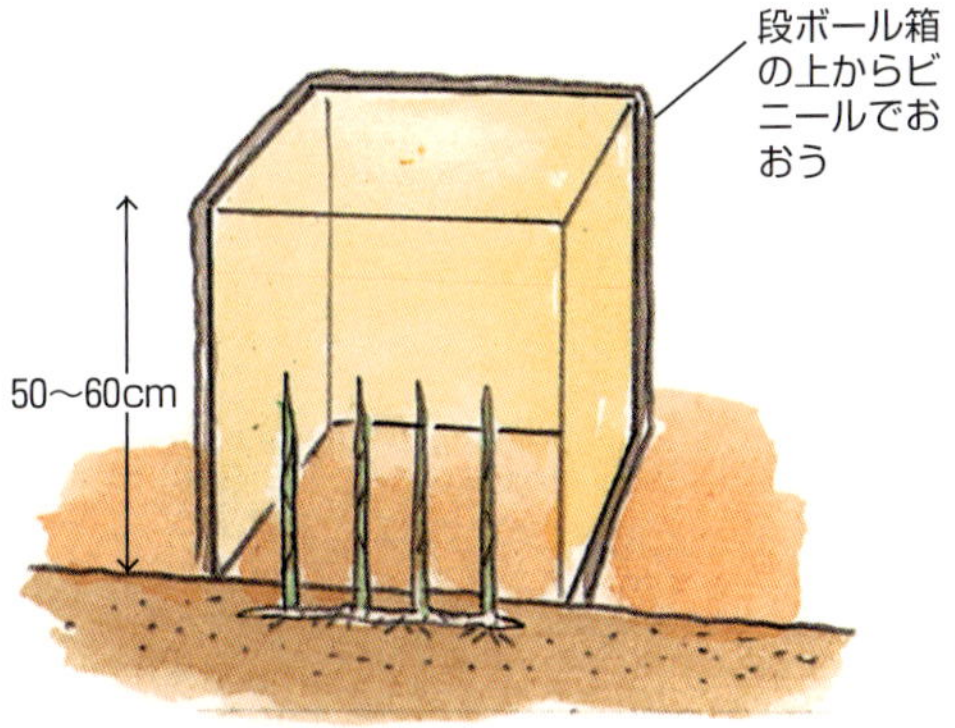

●追肥、土寄せ

暑さ寒さのくる前に畝間に化成肥料を施し、軽くすき込むようにして土寄せする。肥沃地に元肥なしで種株を植えた場合は、５月中旬ごろにも追肥と土寄せをしておく。

ます。芽を上にし、覆土は5㎝にします。6月に苗を植えるときは、4～5葉開いたものを20㎝間隔で植えます。

追肥　梅雨明け前と初霜のころ、化成肥料を施して土寄せ、敷きわらをします。肥料分が根に直接当たらないよう注意します。

株分け　3～4年収穫すると、株が混み合って収穫が落ちてくるので株分けをします。

軟白栽培　植えつけ2年目以降、春に発芽が始まる前から段ボール箱などをかぶせて黒いビニールで包みます。箱の中にもみ殻などを詰めてもできます。3週間後とその1週間後、箱の下を少しあけて5～6時間ほど光と風を入れます。これで少し赤みが入ります。本葉が7～8枚になったら収穫します。作業をするときは日よけをします。株が弱るので、毎年行うことはできません。

■収穫

夏以降、つぼみが大きくふくらみ、まだしまっているところで、根ぎわから切りとり収穫します。収穫しないと淡黄色の一日花が咲きます。根が伸びる3年目以降は、収穫量もふえます。ミョウガタケは春、つけ根から手で摘みとり収穫します。

■病害虫

特に問題になる病害はありませんが、肥料切れや排水不良の畑では葉枯病、降雨が続くようなときにいもち病が発生します。

［葉茎菜類］

ミツバ

セリ科

日当たりの悪い場所でもよく育つ

ミツバ

ミツバ

［栽培カレンダー］

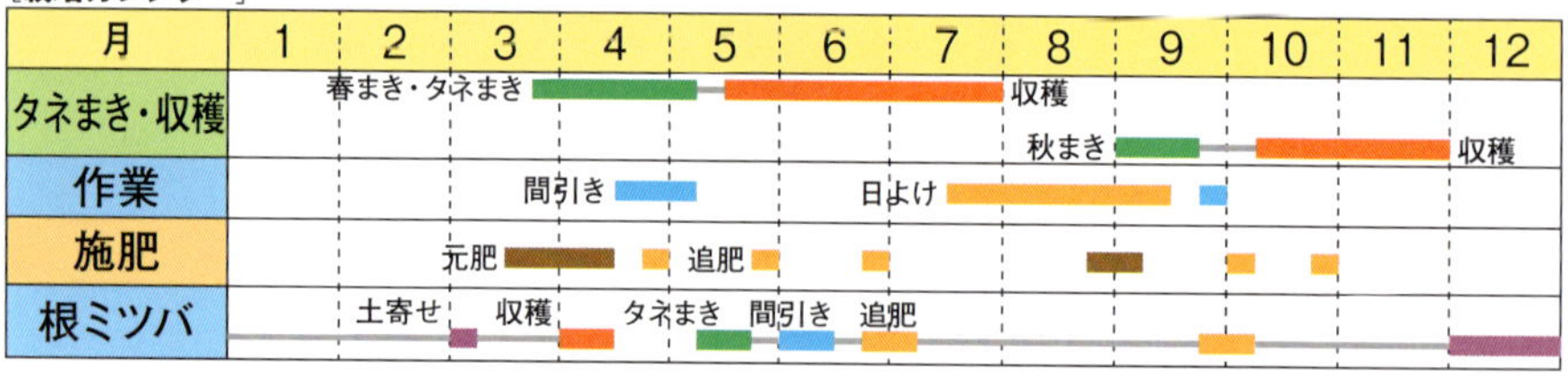

月
1
2
3
4
5
6
7
8
9
10
11
12
タネまき・収穫
春まき・タネまき
収穫
秋まき
収穫
作業
間引き
日よけ
施肥
元肥
追肥
根ミツバ
土寄せ
収穫
タネまき
間引き
追肥

栽培ポイント

- 水もちのよい肥沃な土に植える
- 水切れと強い直射光線は禁物
- 軟白栽培は土寄せで行う

特性

全国の薄暗いところや湿地に自生が見られます。東日本では軟白栽培した切りミツバ（白ミツバ）や早春に出回る根ミツバ、西日本では水耕栽培による糸ミツバ（青ミツバ）がつくられます。糸ミツバのほうがカロテンを多く含み、ビタミンCやミネラル分も摂取できます。鉄分が多いのは根ミツバ。香りが高いわりにアクが少なく、使いやすい野菜です。

品種

「関西白茎ミツバ」など東西で出回る品種は異なりますが、切りミツバ、根ミツバ、糸ミツバのいずれにもつくれる品種を選びます。

栽培法

低温多湿に強く、高温乾燥が苦手で、多少日当たりが悪いほうが育ちます。春か秋にタネまきしますが、発芽率が低いので、市販のミツバの根元を植えつけて再生すると、もっと簡単です。古株になると香りが弱まるので、毎年つくりなおします。

まき場所　タネまき1週間前に苦土石灰をまいて耕します。肥沃な土を好むので、1㎡あ

●水耕栽培の手順

1 食材として売られている根つきのミツバ。料理に使わない根の部分を、再生させてふやす。

2 トレイを利用して、ウレタンつきのまま切りとった根が差し込めるような穴を、やや小さめにあける。

3 水のもれない容器に液体肥料と水を入れ、根がひたひたになる程度の高さにすえて窓辺におく。

4 水が減ったら足すだけなので、いろいろな容器で栽培が楽しめる。３週間に一度は液体肥料ごととりかえる。

●露地植えの場合

一昼夜水につけたタネを条間20㎝ですじまきにするか、ばらまきにし、薄く覆土する。日ざしが強いときは遮光し、乾燥時には水やりもする。

たり堆肥バケツ１杯と化成肥料２握りを施し、１ｍ幅のベッド畝をつくります。

タネまき　３月下旬～５月上旬か９月にタネをまき、60日前後で収穫するのが糸ミツバ。切りミツバは初冬に軟白栽培を始め、新芽が出て１カ月ぐらいで収穫します。根ミツバは５月中旬ごろタネまきをして根株を養成します。翌春の新芽のころが収穫時期です。収穫に合わせてタネまき時期を決め、一昼夜水につけたタネを、20㎝間隔につけたまき溝にすじまきします。覆土は薄くします。

水やり、追肥、土寄せ　発芽後も土が乾いたら水やりし、遮光して高温乾燥をやわらげます。混み合ったところは間引き、条間に化成肥料をばらまきます。根ミツバは霜がおりて地上部が枯れたら、軽く土寄せをします。

軟白栽培　冬、軽く土寄せをしたら、新芽が出る前の３月上旬、さらに15～20㎝の土寄せをして茎を白くします。

■収穫

15～20㎝になったら、切りとり収穫します。収穫後、追肥すると再び新芽が出てきます。根ミツバは春に芽が出たら、根ごと掘り起こします。鮮度が落ちると香りも落ちますが、保存したいときは、ぬれ新聞紙にくるんで冷蔵庫に入れます。

■病害虫

アブラムシを防除します。

［葉茎菜類］

シソ

放任してもどんどんふやせる

シソ科

赤ジソ

青ジソ（チリメン種）

［栽培カレンダー］

月	1	2	3	4	5	6	7	8	9	10	11	12
タネまき				タネまき	━	━	━	━	━			
作業・収穫					間引き ━	━	━	━	━	━		
					収穫 ━	━	━	━	━	━		
施肥				元肥 ━	━							

栽培ポイント

- ●十分気温が上がってからタネまき
- ●薬剤を使わず早めの病害虫防除を
- ●利用法に合わせて収穫する

■特性

ヒマラヤ、中国原産で寒さ暑さに強く、こぼれダネからふえるほど生育旺盛で手間がかからないうえ、発芽から実がなるまで、成長段階に応じた利用法があります。独特の香りを出す成分、ペリラアルデヒドに防腐作用があり、αリノレン酸は抗アレルギー成分として注目されています。

■品種

大葉と呼ばれる青ジソと、梅干しの色づけにも使われる赤ジソがあり、それぞれチリメン種があります。

■栽培法

大量に利用する野菜ではないので、プランターなどで少量育てるのもよいでしょう。

まき場所　5～9月なら、いつでもまけます。水はけのよい場所を選び、やせ地なら1㎡あたり堆肥バケツ1杯、化成肥料2握りをすき込んだら、畝幅90cmのベッド畝をつくります。

タネまき　タネは二昼夜水につけてからまきます。重ならないよう2条のすじまきにするか、箱まきなら条間8cmにします。薄く覆土

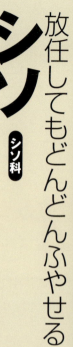

シソの花

●栽培の手順

1

5～9月に一昼夜水に浸したタネを、水きりしてからまく。じかまきは条間60cmの2条すじまき、箱まきは条間8cmのすじまきにする。覆土は薄く、クワなどや手で押さえる程度でもよい。乾かさないように水やりし、箱まきは新聞紙をかけておく。

新聞紙をかけて
上から水やり
8cm
畑土1
堆肥1

2

箱まきしたものは、間引きながら育てて本葉5～6枚の苗をつくり、株間を青ジソは30cm、赤ジソは20cmで植える。

本葉5～6
枚の苗

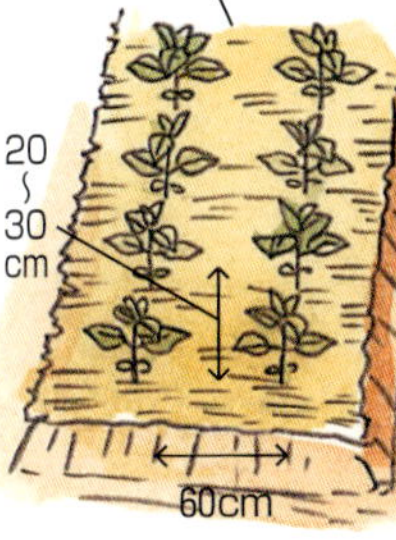
敷きわら
20～30cm
60cm

3

夏が近づくと花が咲く。用途に合わせた状態で収穫する。乾燥期なので、葉がかたいようなら水やりする。

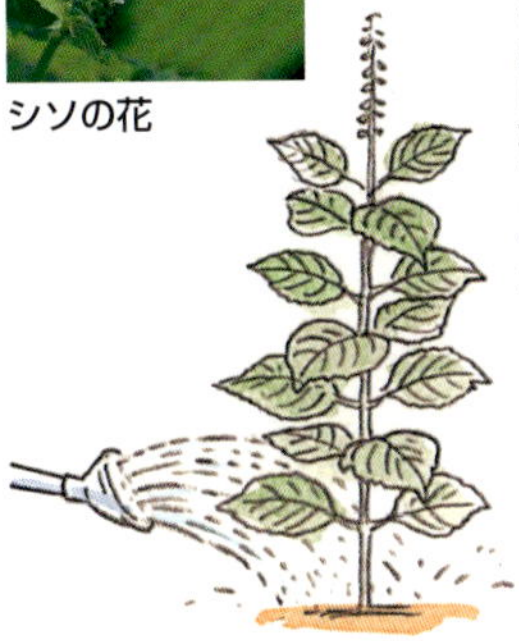

●収穫のいろいろ

芽ジソ

本葉2枚で軸を短く切って収穫。ばらまきすると大量につくれる。

葉ジソ

本葉10枚以上になってから、下葉から切りとる。葉柄を残すと腋芽が伸びる。

穂ジソ

花が1/3くらい開花したら、花穂を切りとる。

実ジソ

花後、結実し始めるころ、花穂を切りとって塩漬けにする。

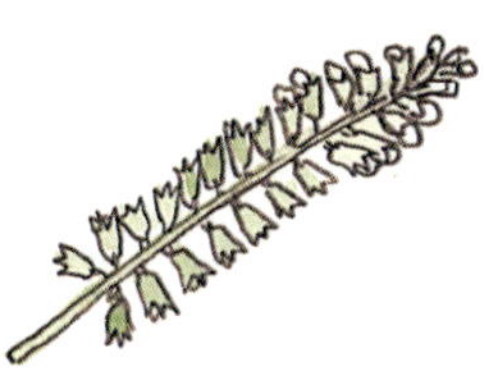

こき穂

結実した実だけをしごきとったもの。

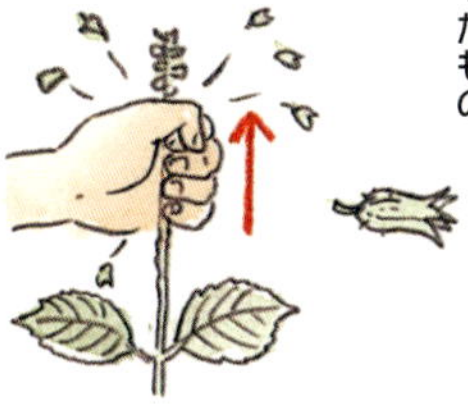

青ジソは白花、赤ジソは淡紫色の花が咲く。

して軽く押さえ、発芽まで乾かさないように水やりをします。箱まきはぬれ新聞紙をかぶせます。覆土が厚かったり土が乾いたりすると発芽しません。

間引き 発芽適温が20～25度と高く、時期にもよりますが1～2週間で発芽したら、混み合ったところを間引いて利用し、本葉5～6枚で青ジソは株間30cm、赤ジソは20cmにします。追肥は生育が悪いときのみ、窒素分を補います。乾燥が激しいときは水やりをします。

■収穫

本葉の開いたところで芽ジソとして、つまなどに利用できます。葉が10枚以上になってからは、必要に応じて下葉からハサミで切りとり、葉ジソとして利用します。葉柄は長めに残しておきます。夏の終わりに花穂が出てきて1/3ほど開花したとき、つけ根から切りとると穂ジソになります。花がほとんど終わって結実したころ、穂が青いうちに実をとって塩漬けにすると、実ジソとして利用できます。採取したタネは乾かさずに保存すれば、翌年にまけます。

■病害虫

アブラムシやハダニは乾燥するとふえるので、早めに防除して乾燥時には水やりをします。ほかに、褐斑病やさび病が発生することもあるので、早めに病株を抜きとり処分して被害の拡大を防ぎます。

［葉茎菜類］

高栄養価で放任しても実ができる ゴマ

ゴマ科

ゴマの花

ゴマのさや

［栽培カレンダー］

月	1	2	3	4	5	6	7	8	9	10	11	12
タネまき・収穫					タネまき（下旬）	タネまき	（生育）	（生育）	収穫（下旬）	収穫（上旬）		
作業・収穫						間引き（中旬〜）、土寄せ	間引き（〜中旬）、土寄せ					
施肥					元肥（上旬）	追肥	追肥					

栽培ポイント

●水はけがよく日当たりのよい場所を選ぶ
●肥料は窒素をやや控えめに施す
●アブラムシの早期防除を行う

■特性

古くから世界各地で利用されており、はっきりしませんが、アフリカ原産といわれる一年生植物です。秋にさやがはじけて実が飛び出します。この実が料理に使われるほか、油分を利用し、かすは飼料にされます。セサミンなどのゴマリグナンに抗酸化作用があるとされ、老化防止の食品とされます。

■品種

白ゴマと黒ゴマのほか金ゴマがあり、収穫時は色が薄いですが、乾燥してくるとそれぞれの色が出てきます。セサミン含有量をふやした「関東12号」などもあります。

■栽培法

日当たりと高温を好み、乾燥に強く寒さに弱い性質があります。酸性土でも育ち、窒素が多いと倒伏しやすいので控えます。発芽温度が高く、生育初期は成長も緩慢です。

まき場所　堆肥バケツ半杯、化成肥料1握りを施し、よく耕しておきます。畝幅90cmのベッド畝をつくりますが、多湿に弱いので水はけの悪い畑は高畝にします。

●栽培の手順

1 花が咲き始めると、どんどんさやができ、下のほうから自然にはじけてタネが飛び出してくる。

2 花後、さやを充実させるために化成肥料をばらまいて中耕、土寄せをする。

3 さやがはじけてしまわないうち、早めに刈りとるのがコツ。

4 つけ根から刈りとったら数株ずつ束ねてひもで縛り、10日ほど立てかけて乾燥させる。

タネまき　5月中旬～6月に条間50㎝でまき溝をつけ、重ならないようにすじまき。薄く覆土をしたら軽く押さえ、水やりをして発芽を促します。マルチ栽培も効果的です。

間引き　本葉が出始めたら間引きを始め、本葉5～6枚で株間10㎝にします。

水やり、追肥　水切れさせないよう、夏の乾燥期は水やりをします。様子を見て間引きの始めと終わりの2回、液体肥料を施します。伸びてきたら土寄せや支柱を立てて倒伏を防ぎます。花後、さやがつき始めたら、化成肥料を株の周りに軽くばらまき、軽く中耕して土寄せをしっかり行います。

■収穫

7月中旬から薄紫色の花が開いてさやができ、9月後半になると実が充実します。下のほうのさやが破れてきたところで株ごと切りとり収穫し、実がこぼれないように束ねて10日ほど立てかけて乾燥させます。乾燥した切り株をシートの上ではたいてはじけた実を出します。ふるいにかけてゴミをとり、洗って浮いたゴミもとります。よく乾燥させ1升びんなどに入れて貯蔵します。

■病害虫

梅雨時期は立枯病や黒斑病、ネキリムシが発生しやすくなります。高温期に入るとアブラムシ、収穫間近にはスズメガの幼虫がつきます。早めの薬剤散布で防除します。

［葉茎菜類］

生育旺盛で収穫する先から芽が伸びる

ツルムラサキ

ツルムラサキ科

ツルムラサキ（紫茎種）

ツルムラサキ（緑茎種）

［栽培カレンダー］

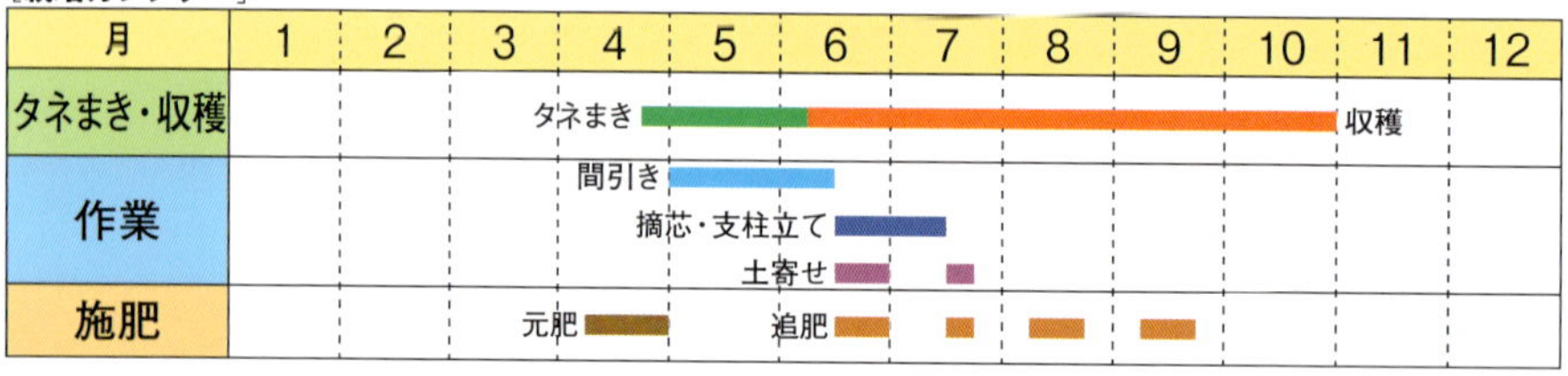

月
1
2
3
4
5
6
7
8
9
10
11
12
タネまき・収穫
タネまき
収穫
作業
間引き
摘芯・支柱立て
土寄せ
施肥
元肥
追肥

栽培ポイント

- 酸性土を嫌うが、日当たりがよければ土質は選ばない
- 地温が上がってからタネまきする
- 収穫はつるの先端の若い部分から

■特性

熱帯アジア原産で暑さにはたいへん強く、寒さには弱いつる性の野菜です。紫色のつるが非常に勢いよく伸び、小さな花がたくさんつきます。食べるのは若い茎葉で、カロテンやビタミンCが多く、ミネラル類も豊富です。ドライの葉は解熱、整腸によいとされます。

■品種

現在多いのは、茎葉が紫紅色の紫茎種です。緑茎種は大葉で、茎葉が緑色です。

■栽培法

生育適温が25〜30度と高く、霜がおりるころには枯れてしまいます。日当たりのよい場所で育てれば、土質にこだわらず、放任していてもぐんぐん成長します。

まき場所　タネまきの1週間前、1㎡あたり苦土石灰を2握りまきます。1㎡あたり堆肥バケツ1杯、化成肥料と鶏ふん各1握りを施し、よく耕しておきます。

タネまき　4月下旬〜6月上旬、気温が安定してから、一昼夜水につけておいたタネを、30〜40㎝間隔で1カ所2〜3粒ずつ点まきし

［葉茎菜類］ツルムラサキ

●栽培の手順

1 タネがかたいので一晩水につけるか、コンクリートなどにこすりつけて傷をつけてからまく。

2 発芽適温が高いので、箱まきにしてから植えるほうが失敗がない。点まきして間引き、本葉5～6枚まで育てる。

3 植え溝を掘り、元肥を施して土とよくまぜて埋め戻す。2条にするときは畝間90cmに。

4 本葉5～6枚で植えつけ。株間は30～40cm。根鉢をくずさず根を乾かさないように手早く行う。

5 支柱は直立式に立てて横棒で支えるか、2条植えなら合掌式にする。つるが絡んで伸びていく。

6 つるの先端を切りとり収穫すると、その下の脇芽が伸びるので、収穫が長く続けられる。

ます。覆土はタネがしっかり隠れるようにし、たっぷり水やりをして落ち着かせます。また、地温が上がらないときは、箱や鉢にばらまきしてもかまいません。そのまま育てる場合の培養土は、畑土5：ピートモスまたは腐葉土など3：バーミキュライト2で、元肥として化成肥料50gくらいを入れておきます。

間引き、追肥　本葉2枚と4枚のときの2回、間引いて1カ所1株を残します。2度目の間引きのあと、10日に1回液体肥料を施すか、月2回、化成肥料を株の周りにばらまいて土寄せします。箱まきしたものは、株間15cmに間引き、乾燥防止のため腐葉土やピートモスなどを敷き詰めて育てます。または、間引きながら育て、本葉5～6枚で畝に植えつけてもかまいません。

摘芯、支柱立て　草丈20cmのところで、下葉5～6枚残して芽先を摘みとり、側枝を出させます。支柱を立てたり、フェンスを利用したりして誘引し、つるを伸ばします。

■収穫

草丈50cmくらいから、若い側枝の葉2枚を残してつる先から15cmほどで収穫します。花も食べられます。実は熟してからとり、天日干しで乾燥させてから保存します。黒紫色の色素として利用できます。

■病害虫

病害虫には強いほうで特に心配いりません。

［葉茎菜類］

若葉や若い茎のみ利用する健康野菜

モロヘイヤ

アオイ科(シナノキ科)

モロヘイヤ

モロヘイヤの花

［栽培カレンダー］

月	1	2	3	4	5	6	7	8	9	10	11	12
タネまき・収穫				タネまき	タネまき		収穫	収穫	収穫			
作業					間引き	植えつけ						
						摘芯・支柱立て						
						土寄せ						
施肥				元肥	元肥	追肥	追肥	追肥				

栽培ポイント
- 利用できるのは若葉や若い茎のみ。タネ、実、茎は毒素を含む
- 極度の乾燥や肥料切れを避ける
- 花が咲く前に収穫する

■特性

インド西部、熱帯アフリカ原産で、エジプトの王の病気を治したという栄養価の高さが特徴です。カルシウム、カロテン、ビタミンB_1・B_2・B_6・C・E・Kなどの栄養素を豊富に含みます。ストロファンチジンという毒素が含まれているのは、タネ、実、茎の部分です。花が咲く前に収穫して、若葉や若い茎を利用します。

■品種

品種分類はなく、モロヘイヤのタネとして売られています。

■栽培法

発芽適温が25～28度と高く、生育適温も22度以上です。日の長さが短くなると開花し、霜に当たると枯れてしまいます。水もちのよい肥沃な場所を好みます。

タネまき 4～5月、一晩水につけておいたタネを、平箱かプランターにばらまきます。市販の培養土、または、赤玉土か畑土7：腐葉土3に元肥を入れておきます。覆土は薄くして水やりをします。

［葉茎菜類］モロヘイヤ

●プランター植えの手順

1 発芽適温が高いので、遅くまくほうが成功しやすい。

2 芽が出にくいタネをまくときは、一晩水につけてからまく。ガーゼの袋に入れて縛り、コップの水につけると浮かばない。

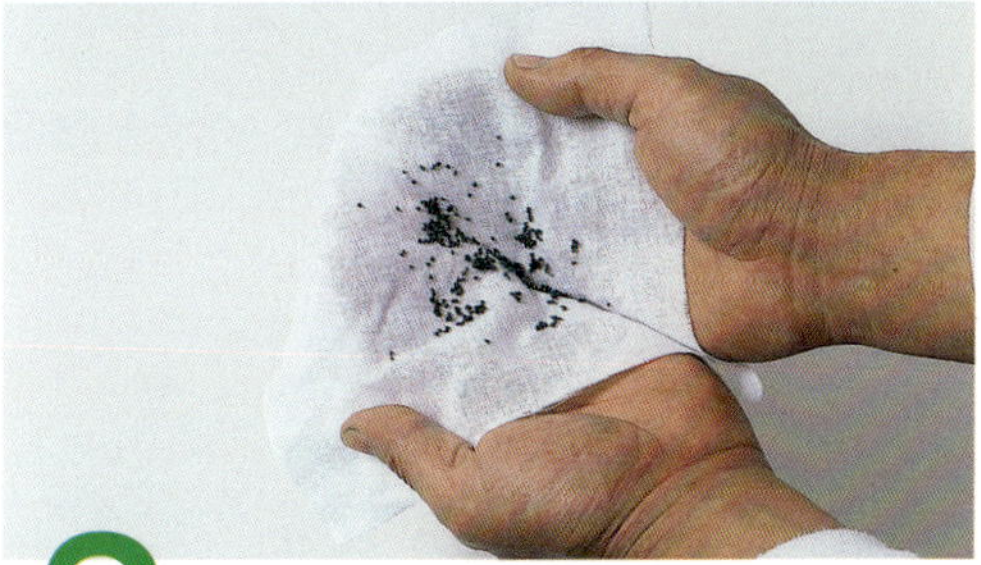

3 いったん暖かい場所で新聞紙の上などに広げて水きりをする。以上の芽出し作業を行うと、温度条件をカバーできる。

4 ばらまきしたタネは乾かないように管理し、本葉2枚が出てきたら間引きを始める。

5 最終的には本葉5〜6枚で株間20〜25cmにする。その後は10日ごとに液体肥料を追肥。

6 草丈30cmになったら、先端を摘んで側枝を出させ、支柱を立てる。花が咲く前に収穫する。

育苗　本葉2枚から間引いて、株間6cmにします。間引き後から、10日に1回、液体肥料を施しながら、本葉5〜6枚にします。

植えつけ　1㎡あたり堆肥バケツ1杯、化成肥料と鶏ふん各1握りを施して耕したら、幅120cmのベッド畝をつくり、株間60cmで2条植えにします。夏の乾燥期には土が乾燥してしまわないよう、水やりをするか、敷きわらなどで乾燥を抑えます。プランター植えなら株間20〜25cmにします。

じかまき　遅霜の心配がなくなったら、植えつけ時と同様の畝をつくり、1カ所に10粒ずつ点まきをする方法もあります。やはり本葉2枚から間引きを始め、4〜5枚で1本にしたら、あとは同じです。

追肥　化成肥料を少量ばらまき、軽くすき込みます。または、液体肥料を続けます。

摘芯、支柱立て　葉数をふやすため、草丈30cmで摘芯し、側枝を出させます。40cmに伸びたら支柱を立て、茎を止めておきます。

■収穫

花が咲く前に、側枝を摘芯するように、下葉を残して先端を摘みとり収穫し、若い茎や若い葉を利用します。タネ、実、古い茎がまじらないように注意します。

■病害虫

風通しをはかり、ハダニ防除をします。イモムシ類は見つけしだい捕殺します。

［中国野菜類］

炒めるか、ゆでると青みが鮮やかになる

チンゲンサイ

アブラナ科

チンゲンサイ（青帝）

チンゲンサイの花

［栽培カレンダー］

月	1	2	3	4	5	6	7	8	9	10	11	12
タネまき・収穫		春まき・タネまき		■	■■	■	収穫	秋まき	■	—	■	■
作業			間引き	■	■				■	■	霜よけ	■
			土寄せ	■	■				■	■		
施肥			元肥 ■	■	■ 追肥			■	■	■		

栽培ポイント

●連作は避け、苦土石灰で酸性土を中和

●元肥と追肥で肥料を十分に

●高温期は寒冷紗などで暑さを避ける

■特性

結球するハクサイの仲間、大白菜に対し、結球しない小白菜に分類される野菜です。青軸のチンゲンサイ（青梗菜）と白軸のパクチョイ（白菜、次項参照）に分けられます。ミネラルがたいへん豊富で、しゃきっとした歯ざわりが人気です。油との相性がよいので、ゆでるときも油を入れると風味がアップします。

■品種

中国の品種が導入改良されて日本のチンゲンサイができました。さらに品種改良されて「青帝」「長陽」「夏賞味」「長江」などのほか、小型の「クーニャン」などもあります。

■栽培法

周年、出回っていますが、夏の高温多湿が苦手なので、育てやすいのは春か秋まきです。春はとう立ちする前に収穫します。

まき場所 酸性土を嫌います。タネまきの2週間前に1㎡あたり2握りの苦土石灰をまいて耕します。肥沃な土を好むので、1週間前には1㎡あたり堆肥バケツ1杯、化成肥料2

●栽培の手順

1　ばらまきかすじまきにし、薄く覆土して押さえる。たっぷり水やりをして乾かさないようにしていると、4～5日で発芽する。

2　本葉が出てきたら、混み合ってきたところから間引きを始める。大きすぎるもの、小さすぎるもの、病害虫の被害があるものなどをとる。

3　間引きは、だいたい数が半分ぐらいになるのを目安にする。残した苗の大きさがそろうようにする。

4　本葉5～6枚で株間10～12㎝にする。春はとう立ちする前に刈りとり収穫。

握りを施し、50㎝幅の畝をつくります。

タネまき　春まきは4～5月、秋まきは8月下旬～9月下旬、畝の上を平らにならし、30㎝幅ぐらいで全面にタネをばらまきます。覆土は薄くしてクワの背で軽く押さえ、乾かないように水やりします。

間引き　本葉が出てきたら、葉がふれ合わない程度に間引き、本葉5～6枚で株間10～12㎝になるようにします。秋まきは間引き収穫をしながら株間を20㎝にしていきます。

追肥　生育具合を見て1～2回、化成肥料をまいて土寄せするか、液体肥料を追肥。

■収穫

株元が4～5㎝立ち上がり、15㎝くらいに伸びたら、つけ根を切りとり収穫します。秋まきで霜がおりるようになったら、寒冷紗かビニールトンネルをかけます。春まきは少し小さくても、とう立ちが始まる前に収穫。ぬれ新聞紙にくるんでビニール袋などに密封し、冷蔵庫に立てると1週間ほどもちます。

■病害虫

アブラムシ、コナガ、アオムシなどが発生するので、見つけしだい早めに除虫菊乳剤で防除します。秋まきなら寒冷紗やベタ掛けフィルムを利用すると、防虫効果が期待できます。べと病や白さび病は、過湿にならないように注意。根こぶ病は植えつけ時にフロンサイド剤を散布します。

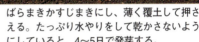

パクチョイ

パクチョイの花

［中国野菜類］

真っ白な葉柄が料理に映える パクチョイ

アブラナ科

［栽培カレンダー］

月	1	2	3	4	5	6	7	8	9	10	11	12
タネまき・収穫　春まき・タネまき				■	■	■	■					
秋まき								■	■			
収穫					■	■	■	■		■	■	■
作業　間引き				■	■	■	■		■	■		
土寄せ					■	■	■		■	■		
施肥　元肥				■				■	■			
追肥					■	■	■		■	■		

栽培ポイント

- 酸性土を中和し、堆肥を施しておく
- 葉がふれ合わない程度に間引きする
- とう立ちする前に収穫を終える

特性

中国の広東付近で生産が盛んなため、広東白菜ともいいます。中国では白梗青菜。チンゲンサイとは葉柄が白いことで区別されます。以前はチンゲンサイを青軸パクチョイというなど、名称が混同していましたが、軸の白いものがパクチョイとされました。

パクチョイが日本に導入され、改良されたのがタアサイで、ほかにキョウナとも近縁です。チンゲンサイより株のしまり具合がゆるやかで、市場に出回る量は少ないようです。栄養は葉柄が白い分、チンゲンサイより含有量が少ないですが、カロテンやビタミンCのほかミネラルも豊富です。

品種

「白茎パクチョイ」「中国パクチョイ」「パクチョイ」などがあり、早生種が多いようです。

栽培法

基本的にはチンゲンサイと同じです。水はけ、水もちのよい場所なら、土質は選びません。暑さに強く、夏も成長しますが、秋まきのほうが春まきよりとう立ちの心配がない分、

●間引き、追肥

本葉が出てきたら間引き開始。２回で株間10～15㎝にし、畝肩に化成肥料をまき、除草を兼ねた中耕をして土寄せする。株間が狭いと葉柄のはりが悪くなる。

間引いた苗はあいた場所に植えつける
化成肥料
畝間の土を寄せる

●畝づくり

１㎡あたり２握りの苦土石灰をまいてよく耕しておく。畝間30㎝でクワ幅に深さ10㎝の溝を掘る。元肥などを入れてから土を戻し、ベッド畝をつくる。

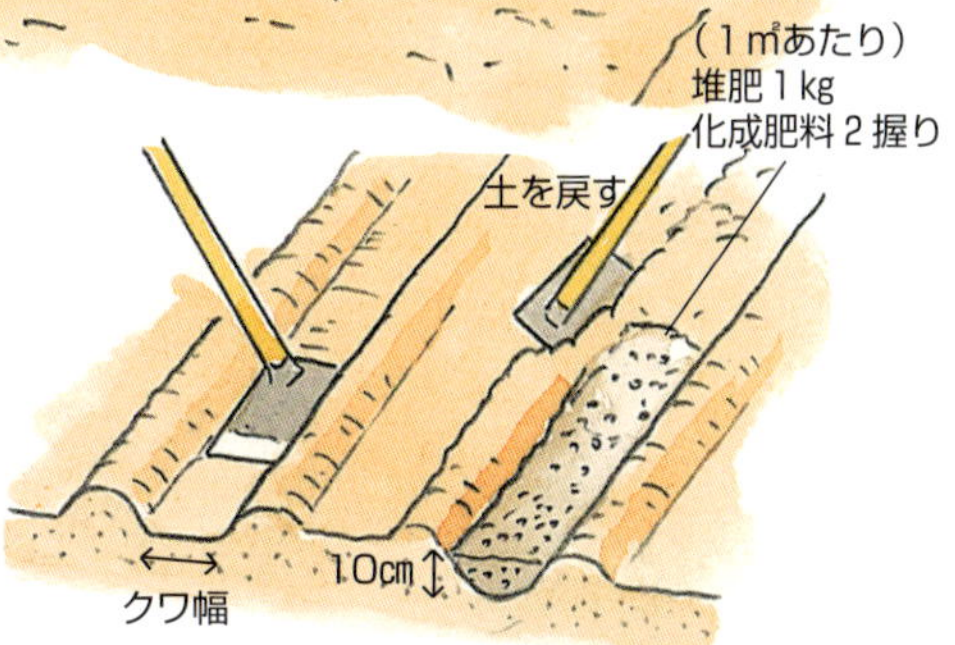
（１㎡あたり）
堆肥１kg
化成肥料２握り
土を戻す
クワ幅
10㎝

●水やり

土が乾いたら十分にしみ込むまで水やりをする。水切れすると葉がかたくなる。はね返りがつかないよう、やわらかい水やりにする。

●タネまき

畝幅いっぱいにタネを重ならないようばらまき。薄く覆土してクワの背で押さえ、たっぷり水やりをする。

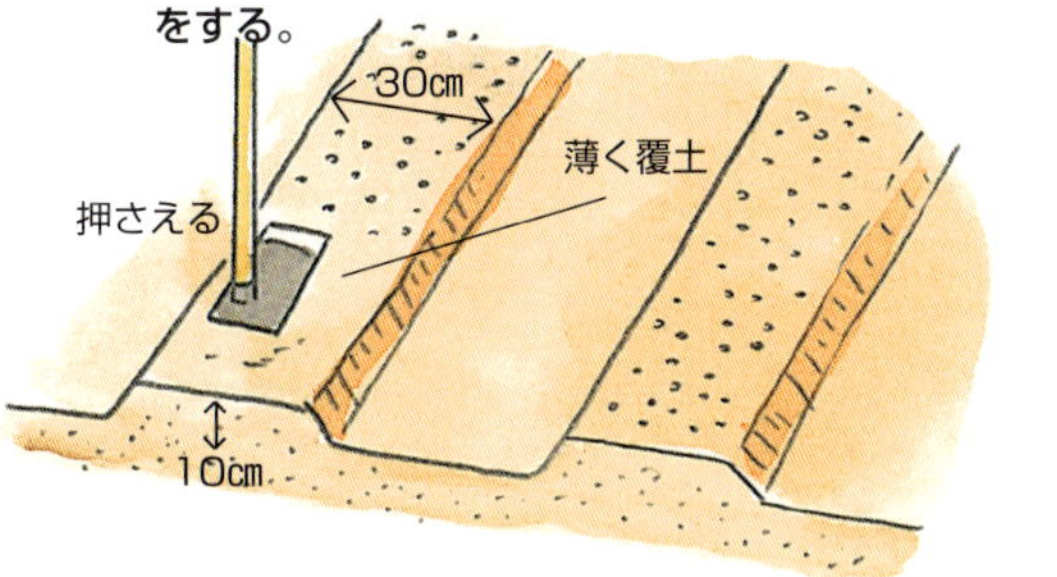
30㎝
薄く覆土
押さえる
10㎝

●収穫

15～20㎝で切りとり収穫。小さいうちから株のまとまりがよいので、10㎝くらいから間引き菜を利用するとよい。

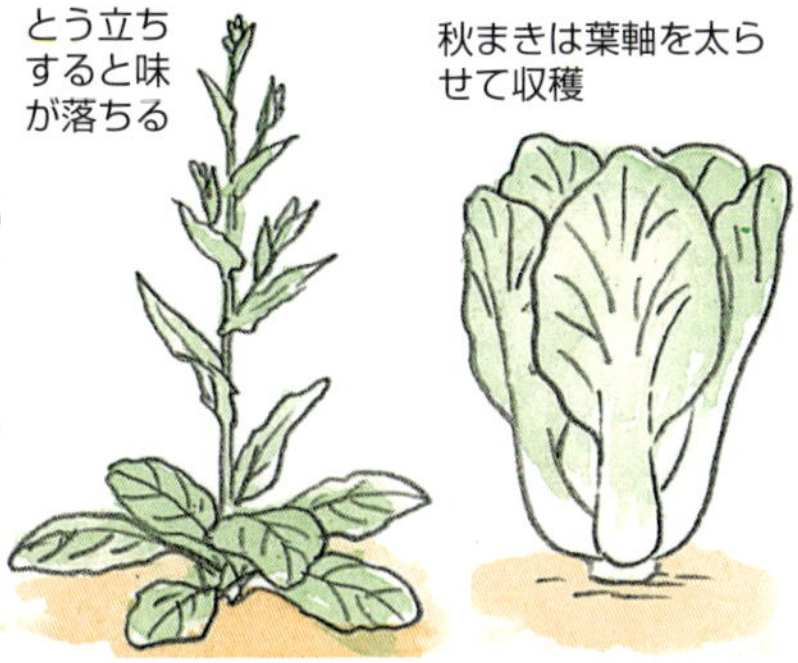
とう立ちすると味が落ちる
秋まきは葉軸を太らせて収穫

育てやすいでしょう。

まき場所　苦土石灰をまいて中和したところに、1㎡あたり堆肥1kg、化成肥料2握りを施して30㎝幅の畝をつくります。

タネまき　発芽適温は18～25度なので、盛夏を除く4月中旬～9月下旬にまけます。畝の全面にタネをばらまき、薄く覆土してクワの背で押さえ、水やりします。

間引き　本葉が出てきてから2回ぐらいで、株間10～15㎝になるように間引きます。

追肥　間引きが終わったら、1㎡あたり1握りの化成肥料をばらまき、土寄せします。乾燥が激しいときは水やりも行います。

■収穫

15～20㎝に伸びたら、切りとり収穫しますが、春まきはここまで大きくならないうちにとう立ちすることもあるので、早めの収穫を心がけます。パクチョイは小さいうちの収穫も可能なので、食べる分だけ少しずつ、長く収穫するとよいでしょう。チンゲンサイと同じように冷蔵庫で保存できますが、パクチョイのほうが鮮度が落ちやすいので、できるだけとりたてを食べるようにします。

■病害虫

チンゲンサイと同じです。多少虫食いがあっても、家庭菜園ならではの野菜本来の味を出したいものです。

タアサイ

タアサイの花

［中国野菜類］

タアサイ

真冬に青々とした緑黄色野菜を食べたい

アブラナ科

［栽培カレンダー］

月	1	2	3	4	5	6	7	8	9	10	11	12
タネまき・収穫	収穫	収穫					秋まき・タネまき	秋まき・タネまき	秋まき・タネまき	秋まき・タネまき／収穫	収穫	収穫
作業									間引き	間引き／土寄せ	霜よけ／土寄せ	霜よけ
施肥								元肥	元肥	追肥	追肥	

栽培ポイント

- アブラナ科の連作はしない
- アブラムシ防除に努める
- 春まきは小さいうちから収穫を開始

特性

非結球性葉菜類をまとめて「つけ菜類」と呼びます。非結球性葉菜類とは葉が球にならない主に葉を食用とするものです。多くが中国で改良され、古くから導入されています。タアサイは第二次大戦中に日本に渡来し、1970年代以降に普及が始まりました。寒くなるとロゼット状に広がり、暖かい時期は立ち性となります。秋まきにして寒さにあわせたほうが、味がよいようです。

品種

タアサイ、タアツァイ、キサラギナなどの名前で流通しています。「緑彩1号」「緑彩2号」などがよく出回ります。

栽培法

特に耐寒性が強く寒い時期に収穫するほうが、やわらかくおいしいものが食べられます。春は立ち性のものを収穫します。

まき場所　タネまき2週間前に、苦土石灰をまいて耕しておきます。1週間前に1㎡あたり堆肥バケツ1杯、化成肥料2握りを施し、60㎝幅のベッド畝にします。

●栽培の手順

1 普通畝にばらまきするか、ベッド畝に条間15cmですじまきにする。厚まきしないこと。

2 本葉が出そろったところで1回目の間引きをする。一度に間引かず、少しずつ行うこと。

3 混み合ったところから間引いて株間を2～3cmにする。隣の根を傷めないよう注意する。

4 本葉3～4枚になったら2度目の間引きをする。春まきは立ち性になるので株間を10cmにする。

5 秋まきは株がロゼット状に広がって冬を迎えるので、本葉5～6枚で株間は20cmにする。

6 秋はタネまきから80日くらいで、いったん寒さにあわせてから収穫するほうがおいしい。途中の大きさでも収穫は可能。

タネまき　8月下旬～10月上旬、狭い場所なら全面にあらくばらまき、長い畝では15cmの条間ですじまきにします。また移植が容易なので、ポリポットにまいて20～30日で本葉3～5枚に育てます。春まきは4月上旬～中旬ころ、夜間温度を12～15度で管理します。

水やり　残暑が続く間は水やりをし、特に、発芽するまでは土を乾かしません。

間引き　発芽後、混み合ったところを間引き、本葉5～6枚で株間20cmにします。春まきの場合は立ち性なので、もっと密に本葉3～4枚で10～15cmにします。間引いた苗も食べられますし、虫害で欠けた部分などに移植し、育て直すのもよい方法です。

追肥　様子を見て畝間に化成肥料をばらまき、土寄せしておきます。液体肥料でもかまいませんが、窒素分は控えます。

■収穫

秋まきはタネまき後80日、春まきは60日くらいで収穫になります。その前から、大きいものから食べる分だけ収穫していくと、長く楽しめます。寒さにあてたほうがおいしいですが、厳寒期は笹やよしずなどを立て、寒風よけとします。

■病害虫

アブラムシに注意。有機質肥料が土表に出ないようにすることもたいせつです。

［中国野菜類］

セリホン

秋まきすると長く収穫が続けられる

アブラナ科

［栽培カレンダー］

セリホン

月	1	2	3	4	5	6	7	8	9	10	11	12
タネまき・収穫	収穫	収穫	春まき・タネまき	タネまき	収穫	収穫		秋まき	タネまき	収穫	収穫	収穫
作業			間引き	間引き					間引き		霜よけ	霜よけ
施肥			元肥	元肥				元肥				

栽培ポイント
- ●暑さを避けて栽培する
- ●元肥をたっぷり施しておく
- ●株間は広めにとっておく

■特性

中国では「雪里紅」と呼ばれ、低温乾燥に強いカラシナの仲間です。日本へは第二次大戦中に、千筋菜芥子の名で導入されました。雪菜ともいうように、寒さにあわせたほうが辛みが増し、おいしくなります。縁がぎざぎざになった葉はやわらかく、秋まきにして50cmほどの大株にすると、葉は20枚以上になり株分かれしてきます。ゆでると辛みが減るので、青菜としての利用範囲が広がります。

■品種

特に品種に分かれてはいません。セリホン、セリフォンの名前で市販されています。

■栽培法

酸性土は嫌いますが、土質は特に選びません。寒さに強いので、秋まきにすると冬じゅう収穫が続けられます。

まき場所　タネまき1週間前、1㎡あたり2握りの苦土石灰をまいて耕します。60cm間隔でクワ幅のまき溝を掘り、1㎡に堆肥バケツ1杯、油かすと化成肥料を各2握り入れ、埋め戻して表面を平らにならしておきます。

●間引き苗の利用

本葉２～３枚から間引き、本葉５～６枚で株間25㎝にする。間隔のあきすぎた場所や別の畝に、間引いた苗を植えつけるとよい。移植ゴテで根土を十分につけて掘りとって植える。間引き菜として利用するのもよい。

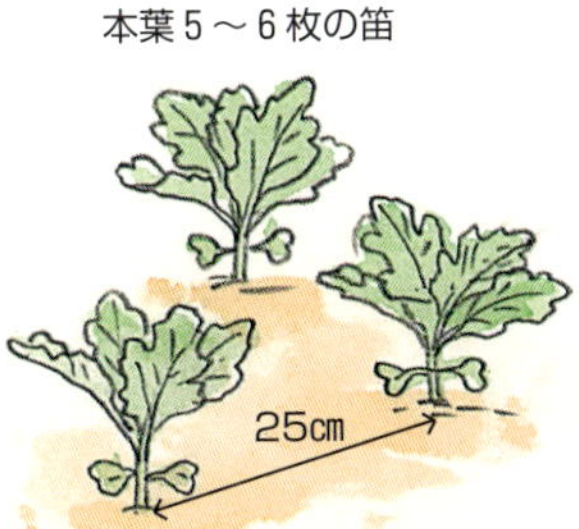

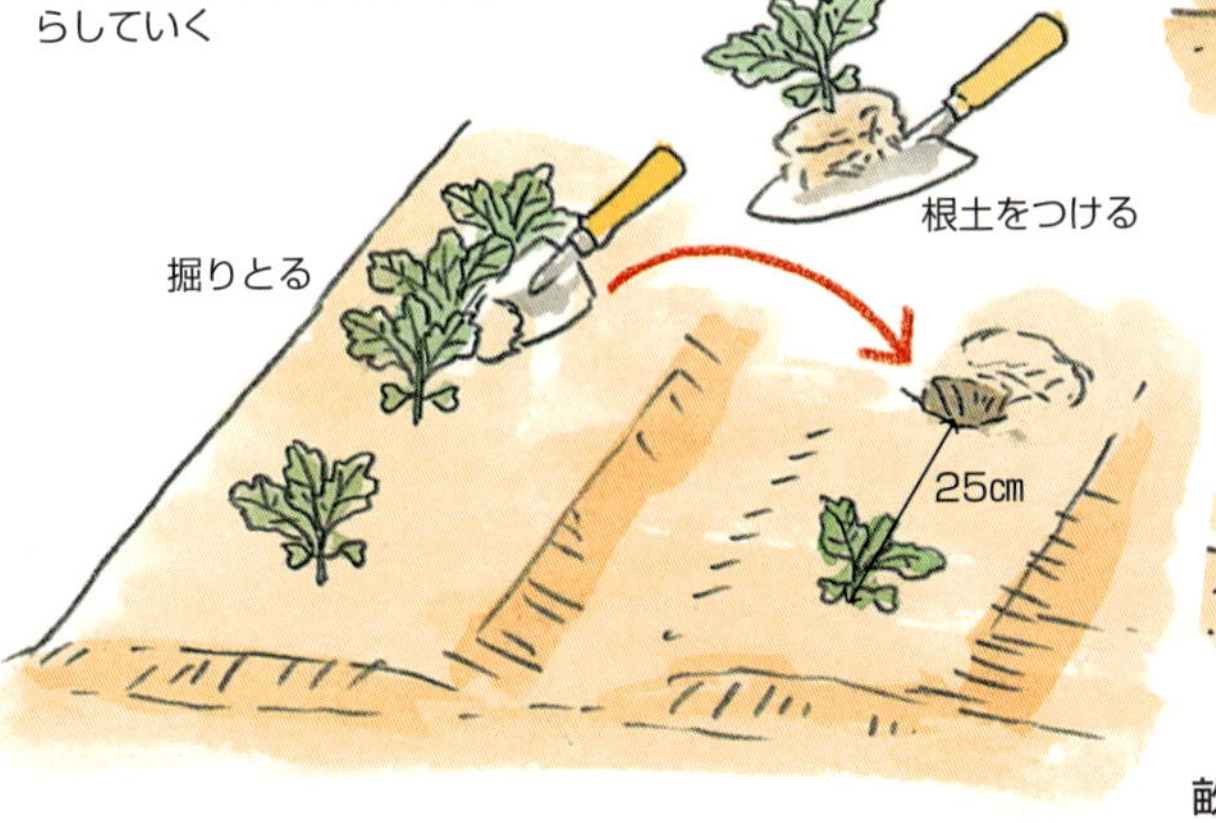

●畝づくり

１㎡あたり２握りの苦土石灰をまいて耕しておいた場所に、畝間60㎝でクワ幅の溝を掘る。元肥を入れたら土を戻す。

●タネまき

畝幅いっぱいにタネをばらまき、薄く覆土してクワの背で押さえる。たっぷり水やりをして発芽を待つ。

●冬越し

秋まきは北側に笹などを立てて寒風よけをすると、葉が傷まず大株になり、収穫が春まで続けられる。収穫が遅れたり暑いときは、葉がかたくなる。

生育期間が長いので、元肥は十分に施します。

タネまき　秋まきは8月下旬～9月、春まきは3月下旬～4月に行います。溝の上、全面にタネをあらくばらまきます。薄く覆土して全体にたっぷり水やりをし、乾かさないよう気をつけて発芽を促します。

間引き　本葉2～3枚から間引きを始め、本葉5～6枚で株間25㎝にします。長く栽培を続けるとどんどん大きくなるので、株間は広めにとりますが、春まきで暑くなる前に収穫を終えるなら、広くしなくてもだいじょうぶです。間引いた苗は、別の場所に植えつけるのもよいでしょう。また、若いうちからでも十分に食べられますから、必要なだけ間引いて利用していけばムダがありません。

■収穫

秋まきは10月下旬から、春まきは5月中旬から収穫になります。秋まきはそのまま、翌年の春まで収穫することも可能です。その際は北側に寒風よけの笹などを立てたほうが、葉が傷まずにすみます。ただし、大きくしすぎると、繊維がかたくなってくるので、あまりとり遅れないようにします。

■病害虫

害虫や病気には強いほうですが、アブラナ科の連作は避けます。

［ハーブ類］

バジル

摘芯しながら収穫量をふやす

シソ科

スイートバジル

シナモンバジル

ダークオパールバジル

［栽培カレンダー］

月	1	2	3	4	5	6	7	8	9	10	11	12
タネまき			タネまき	━	━	━	━					
作業				鉢へ植えつけ	━	━	━	━				
刈りとり収穫						刈りとり収穫	━	━	━			
追肥						追肥 ■	■	■				

■特性

熱帯アジアやアフリカ原産で、精油には精神の鎮静作用などがあります。日本では一年草として毎春、タネまきをします。

■品種

スイートバジルのほか、レモンやシナモンの香りのもの、赤葉種ダークオパールバジルなど、葉形の異なる品種があります。

■栽培法

4月から7月ころまでタネまきができます。また、間引き苗や挿し木でふやせます。

まき場所　日当たりがよく、水もち、水はけのよい肥沃な土を好みます。堆肥などを十分に埋めておきます。

タネまき　高温で発芽が促進されます。すじまきか株間40cmで点まきし、ごく薄く覆土して押さえ、たっぷり水やりします。気温が低いときは箱まきにして、本葉4枚になったら、元肥を施した土に植えつけます。

間引き　発芽後は土が乾いたら午前中に水やり。葉がふれ合わない程度に間引きを始め、本葉6～8枚で株間40cmにします。

■収穫

草丈15cmから収穫を兼ねた摘芯で、側枝を出させます。摘芯は脇芽の上を摘みます。花芽はかきとり、収穫が多ければドライに。

■病害虫

アブラムシやハダニを早期防除します。

［ハーブ類］

香り豊かなので使うときは少量に
ローズマリー

シソ科

ローズマリー（立ち性）

ローズマリー（ほふく性）

［栽培カレンダー］

月	1	2	3	4	5	6	7	8	9	10	11	12
タネまき			タネまき	━	━							
作業							鉢へ植えつけ	━	━			
		2年目植えつけ		━	━							
刈りとり収穫							刈りとり収穫		━	━		
追肥					追肥 ━	━				━		

■特性

地中海沿岸地方を原産地とする常緑低木で、成長は緩慢です。肉や魚のくさみ消しだけでなく、若返りのハーブともいわれます。

■品種

立ち性種とほふく性種があり、立ち性種には紫、青色のほかピンク、白花もあります。

■栽培法

日当たりと水はけのよい、乾きぎみの場所を好みます。ふやすときや古株になったときは、新芽を挿し木か取り木します。

タネまき　ヤエザクラの開花を合図に、タネまきをします。発芽まで2週間かかるので、赤玉土などを用いて箱まきにし、土が乾かないように水やりをします。

仮植え　草丈が3～4cmになったら、3号ポットに仮植えし、10cmで5号ポットに植えかえます。

植えつけ　2年目、草丈10cmの苗を植えます。苦土石灰をまいて耕したら、深さ50cmの穴を掘ります。ゴロ土を下層部に入れて土を山高に戻し、株間30cmで植えます。鉢植えは2年に1回、切り戻して植えかえます。

■収穫

混み合ったところを間引き剪定し、枝葉を利用します。つるせばドライになります。

■病害虫

虫よけとしても使われます。

［ハーブ類］

タイム

開花前にドライにすると香りが高まる

シソ科

シルバータイム

コモンタイム

［栽培カレンダー］

■特性

精油は防腐作用があるとされ、西洋料理の風味づけにも欠かせません。

■品種

コモンタイムのほか葉色や草姿、香りの異なる品種がたくさんあり、その数400以上といわれます。ほふく性種もあります。

■栽培法

日当たりがよく、水はけのよい乾いた場所がよく、戸外で冬越しができます。

タネまき　4～5月ごろ、タネがこまかいので砂とまぜてピートバンなどにまき、底面給水にすると1週間ほどで発芽します。間引きながら2㎝くらいになるまで育てます。

植えつけ　高畝に株間30㎝で植えつけるか、水はけのよい用土を入れた5号鉢に3本か、プランターに4本植えます。

剪定　1年目は収穫せずに、株を充実させます。摘芯をして枝数をふやし、混み合ったところは間引き剪定をします。5～9月なら、切った枝で挿し木ができます。

■収穫

初夏、開花直前に刈りとり、陰干ししたものから葉をしごきとって保存します。茎が木質化して大株になったら1/3くらいに切り詰め、株を再生させます。

■病害虫

過湿と多肥を避ければ心配いりません。

［ハーブ類］

セージ

シソ科

サルビアのうち薬効の高いものがセージ

コモンセージ

パイナップルセージ

［栽培カレンダー］

月	1	2	3	4	5	6	7	8	9	10	11	12
タネまき				春まき・タネまき ━	━				秋まき ━	━		
作業				植えつけ	━					━	━	
刈りとり収穫			刈りとり収穫		━	━						
追肥				追肥	━		━		━		━	

■特性

地中海沿岸地方原産で、広範囲に薬効があるとされる、万能のハーブです。

■品種

コモンセージ、シルバーセージ、パープルセージ、パイナップルセージ、チェリーセージなど、たくさんの品種があります。

■栽培法

日当たり、水はけのよい場所を好み、高温多湿が苦手です。発芽しにくいので苗から育てるほうが楽です。

タネまき 春か秋、無菌の用土で3～4粒ずつポットまきするか、鉢にじかまきします。暖かい場所で土を乾かさないように管理。間引いて本葉6～8枚で1本にします。

植えつけ 苦土石灰と堆肥を施して耕したら高畝をつくり、株間40㎝で植えつけます。根づいてから水やりをし、鉢植えはその後も、鉢土が乾いたら水やりをします。

摘芯 摘芯をして脇芽を伸ばし、葉数をふやします。1年目は成長を優先させます。

追肥 2カ月に1回、油かすなどを施肥。

■収穫

混み合ったところを間引くように、摘みとり収穫します。ドライにするなら開花前に、30㎝くらいの高さで切り戻します。

■病害虫

アブラムシは早期防除。過湿は禁物です。

［ハーブ類］

ラベンダー

香りのよいハーブはお菓子にもぴったり

シソ科

フレンチラベンダー

イングリッシュラベンダー

［栽培カレンダー］

月	1	2	3	4	5	6	7	8	9	10	11	12
タネまき	春まき・タネまき		━					秋まき	━			
作業			植えつけ	━━					━	━		
刈りとり収穫				刈りとり収穫		━━						
追肥				追肥 ━	━	━			━	━		

■特性

鎮静作用の強いハーブとして知られます。

■品種

大きくイングリッシュラベンダーのアングスティフォリア系、フレンチラベンダーのデンタータ系とスペイン種のストエカス系、交雑種のラバンジン系などに分けられます。

■栽培法

発芽率が悪いうえに交雑しやすいので、苗から育てます。ポット苗を入手するか、挿し木苗をつくります。タネをまく場合は10粒ほどポットまきにし、乾かさないようにして発芽させ、間引いて5cmに育てます。

植え場所 乾いた軽い土を好み、肥料は窒素分を控えめにします。

植えつけ 株間45cmに植えつけたら、根づくまでは寒冷紗などで遮光し、芽が動いてから水やりします。高温過湿が苦手で、夏は下葉が落ちます。鉢やプランターでは、鉢土が乾いてから水やりをし、夏は明るい日陰に置いて管理します。

■収穫

開花直前の花穂を陰干しにしてから利用します。これが摘芯となって脇芽が伸びるよう、葉を数枚つけて切りとるのがコツです。

■病害虫

高温多湿で株が蒸れると病害虫が発生しやすくなるので、風通しをはかります。

［ハーブ類］

フランス料理に使われるハーブ チャービル

セリ科

チャービルの花

チャービル

［栽培カレンダー］

月	1	2	3	4	5	6	7	8	9	10	11	12
タネまき		春まき・タネまき		━					秋まき ━			
作業			植えつけ	━	━					━		
刈りとり収穫			刈りとり収穫		━							
追肥				追肥	━					━		

■特性

東ヨーロッパ、西アジアの原産。美食家のパセリといわれ、上品な香りが特徴です。品種は特に分かれていません。

■栽培法

暑さ寒さに弱いので、春か秋にタネまきして夏は遮光、冬は保温して育てます。

タネまき　堆肥をすき込んだ水もちのよい土に30㎝間隔か、5号鉢に3～4粒ばらまきます。ごく薄く覆土して水やり。発芽は容易ですが、移植は嫌います。雨のはね上がりが苗を倒したり、病気を起こすので、ポリマルチか敷きわらをします。

間引き　葉がふれ合う程度に、ハサミで間引きます。乾燥時は水やりし、夏と冬は寒冷紗などでトンネルをかけるか、最初から鉢植えにして室内などで管理します。

とう立ち　翌春にとう立ちすると葉が伸びなくなるので、早めに花茎を切りとります。

■収穫

タネまきから5週間ほどで収穫可能になります。使う分だけ外葉からかきとり、5～6枚は葉を残すようにします。葉にビタミンCやカロテンがあるので、料理を供する直前に切って皿に添えます。

■病害虫

風通しをよくし、多肥を避けてアブラムシを防除します。

［ハーブ類］

ミント

シソ科

交雑しやすいので植え場所に注意

アップルミント

ペパーミント

スペアミント

［栽培カレンダー］

月	1	2	3	4	5	6	7	8	9	10	11	12
タネまき		春まき・タネまき		━	━	━		秋まき	━	━		
作業（植えつけ）				植えつけ	━	━	━			━	━	
作業（挿し木）				挿し木	━	━			━	━		
刈りとり収穫				刈りとり収穫		━	━					
追肥			追肥 ━						━			

■**特性**

そばに植えると交雑しやすいため非常に多品種で、いろいろな品種を楽しみたいときは離して植えます。生でもドライでも使えます。

■**品種**

メントールを含むペパーミント系は清涼感があり、スペアミント系にはアップル、レモンなど甘い香りの種類が多くあります。

■**栽培法**

地中海沿岸地方原産で高温多湿には弱く、低温乾燥によく耐え、土質は選びません。

タネまき　4～6月か9～10月、タネまき用土にばらまきます。しっかり鎮圧して水やりし、発芽したら間引きながら育てます。

植えつけ　本葉3～4枚で株間30cmに植えつけます。やせ地でも育ちます。確実に品種をふやしたいときは、苗を入手します。

摘芯　本葉がふえてきたら先端を摘み、脇芽を伸ばしてこんもりさせます。混み合ったころは、茎葉を切りとり収穫します。

■**収穫**

開花が始まったら株元から切りとり、ドライにします。交雑しやすいため、収穫したタネは親と違う性質になることが多くなります。香りのよい株を選び、挿し木や株分けでふやします。

■**病害虫**

窒素過多でさび病を起こさないよう注意。

食べておいしい、つくって楽しい

野菜づくりの基本作業

- おいしい野菜づくり
- 施肥と肥料づくり
- 病害虫防除
- 菜園プラン
- 土づくり
- 畝づくり
- タネまき
- 苗づくり、苗選び
- 植えつけと水やり
- 主な育成作業
- そろえたい道具類

自分がつくる野菜なら安心して食べられる

おいしい野菜づくり

つくりやすい野菜とむずかしい野菜

つくりやすいもの	手間はかかるが つくれるもの	技術を必要と するもの
オクラ、ニガウリ、インゲン、エンドウ、ソラマメ、サツマイモ、ダイコン、ショウガ、タマネギ、コマツナ、シソ	ナス、トウガラシ、キュウリ、ニンジン、レタス、キャベツ、ネギ、ミツバ	トマト、スイカ、メロン、ホウレンソウ、セロリ

安全で味のよい野菜をつくりたい！

安心して食べられる、おいしい野菜の人気が高まっています。最近は多少、見た目が悪く価格が高くても、有機質肥料のみを使ったり、農薬をできるだけ使わずにつくった野菜が好まれています。そして、自分の食べるものは自分が安心できるやり方でつくりたい、と考える人がふえてきました。

庭に畑のスペースをつくる、自治体などの貸農園を利用するなど、野菜づくりは自分のスタイルに合わせて楽しむことができます。つくり方もいろいろです。この本では、趣味で野菜づくりを楽しみたい人が、収穫の喜びを味わえる方法を紹介しています。

現在、手に入る野菜の品種は、高品質のものをさまざまな時期に大量に収穫できるように改良されていますが、環境をととのえ適期に栽培しないと病気や害虫に弱いものもあり、肥料をたくさん必要とするものもあります。ですから、化成肥料や農薬をまったく使わずに野菜をつくることは、実はかなりむずかしいのです。完全無農薬無肥料にしたら収穫できなかった、では困ります。また、たとえ小さな菜園でも、無農薬有機栽培は手間がかかりますから、野菜づくりがおっくうになるのも考えものです。できる範囲で農薬を減らし、有機質肥料を主体に使った野菜づくりで、収穫を目標に野菜づくりを始めましょう。

初めてつくるなら病害虫に強く、生育期間が短いものを

どんなに条件がよくても、もともと害虫がつきやすかったり、芽が出にくい、肥料をたくさん必要とする性質の野菜は、どうしても肥料や農薬に頼らなければならないところがあります。それなら最初は、あまり病害虫が発生せず、やせ地でもよく育ち、放任してもある程度の収穫が上がる野菜を選び、施肥や薬剤散布を工夫しながら栽培してみましょう。

さらに、生育期間が長ければ、それだけいろいろなトラブルが起きやすく、肥料も大量に必要になります。じっくり育てる果菜よりは、すぐに収穫できる葉菜、晩生種よりは早生種といったように、栽培期間が短いものを選ぶのが栽培成功のコツです。

野菜栽培に自信がつき、慣れたところで、経験を生かしてほかの野菜に挑戦すれば、成功する率も高まります。

つくりやすい条件を知り、条件を整えることから始める

質のよいタネや苗を手に入れることはたいせつですが、家族が食べる分をつくると考え

低温性の野菜と高温性の野菜

	低温性（生育適温10～18℃）		高温性（生育適温18～25℃）	
	かなりの寒さに耐える	強い寒さには弱い	25度以上の暑さには弱い	25度以上の暑さに耐える
果菜類			トマト、スイートコーン、キュウリ、カボチャ	ナス、ピーマン、トウガラシ、オクラ、シロウリ、ニガウリ、ヘチマ
果物類	イチゴ		メロン、スイカ	
豆類	エンドウ、ソラマメ		インゲン	エダマメ
根菜類	ダイコン、カブ、ニンジン	ジャガイモ	ゴボウ	サツマイモ、サトイモ、ショウガ
葉茎菜類	ハクサイ、キャベツ、つけ菜、ホウレンソウ、キョウナ、コマツナ、タマネギ、ネギ、ラッキョウ	葉ネギ、カリフラワー、ブロッコリー、セロリ、パセリ、レタス、シュンギク、ミツバ、ニンニク、ワケギ	アスパラガス	シソ、ニラ、ツルムラサキ

れば、そんなにたくさん収穫する必要はありません。少し貧弱な苗や芽でも、環境がよければそれなりに育って収穫ができます。苗のよしあしもたいせつですが、育てる環境や時期に合った野菜を選ぶほうが重要です。

野菜の原産地を知ると、どんな日当たり、土の性質、気温（地温）が好ましいのか、おおまかなことがわかります。熱帯原産の野菜を冬に育てるのは困難ですが、夏なら順調に成長するでしょう。高原で夏も涼しいなら、冷涼な気候を好むレタスなどを選ぶと育てやすくなります。

逆に、成長に合わない環境で無理につくろうとすると、どうしても効きめの強い薬剤や大量の肥料を利用しなければなりません。

地元でつくられた品種なら、無理なく環境に合う

一地域でしかつくられない野菜もあれば、世界中に普及している野菜もあります。環境に順応しながら、文字どおりその土地に〝根づいた〟品種を選べば、ぐっと育てやすくなります。個体変異の大きな野菜は、各地に地元の特産品種があります。ナスやつけ菜類などは、土地の名前がついた品種がいくつも出ています。

病害虫を減らす工夫をし、薬剤散布を減らす

人間が食べておいしい野菜は、虫にとってもおいしい野菜です。しかし、元気に育った野菜なら、ちょっとやそっと虫に食われても、たくましく成長して収穫を迎えられます。かえって虫のまったくいない畑、虫食いのまったくない株のほうが不自然です。ただし、大量に害虫が発生したり、伝染する病気が発生しては、いくら環境がよくても収穫には至りません。

病害虫の発生を抑えることは、農薬の使用を減らす第一歩ですが、そのためにはいろいろな方法があります。やむをえず薬剤を使うとしても、自然の素材からつくられたものが市販されていますし、自分でつくることもできます。自分の栽培条件に合った方法を見つけ、負担にならないやり方をしましょう。

肥料に頼らなくても工夫しだいで収穫は上げられる

化学的に合成された肥料には緩効性と速効性のものがあります。速効性肥料は施肥をするとすぐに見た目に変化があらわれますが、効きめが強いということは、それだけリスクも大きいと考えられます。自然素材からつくる有機質肥料は速効性こそ見られませんが、安心して使えます。肥料の性質をうまく組み合わせて利用すると、順調な生育を促すことが可能です。

野菜にやさしい肥料を使えば食べるときも安心

施肥と肥料づくり

基本として使う有機質肥料と補助的に使う化成肥料

自然にある植物や動物由来のものからつくられた肥料を「有機質肥料」といい、化学物質を合成した肥料を「化成肥料」「無機質肥料」といいます。例外もありますが、有機質肥料はじっくり長く効きめが続く「遅効性」「緩効性」で、化成肥料には「緩効性」とすぐに効きめがあらわれる「速効性」のものがあります。

有機質肥料はなかなか効果があらわれませんが、量が多すぎて逆に野菜を傷めてしまう「肥料焼け」は、あまり起こりません。化成肥料は手軽ですが、施しすぎて野菜がとろけるように腐ったり、効きめが強すぎて成長サイクルが変わり、いつまでも収穫できないこともあります。見た目だけ大きくなり、軟弱な株に育ちやすいので、正しい施肥がたいせつです。

野菜の成長の基本となる「肥料の三要素」とは

植物の成長に必要な養分は16種類あり、そのうち最も必要量が多く、重要な窒素（N）、リン酸（P、リン）、カリ（K、カリウム）を「肥料の三要素」といいます。これに続くのがカルシウムとマグネシウムで、合わせて「肥料の五要素」といいます。これに、空気と水から得られる水素、酸素、炭素が、過不足なく吸収されるようにすることが必要です。土中に含まれるイオウ、鉄、マンガン、銅、モリブデン、ほう素、亜鉛、塩素の微量要素は、堆肥を施していれば、まず不足する心配はありません。

水はけ、水もちがよく、通気性のある土なら、苦土石灰をまいて中和させておけば、カルシウムとマグネシウムも補え、土中の微量要素も吸収されます。あとは、大量に消費される三要素を肥料で補えばよいわけです。

窒素

「葉肥《はごえ》」。茎葉の成長を促すため、三要素の中でも特に大量に必要とします。葉茎菜類の収穫を大きく左右する要素です。不足すると成長が遅れ、多すぎるとひょろひょろと伸びたり、葉の元気がよすぎていつまでも果菜類の実がつかない、豆類の豆が充実しない、根菜類の根が太らないといった状態になります。窒素は水にとけてしまいやすいので、追肥でも補うようにします。

リン酸

「実肥《みごえ》」。生育初期に多く必要な養分で、不足すると根の成長が悪くなり、花つき、実つきが悪化します。特に果菜類、イチゴ、スイカなどの収穫に影響します。また、秋まきで年を越して収穫するような場合、タマネギなど冬越しの体力をつけさせるため、根を十分張らせるように施すこともあります。雨で流れることがないので、元肥に全量を施します。

カリ

「根肥《ねごえ》」。根の発育を促すことで耐寒性、耐暑性、耐病性を高める養分で、根菜類に欠かせない要素です。葉茎菜類や根菜類で不足すると、味が落ちます。水にとけやすいので、長く栽培を続けるときは追肥します。

堆肥は野菜が好む土づくりに欠かせない土壌改良材

「堆肥」は植物などが腐熟した土壌改良材です。稲わらや収穫後の野菜くず、落ち葉などを腐らせたものですが、完全に熟したものは元の形をとどめず、においもほとんどありません。このような「完熟堆肥」がよく、未熟な堆肥の使用は、病害虫発生のもととなります。入手時、使用時は必ず完熟したものを選びます。

堆肥は土壌を改良する効果があり、土にまぜることで土を団粒構造にします（174ページ

●堆肥のつくり方

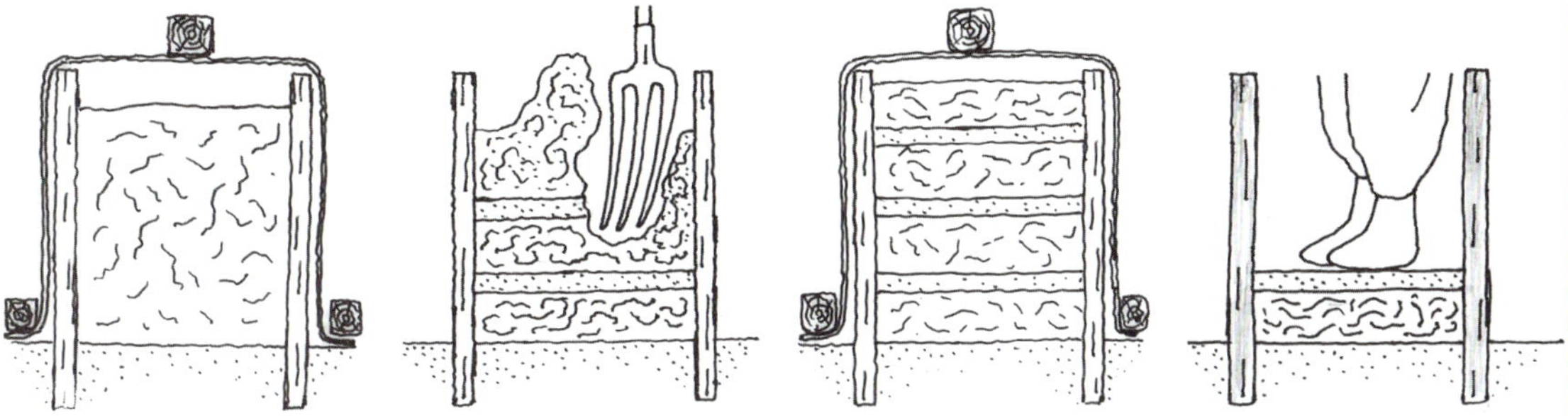

1 木枠の中に材料となる生ゴミ、刈り草、稲わら、落ち葉などを入れる。つかむとしみ出る程度に水をかけてよく踏みつける。

2 その上に発酵促進材や米ぬか、油かす、鶏ふんなどをまく。これを何層にも積み上げてビニールシートなどの雨よけをする。

3 10〜20日ほどして発酵の熱が引いたところで、いったん切りくずして空気を入れるようにかくはんする。作業後は雨よけをかけておく。

4 切りくずしを2〜3回繰り返し、つかむとぼろぼろとくずれるような状態になったらでき上がり。高温なら2〜3カ月、低温だと8〜10カ月かかる。

●地中埋設型容器でのつくり方

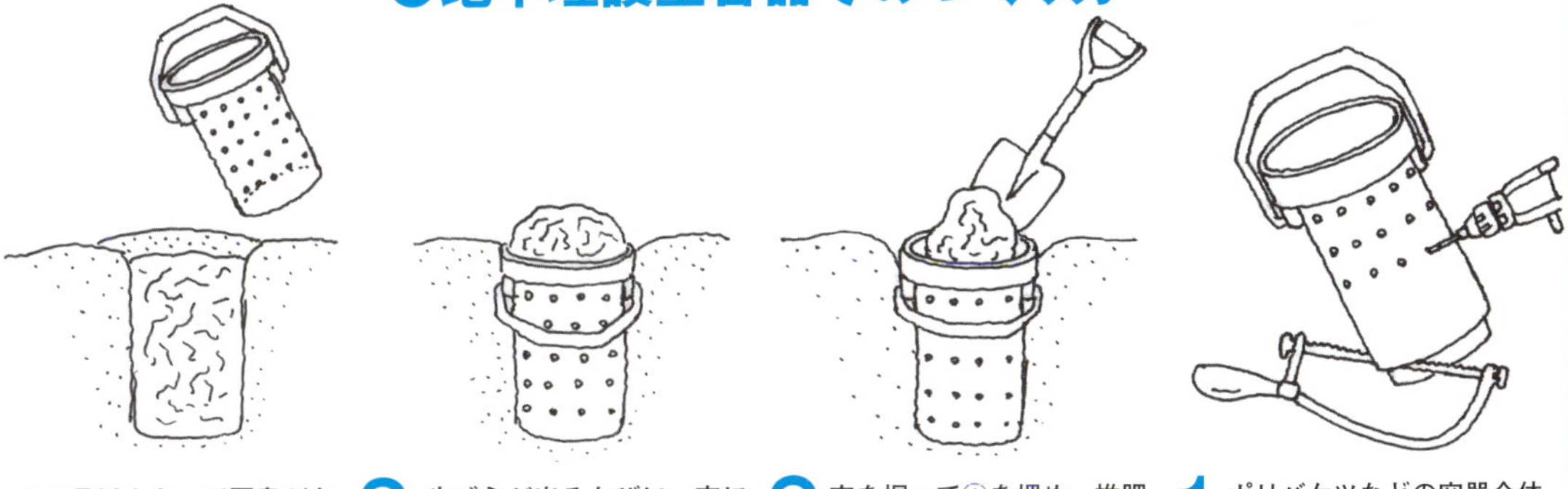

1 ポリバケツなどの容器全体に穴をあけ、底を切り落とす。埋設型の市販品を入手してもよい。

2 穴を掘って①を埋め、堆肥の材料を入れる。においがひどいときは土や発酵促進材を入れる。

3 生ゴミが出るたびに、穴に入れていく。いっぱいになったら土を山盛りにして熟成させる。

4 3カ月以上たって悪臭がなくなったら使う。できたところで容器を引き抜き、ほかの場所に移す。

参照）。さらに、余分な肥料成分をいったん蓄え、肥料濃度を緩和させる役割まで持ちます。

堆肥を手づくりすればコストもかからず安心して使える

毎日の食事で出てくる生ゴミと土があれば、堆肥は自分でつくることができます。堆肥をつくるスペースがない場合は、「コンポスト装置（容器）」を入手することで、ベランダなどでつくることもできます。ゴミ削減の一環として、自治体で装置購入の補助をしているところもあります。ぜひ、地元の役所の案内などを確認してください。

堆肥のつくり方

水はけのよい場所に穴を掘り、食べた野菜の破棄分、刈りとった草、稲わら、広葉樹の落ち葉、木片などを入れ、腐熟を促進させるために米ぬかや油かす、鶏ふんなどをまぜて埋め戻します。水を入れてからビニールをかけ、雨がかからないようにすると同時に、においが広がるのを抑えます。ときどき掘り返して土の上下を入れかえます。

堆肥は、手でつかむとくずれるような状態にしてから使用します。穴を掘ってつくる場合は3カ月、コンポスト装置を使うと1カ月くらいでできます。

堆肥づくりのコツ

堆肥は微生物が有機物を分解してできるの

で、微生物の活動を助けることが堆肥づくりのポイントになります。第一は水と空気がバランスよく含まれる環境づくり。握ると水分がしみ出る程度を目安に水を入れます。第二に、窒素分と炭素のバランス。窒素分を含む米ぬかなどをまぜるのはこのためです。分解を促進する発酵促進材をまぜるのもよいでしょう。第三に、材料はこまかくしてから入れること。大きければそれだけ分解に時間がかかるので、生ゴミなどは小さくします。卵の殻などは砕いて入れます。

有機質肥料は土壌改良のためにも元肥として使う

　有機質肥料は多少なりとも、三要素と微量要素を含みますが、特に必要とする養分を多く含む肥料を選んで施します。窒素分を多く含むのは油かす。植物の油分をとった残り分です。魚かすにも含まれます。リン酸には骨粉や鶏ふん、米ぬかで、あまり土の中に広がらないので、あらかじめ根の伸びる付近に施しておきます。カリは草木灰ぐらいしかなく、有機質肥料で十分量を施すのがむずかしい要素です。硫酸カリなどで補います。

　有機質肥料は単に肥料分を補うだけでなく、土壌改良にも役立つので、主に元肥として施します。

　有機質肥料は化成肥料にくらべると成分量が少ないため、有機質を含む化成肥料「有機化成肥料」も出回っています。これは、原材料に有機質原料を含む複合肥料です。

不足している養分を効率よく補いたいときに使う化成肥料

　化成肥料は肥料の三要素がバランスよく配合されており、手軽に使うことができます。早く収穫したいからと、規定量以上に使うのは逆効果です。必ず説明書を読んで適切な量を施します。よく使われるのはN－P－K＝8－8－8のように三要素の成分量の合計が30％以下の普通化成肥料です。不足する養分の比率を高めた肥料もあるので、足りない要素をすぐに補いたいときに便利です。においがなく、虫を寄せつける心配がないというメリットもあります。

　しかし、化成肥料に頼りすぎると過不足による生育のアンバランスを引き起こしやすくなるのも事実です。また、土が急速に酸性化してしまう問題もあります。

　有機質肥料を主体にし、追肥や大量に肥料分を必要とするものに、化成肥料を施すとよいでしょう。

肥料の種類とその成分（標準値）

分類	肥料名	成分量（％）窒素	成分量（％）リン酸	成分量（％）カリ	備考
有機質肥料	油かす	5	2	1	地温が15度以上の期間に、よく発酵したものを使う。
	骨粉	4	20	1	果菜類に欠かせない。
	乾燥鶏ふん	2.5	3.5	1	カルシウムも含む。未熟なものは障害を起こしやすい。
	米ぬか	2	4	1.5	リン酸肥料で、カルシウム、マグネシウムも含む。
	草木灰	0	2	5	カリ分を補うときはこれが最も有効。カルシウムも含む。
単肥	硫安	21	0	0	速効性なので追肥に適する。
	尿素	46	0	0	溶液として葉面散布し、吸収させるのも可。
	過リン酸石灰	0	17	0	主成分は水溶性のリン酸一石灰で速効性がある。
	熔成リン肥	0	20	0	弱アルカリで緩効性。クエン酸で溶解する。肥効が高い。
	塩化カリ	0	0	60	コストは低いが、塩素により土が酸性化するので注意。
	硫酸カリ	0	0	50	雨や水やりの損失が少なく吸収率が高い。速効性あり。
化成肥料	普通化成	8	8	8	一般的によく用いられる。
	IB化成	10	10	10	一般的によく用いられる。
	PK化成	0	20	20	窒素を控える野菜に利用する。
	有機A23号	10	6	7	有機質肥料を含む化成肥料。

病害虫防除

薬剤をかけずに手間をかける病害虫対策を

葉が黄色くなったり、なんとなく元気がないのを見ると、すぐに病害虫を疑いたくなりますが、まずは水やりや施肥の過不足など、栽培方法の見直しもたいせつです。水切れでも葉が枯れ込んだり実が落ちたりします。よく観察したうえで障害を見つけたときは、食害の跡なのか病気によるものなのかなど、おおまかな原因を探ります。

病気になりにくい種類、品種、苗を選ぶことから始める

トマト、キュウリ、メロンなど、もともと害虫がつきやすい野菜があります。また、野生種より品種改良された野菜のほうが、病気にやられやすいという傾向があります。一方、土壌感染する病気に強い接ぎ木苗が出回ったり、病気に強い性質を持たせた耐病性品種、抵抗性品種もつくり出されています。病害虫防除の第一歩として、病害虫が発生しにくい野菜を選ぶことは重要です。

病気や虫に負けない頑強な野菜づくりを心がける

害虫に食べられた葉が、薬によって元どおりになることはありません。病気によって枯れた茎が、再び立ち上がることもありません。病害虫が発生してからできることは、被害の拡大を防ぐことだけです。つまり、たいせつなのは、病害虫の発生を抑えることと、病害虫が発生しても大きなダメージを受けずに育つ強健な株をつくることです。強健な株づくりには、栽培条件をととのえ、適切な管理を行うことが必要です。病気の発生しやすい高温乾燥、低温多湿状態にならないようにする、不足している肥料をバランスよく施すことなど、日々の適切な管理が、病害虫の発生を抑えることにつながっています。

また、発生の抑制方法として最近、注目されているのが、「コンパニオンプランツ」です。

野菜自身の性質を生かしたコンパニオンプランツの考え方

植物の持つ成分により、虫を寄せつけなかったり、近くの植物のある成分をふやしたりといった現象が起こります。一緒に植える植物の相性で、よい結果が生まれる植物を「コンパニオンプランツ」「共栄植物」といいます。特に薬草として扱われることも多いハーブ類は、植物に対しての有効成分も多く含むので、野菜と一緒に植えると病害虫を予防するだけでなく、味をよくする効果も期待できます。

環境をととのえる資材を使って病害虫を防ぐ方法も利用する

モザイク病を引き起こすアブラムシの防除には、寒冷紗や不織布でおおうのが有効です。アブラムシが反射物を嫌うことからシルバーポリマルチや、シルバーテープの入ったマルチング資材も市販されています。キュウリやスイカにつくウリハムシやタネバエは、タネまき後のホットキャップがよい予防策になります。マルチングは土のはね返りを抑えることで、病気の発生を減らします。

このように、被覆資材や忌避資材で病害虫を防ぐのも大きな効果があります。

病害虫が発生してからも被害を拡大させない対策を立てる

虫の害は、原因である虫を見つけ出し、駆除すること。ヨトウムシやネキリムシなど大きい虫、ハスモンヨトウの卵などは、見つけしだい根気よくとり除きます。病気の害はできるだけ早く被害を受けた茎葉、実をとり除き、被害の拡大を抑えます。原因となる菌やウイルスが広がらないよう、薬剤を散布することも考えられます。

薬剤を使うときは、原因に合ったものにしなければなりません。原因の特定はむずかしい場合も多いので、信頼できる店で状態を説

明して求めるようにします。

安心して使用できる自然の素材からつくった薬剤

農薬は、害虫や病気の原因となる菌類などを化学物質により殺したり、寄せつけないようにするものです。植物に影響がないわけではありません。生食するトマトやレタスに薬剤を散布したり、土壌に散布して薬剤の成分が植物にとり込まれるのは、できれば避けたいものです。

そこで、最近注目されているのが、自然界にある成分を利用した薬剤。コンパニオンプランツの考え方にも通じますが、害虫が嫌う成分や、植物自身が持つ害虫を寄せつけない機能を高める成分を抽出した薬剤です。これを直接散布して殺菌・殺虫効果を上げたり、事前に予防散布することで病害虫防除をはかります。

よく知られているのは、木炭づくりの際に出る煙を冷却した木酢液《もくさくえき》です。殺菌、殺虫成分だけでなく、バクテリアの活性を促すため有機質肥料の分解が進み、肥効を高める役割も果たします。竹をいぶした竹酢液もあるほか、各社から市販品が出されており、手づくりも可能です。

被害を受けたときに備えて多めに苗をつくっておく

タネを食べる鳥の害は、管理しやすい箱ま

野菜に発生しやすい病害虫

病害虫名	症状と発生する条件	発生時期
青枯病	先端からしおれ、やがて枯れる。ナス科の連作障害としてあらわれ土壌感染する。	夏季高温時
萎黄病	葉が黄変し、やがて枯れる。キャベツやダイコンに多く、土壌感染する。	夏季高温時
うどんこ病	白い粉が広がる。水はけや通風が悪いと起こりやすい。ウリ科、マメ科、イチゴなどに多い。	通年
疫病	茎葉や実に不規則な水っぽい病斑ができて急速に広がり、やがて腐る。土壌感染し、長雨などの低温多湿で発生。ジャガイモなどのナス科に多い。	夏に多い
菌核病	茎葉が褐色から黒色になり白い菌糸が核になる。土壌感染する。ウリ科の葉茎菜類、マメ科、トマトなど。	梅雨時期
さび病	茎葉に白い斑点ができ、さび色の粉が出る。ネギ類で肥料切れになると多く発生する。	春、秋
尻腐症	トマトなどで幼果の先端が黒くへこみ腐る。カルシウム欠乏による生理障害といわれ、水切れで起こりやすい。皮がかたくなるのは条腐れ症で、日当たりが悪かったり多肥で起こりやすい。	通年
立枯病	地ぎわの茎が侵されて枯れる。多くの野菜で幼苗期に多発する。	育苗初期
炭そ病	茎葉や実に丸い黄斑ができ、多雨になると粘質物が出てくる。発生すると急速に進行して枯れる。水はけ、通風が悪かったり連作すると多発し、ウリ科、マメ科に多い。	6月から秋
つる枯病	つるのつけ根から赤褐色の液が出てしおれ、やがて枯れる。多湿になるとウリ科に多発する。	高温時
つる割病	葉がしおれて黄変し、枯れる。ウリ科の連作障害としてあらわれる。	高温時
軟腐病	結球し始めのころから、地ぎわの葉がとろけるようになり、急速に全体が腐って悪臭を放つ。高温時に水はけ、通風が悪いと発生しやすく、ハクサイやキャベツ、レタスのほかダイコンなどに土壌感染する。	春～秋の高温期
灰色かび病（ボトリチス病）	茎葉や花から、実に灰色のかびが生え、茎に至るとその上部がしおれる。高温多湿でトマト、イチゴ、レタスなどに発生しやすい。	低温多湿期
白斑病	葉に不規則な白斑が出る。ハクサイに多発する。	5～6月
半身萎凋病	成長途中で急にしおれて枯れる。連作による土壌感染でトマトやナスに多発する。	4～7月上旬
べと病	葉の多角形の斑（ウリ科は黄褐色、アブラナ科は灰白色）がやがて褐色となり、葉裏にすす状のかびが生える。20度前後で多湿になると、ウリ科やアブラナ科、タマネギで発生する。	高温多湿期
モザイク病	モザイク状の斑が出て全体に黄変し、やがて枯れる。ウイルスによる病気でほとんどの野菜で発生する。	通年
アオムシ	チョウやガなどの幼虫で、葉脈を残して葉を食害する。アブラナ科に多発。	春、秋
アブラムシ	ほとんどの野菜に発生し、茎葉根の樹液を吸うだけでなく、ウイルスによる病気を媒介する。	通年
アワノメイガ	スイートコーンの茎や雄穂、雌穂に入って食害。穴からふんを出しているので発見できる。	雄穂ができるころ
ウリバエ	ウリハムシ。幼虫がウリ科の葉や実を食害する。	春～夏
コナガ	1cmほどの緑色の幼虫が葉裏にひそみ、葉肉を食害して穴をあける。アブラナ科で多発。	夏（高温、干ばつで多発）
シンクイムシ	ハイマダラメイガの幼虫で、幼苗の成長点を食害して枯らす。アブラナ科に多発。	7月末～9月
スリップス	アザミウマ、ネギアザミウマ。2㎜ほどの虫が食害して葉や花をかすり状にする。高温乾燥でウリ科、マメ科、ネギ類に発生しやすい。	高温乾燥期
センチュウ	ネマトーダ。土中にひそみ根を傷めるので、そこから病原菌が入り被害が拡大する。ネコブセンチュウは根にこぶをつくって枯らしてしまうほど被害も大きい。	春～秋
タネバエ	くさび形で黄白色の幼虫がタネや苗の地ぎわを食害して枯らす。水はけが悪かったり未熟な堆肥を使うとウリ科、マメ科、アブラナ科などに多発。	春、秋
ネキリムシ	カブラヤガの幼虫が葉裏を食害し、やがてイモムシになり、夜間に地ぎわを食い切って苗を枯らす。ナス科、ウリ科、アブラナ科をはじめ多くの野菜に発生。	春、秋
ハダニ、アカダニ	葉裏につき、葉に斑点ができて白っぽくなる。乾燥するとウリ科、マメ科、ナス、イチゴなどに多発。	高温乾燥期
ヨトウムシ、ハスモンヨトウ	ほとんどの野菜につく。下葉の裏に卵がつき、ふ化して葉を食害、やがて灰褐色のイモムシになり、夜間に大食して枯らす。イモムシになると薬剤も効かない。	春、秋（ヨトウムシ）8～10月（ハスモンヨトウ）

きやポットまきで、苗をつくってから植えつける方法で避けることができます。豆類やスイートコーンなどは、このように移植栽培でタネを守るのがよいでしょう。

あらかじめ、病害虫の害が出るのはしかたのないこととして、多めにタネをまいたり、苗も多めにつくっておくことで、害にあった分を補うという考え方もあります。

苗づくりがむずかしいものは、苗を入手して野菜づくりを始める

日本の気候ではタネまきがむずかしいもの、もともと発芽率が悪いものは、苗を入手して育てるほうが確実です。メロンなどはかなり発芽適温が高いので、設備のある生産業者でなければタネまきは無理。苗から育てるのが普通です。栽培過程の難しい部分を省けば、病害虫の心配もかなり減らせます。苗は遅霜のおそれがなくなってから入手し、すぐに植えつけます。早く手に入ったものは、日当たりのよい場所に置いて環境に慣らします。

さらに、土づくりの項で述べる連作障害を避けるためには、接ぎ木苗を植えるのがよい方法です。障害の出やすい種類は、出回る苗も接ぎ木苗が多くなります。前年に何が植えられていたかわからない貸農園では、隣接区域からの土壌感染も心配されるので、短い年月で確実に収穫を上げたければ、やはり苗は接ぎ木苗を求めるようにします。

コンパニオンプランツの例

対象の野菜	そばに植える植物とその効果			
	病害虫予防になる	成長を促進する	風味をよくする	成長阻害などを起こす
トマト	ニンニク、タマネギ、ラッキョウ、ナス（青枯病、立枯病）、ナスタチウム（アブラムシ）、マリーゴールド（ネグサレセンチュウ、コナジラミ）、バジル、アニス、ディル、ミント、ボリジ	バジル、チャイブ、マリーゴールド、レモンバーム、ボリジ、パセリ	バジル	スイートコーン、ジャガイモ、フェンネル
ナス	ニンニク、タマネギ、ラッキョウ、トマト（青枯病、立枯病）、スイートコーン（アザミウマの天敵ヒメハナカメムシをふやす）、マリーゴールド（ネグサレセンチュウ）	エダマメ		ヒマワリ
キュウリ	ニンニク、タマネギ、ラッキョウ（つる割病）、バジル、アニス、ディル、ナスタチウム、ボリジ	インゲン（つるなし性）		ローズマリー
カボチャ	ボリジ	スイートコーン、ボリジ		
スイートコーン	ナス（アザミウマの天敵ヒメハナカメムシをふやす）	カボチャ		トマト
ピーマン	ナスタチウム	エダマメ		インゲン（つる性）
イチゴ	タマネギ、マリーゴールド、ボリジ、レタス、ホウレンソウ、豆類	ニンニク、ボリジ		タイム、ローズマリー
スイカ	ニンニク、ネギ、ニラ（つる割病、立枯病）			
メロン	ニンニク、ネギ、ニラ（つる割病、立枯病）	ヒマワリ		
豆類	ニンニク、チャービル、キャラウェイ、マリーゴールド、ボリジ	マリーゴールド、ローズマリー、ペチュニア	ローズマリー	ネギ類、ニンニク、フェンネル
インゲン		キュウリ（つる性）、ペチュニア		ピーマン、ネギ類
エンドウ（つる性）		ホウレンソウ、ニンジン		ネギ類
エダマメ		ナス、ピーマン、サトイモ		ネギ類
ニンジン	チャイブ（アブラムシ）、ローズマリー（キャロットフライ）、キャラウェイ、コリアンダー、マリーゴールド	ニンニク、エンドウ（つる性）、ローズマリー、チャイブ	ローズマリー	ディル
ダイコン		ネギ（夏どり）		
ラディッシュ	ディル、ナスタチウム	チャービル		ヒソップ
カブ	マリーゴールド			フェンネル
ジャガイモ	マリーゴールド、ホースラディッシュ	マリーゴールド		トマト、ローズマリー、ブラックベリー
タマネギ	トマト、イチゴ、チャービル、キャラウェイ、ディル、マリーゴールド	レタス、カモマイル	カモマイル	
アブラナ科	ナスタチウム（コナジラミ）			
キャベツ	ミント、タイム、セージ、ヒソップ、ローズマリー（アオムシ）、フェンネル（カメムシのえさとなる）、シロツメクサ（アブラムシ、ヨトウムシを食べるゴミムシをふやす）、セロリ、アニス、オレガノ、バジル、キャラウェイ、チャービル、ディル、ナスタチウム、ボリジ、ラベンダー	カモマイル、オレガノ、ナスタチウム、ヒソップ、ローズマリー	カモマイル、ミント、オレガノ、タイム、セージ、ローズマリー	イチゴ、ボリジ
ハクサイ	セロリ			
レタス	ディル、フェンネル、マリーゴールド、ボリジ	タマネギ、ニンニク		
ネギ類	ラズベリー			豆類
ニラ	アニス、バジル、ディル、フェンネル			
ブロッコリー、カリフラワー	シロツメグサ（アブラムシ、ヨトウムシを食べるゴミムシをふやす）			ボリジ
ホウレンソウ	コリアンダー、ディル、ボリジ	インゲン（つる性）		
タイム、ローズマリー				イチゴ、ボリジ

つくりたい野菜をどんなふうに組み合わせるか

菜園プラン

日当たりと風通しのよい場所を選んで菜園をつくる

天候の悪い年に野菜の値段が高騰するのは、ほとんどの野菜が日当たりを好む証拠です。特別に白く仕上げる「軟白栽培」や日陰を好むミョウガやミツバを除き、野菜の栽培は半日以上、日当たりのある場所で行います。あまり日当たりがよくない場所では、温度や水分の条件がととのえば光線が不足しても耐えられるフキなど、早春に収穫できる野菜を選ぶようにします。

また、強い風が当たる場所は困りますが、風通しのある場所のほうが病害虫の発生が少なく、丈夫に育ちます。

春まきと秋まきを組み合わせて、効率よくたくさんの種類をつくる

家庭菜園の楽しさの一つは、少量でもいろいろな種類の野菜が収穫できることにあります。たった1坪でもトマトだけを植えれば100個、ダイコンなら30本、ニンジンなら150本くらい収穫できます。家庭で食べる分としたら多すぎますし、3分割して3種類の野菜を収穫したとしてもまだ余るくらいではないでしょうか。スペースをいくつかに区切り、種類の違う野菜をつくるほうが現実的といえるでしょう。

いったん収穫したら、また違う野菜をつくれば、さらに種類がふやせます。一定のサイクルでいくつかの野菜を繰り返しつくることを「輪作」といいます。家庭菜園では、じょうずに輪作のプランを立てることで、野菜づくりの楽しみが大きくなります。

野菜づくりはおおまかに分けると、「春まき」で秋までに収穫するもの、「秋まき」で冬から翌年の早春までに収穫するものに分けられます。これは温度と日長（日の出から日の入りまでの時間）により、野菜ごとに成長サイクルが変わってくるからですが、同じ野菜でも春まきも秋まきもできるもの、季節を問わず育てられるものもあります。改良の結果、異なる成長サイクルを持つ品種ができたためで、野菜づくりもかなり自由になってきました。さらに、タネまきから収穫までの期間が短い「早生種《わせしゅ》」、長い「晩生種《おくてしゅ》」、その中間の「中生種《なかてしゅ》」もあります。土のあいた期間に合わせて、つくる品種を選ぶことができます。

菜園プランを考えるときは、以上のような栽培サイクルの違いをうまく利用することで、たとえ小面積でも、たくさんの種類を効率よく育てることが可能になります。

野菜の栽培方法の特徴を生かしたプランを考える

果菜類や豆類は春にタネまきや植えつけを行い、夏に収穫します。実ができたら株が疲れないうちに早めに収穫します。初期段階に窒素分が多すぎると、ひょろひょろとしたり、つるぼけを起こしてなかなか実がつかなくなります。

根菜類は土を深く耕し、肥料が直接、根に当たらないようにします。根が大きくなる生育後半期は葉も大きく広がります。

葉茎菜類は生育期間が短く、根が浅く広く広がるものが多いのが特徴です。

生育期間が長いものは途中の追肥作業が重要になり、収穫期間が長いものは、収穫中に水切れ、肥料切れさせないことがたいせつです。育てたい野菜が、どれだけの場所、空間を必要とし、いつ、どれだけ手間がかかるのかも考えて菜園プランを立てるようにします。

野菜づくり、菜園プランづくりでいちばんのポイント、連作障害

トマトの収穫を終えたら、またトマトの苗を植えるというように、同じ場所で同じ野菜を続けてつくることを「連作」といいます。

多湿に比較的強い野菜と弱い野菜

多湿に比較的強い野菜	多湿に弱い野菜
ナス、サトイモ、セロリ、タマネギ、ミツバ	トマト、カボチャ、インゲン、サツマイモ、ゴボウ、ダイコン、ホウレンソウ、ネギ

強光を好む野菜と弱光を好む野菜

強い光を必要とする	比較的強い光を必要とする	日当たりが悪くても耐える	弱い光を好む強い光を嫌う
ウリ類、トマト、ナス、ピーマン、トウガラシ、サツマイモ、オクラ、ブロッコリー	豆類、キュウリ、カボチャ、サトイモ、ダイコン、ニンジン、ホウレンソウ、ゴボウ、カブ、スイートコーン、キャベツ、セロリ、タマネギ、カリフラワー、ハクサイ	イチゴ、ショウガ、シュンギク、ネギ、ニラ、コマツナ、アスパラガス、サラダナ、レタス、エンドウ、つけ菜類、パクチョイ、ハーブ類	ミツバ、ミョウガ

連作障害の出にくい野菜と輪作が必要な野菜

連作障害の出にくい野菜	1年以上休んだほうがよい野菜	2年以上休んだほうがよい野菜	3～4年以上休んだほうがよい野菜	4～5年以上休んだほうがよい野菜
カボチャ、タマネギ、ネギ、ニンジン、ダイコン、サツマイモ、ニンニク、ミョウガ	インゲン、カブ、キャベツ、ホウレンソウ、シュンギク、キョウナ、ミツバ	キュウリ、イチゴ、ジャガイモ、ハクサイ、レタス、サラダナ、ニラ、ショウガ、ニガウリ	トマト、ナス、ピーマン、トウガラシ、メロン、シロウリ、ラッカセイ、カリフラワー	スイカ、エンドウ、ソラマメ、サトイモ、ゴボウ

ところが、野菜の種類によっては、成長中に土の中の特定成分がたくさん使われた結果、次につくるときに養分不足になることがあります。自分の根から出る成分で自家中毒を起こし、生育障害があらわれる種類もあります。そして最も影響が大きいのが、ウイルスや菌、有害微生物により感染する病気が、土を介してうつることです。以上のように、連作により生育が悪化することを「連作障害」「忌地《いやち》現象」といいます。

連作障害がやっかいなのは、根を傷めて生育状況が悪くなるだけでなく、防ぎようのない土壌感染の病気が発生してしまうことにあります。

連作障害は野菜の種類によって程度の差があり、何年も間をあけなければならない種類から、毎年続けてつくっても、ほとんど影響のないものまであります。

そこで、野菜づくりをする際には、連作障害を避ける作付けプランを考えなければなりません。広い土地があって、畑を休ませることができる場合は別ですが、決められたスペースに、いろいろな野菜をつくりたいときは、植えつけ範囲を区切り、育てたい野菜が障害を起こさないように、毎年の育成場所、種類を決めます。

連作を避けるといっても、トマトの次はナスでもキュウリでもいいというわけにはいき

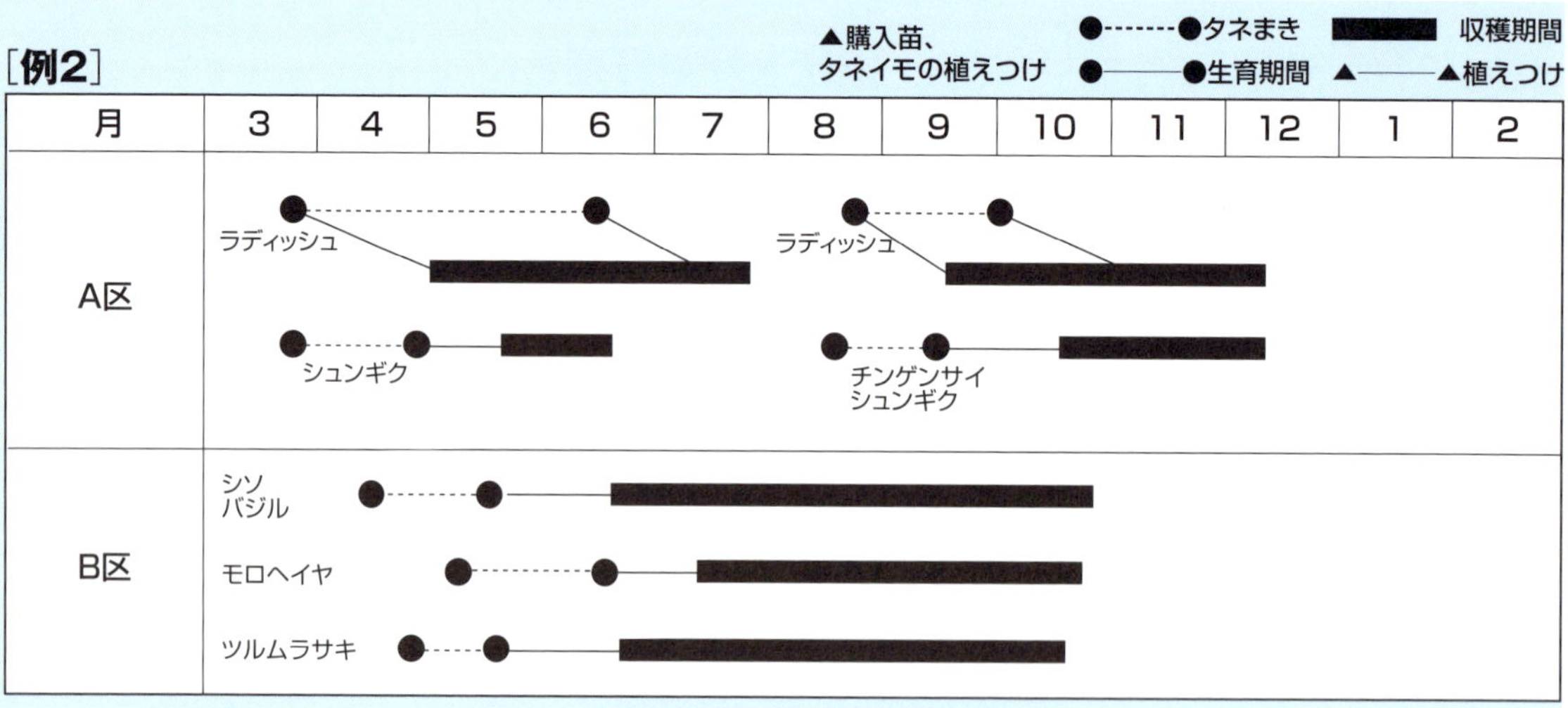

狭い菜園の作付け例（4坪内外）

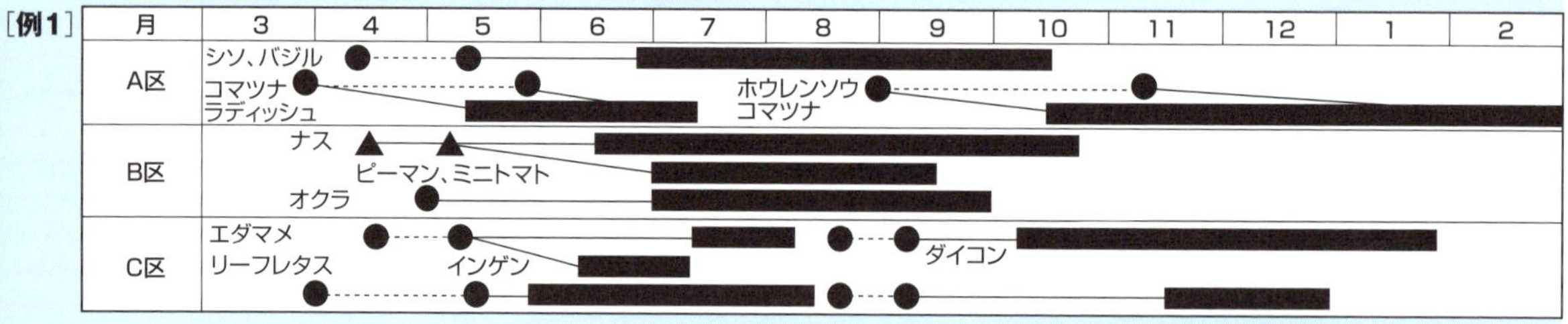

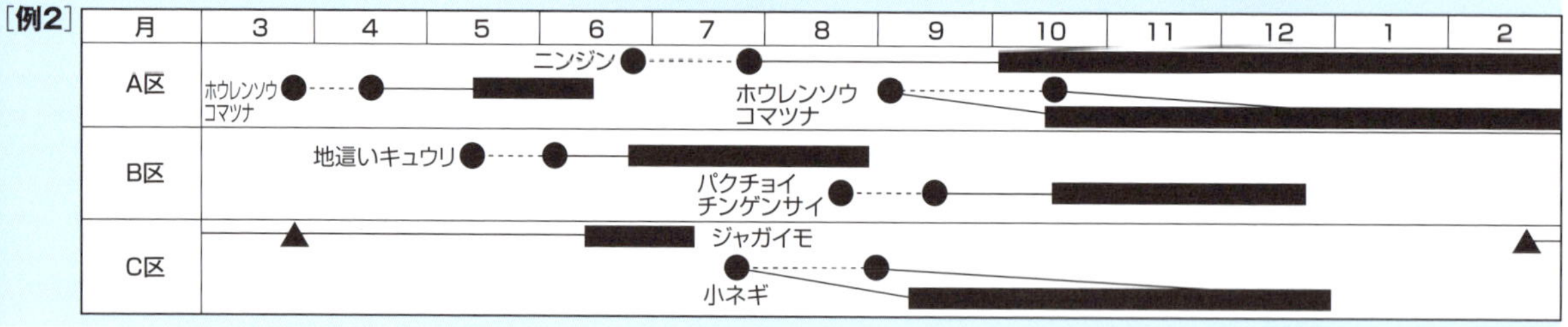

ません。連作障害を起こしやすい野菜は、同じ科に属する野菜でも障害を起こすことが多いので、ナス科、アブラナ科などは違う科の野菜を育てるようにします。

接ぎ木苗を利用したり、耐病性のあるタネをまくのがよい

連作障害を避けるには、接ぎ木苗を植えるという方法もあります。接ぎ木の台木に連作障害を起こさない植物、野菜を使っているので、続けて同じ場所で同じ野菜を育てても問題が出ません。ただし、深植えをして接ぎ穂の根を出させてしまうと意味がないので、植えつけには注意します。

最近は、病気に強い品種改良されたタネも市販されています。それらは品種名に「耐病」「YR（Yellow Resistance＝萎黄病抵抗性）」などの名前がついています。

接ぎ木苗も耐病性のあるタネも多少、割高にはなりますが、安心して育てられます。

連作障害の心配がない、むしろよい結果を残す野菜

連作障害を起こしやすいのはナス科、マメ科、ウリ科、アブラナ科で、逆にニンジン、カボチャ、スイートコーン、コマツナ、サツマイモなどは、続けてつくってもまず障害が出ません。また、ネギ類は、連作障害が出にくいばかりか、土をよい状態にする効果もあり、次の野菜がつくりやすくなります。マメ

狭い菜園の作付け例（2坪内外）［例1］

※すべて中間地を基準

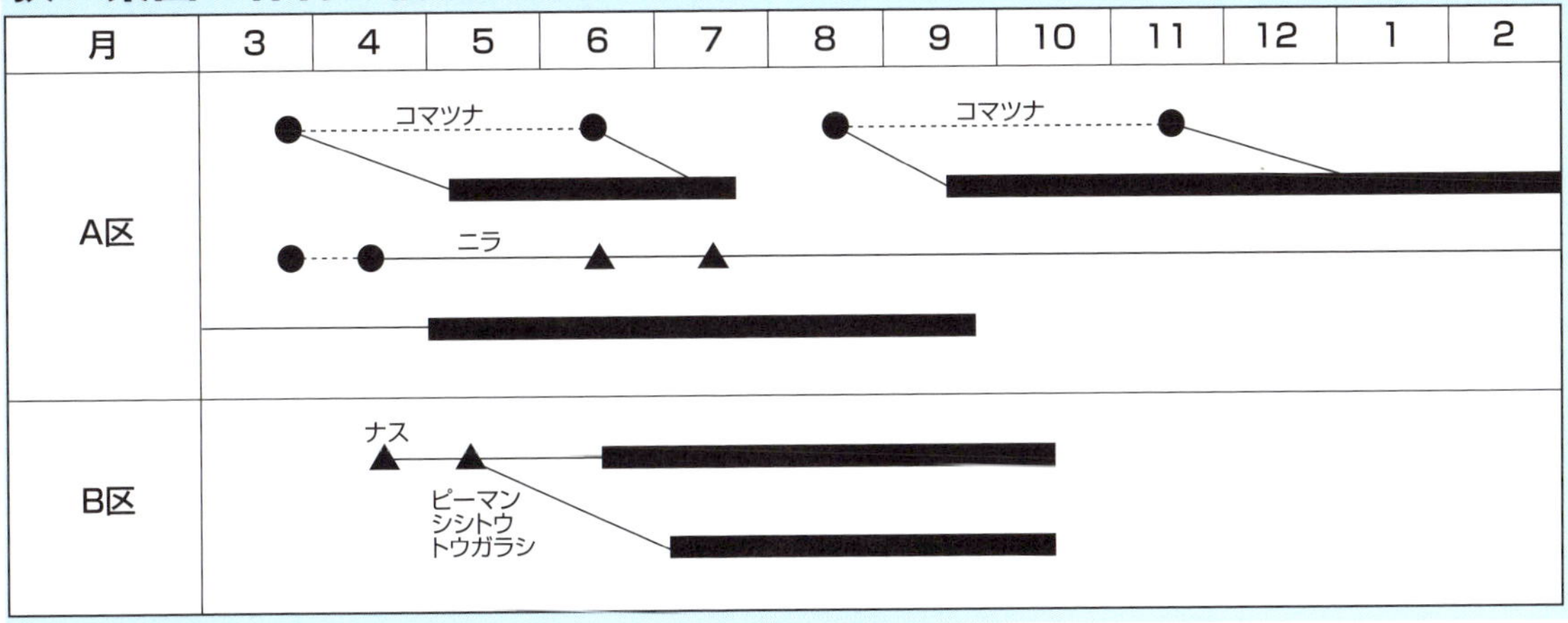

広い菜園の作付け例

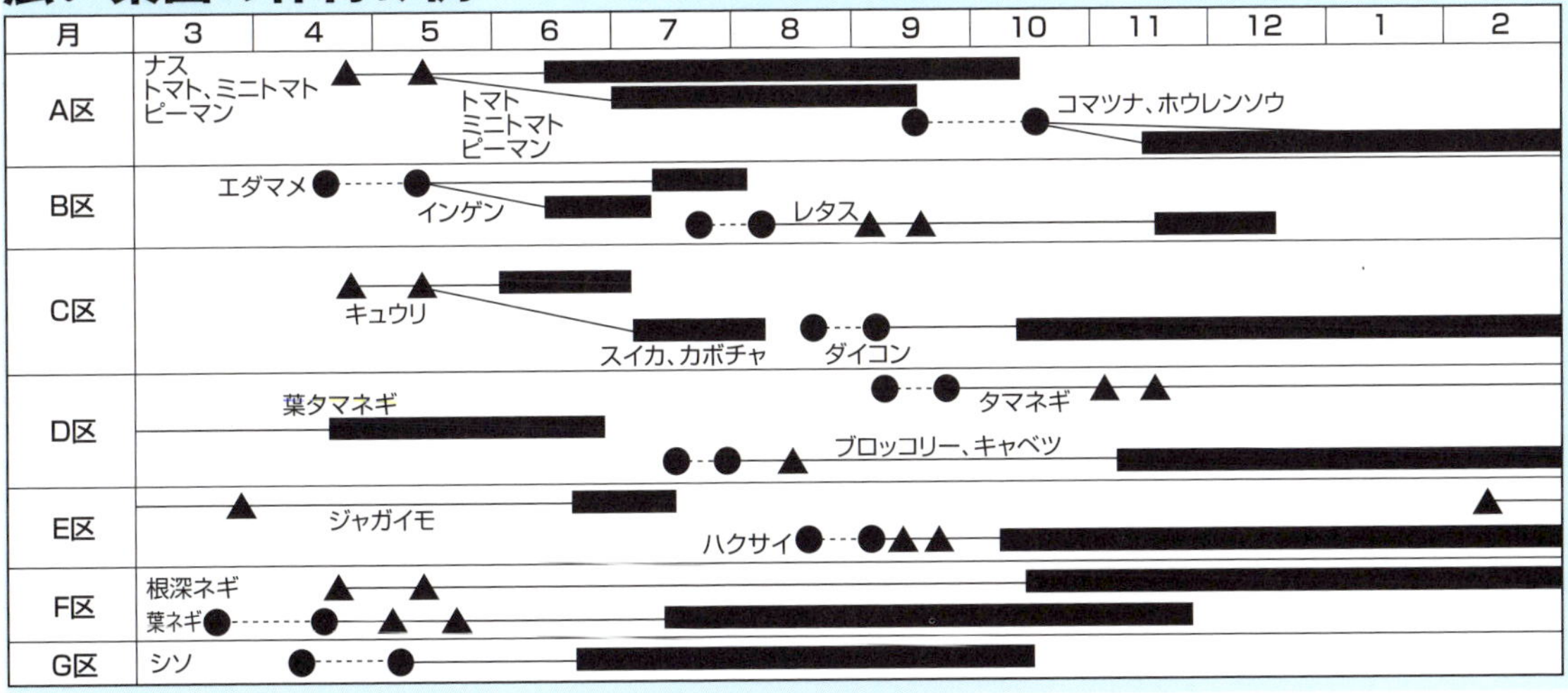

科は連作できませんが、根瘤菌が窒素成分をつくり出すので、あとにほかの野菜をつくるには、かえって好都合です。

同じ科を続けてつくらないだけでなく、病害虫に弱い野菜のあとには、強健な野菜や土壌改良するような野菜を入れたりして、じょうずな輪作を考えましょう。

自治体などの菜園を借りるときは特に連作障害に注意

マンション住まいや庭で野菜をつくれない人も、手軽に野菜づくりが楽しめる自治体などの貸農園。手軽に利用できるのはよいのですが、前年にどんな野菜が植えられていたかわからないことも多いでしょう。

土壌消毒を省き、短期間に野菜づくりを始めようと思うなら、まずは天地返し（175ページ参照）をします。次に、堆肥や苦土石灰をまいて土づくりをしたら、最初の年は連作障害の心配のない種類をつくります。どうしてもトマトやナスなどをつくりたければ、接ぎ木苗を植えます。

また、前年に化成肥料をたっぷり施している可能性もあるので、苦土石灰による中和も欠かせません。無農薬有機野菜をつくろうとしても、隣の区画で薬剤散布をしているとむずかしいので、近隣の利用者とコミュニケーションをはかることも解決の一歩です。

収穫のよしあしの決め手となるたいせつな第一歩

土づくり

最初にしっかり土をつくっておくことがよい結果を生む

タネのまき場所、苗の植えつけ場所には、成長に必要な養分を蓄えさせ、つくる野菜が好む土づくりをしておきます。土づくりはタネまきや植えつけの直前ではなく、遅くとも1～2週間前までに準備をすませておき、肥料分などが直接、根に当たらないようにします。タネまき、植えつけは春や秋が多いので、土づくり作業は早春の寒いうち、残暑が続く暑い時期に行うことになります。

その前につくった野菜の根や茎葉、雑草を残さないようにとり除き、石灰類をまいて肥料を施すのが基本の流れです。

前の野菜の痕跡を残さず、土を若返らせることから始める

連作障害を避けるためには、前年につくった野菜の根や茎葉などを残さないようにしなければなりません。栄養になるだろうと、土にまぜ込むようなことは禁物です。

その後、専用の薬剤を使って土壌消毒をしたり、夏なら太陽熱を利用した消毒、冬なら「天地返し」をします。太陽熱で消毒をする方法は、1㎡あたりバケツ2杯のわらや刈り草、石灰窒素2握りをばらまき、深く耕して水やり後にビニールでおおい、3～4週間そのままにします。天地返しは深さ30cmくらいの表土とその下30cmほどの土を入れかえる方法です。深く耕すことになるので、根の成長もよくなります。

野菜が嫌う酸性土を中和させ、石灰分を補充する

雨には土をかたくするだけでなく、カルシウムを流失させて土を酸性にしてしまうという影響があります。野菜はだいたい中性から弱酸性くらいの土を好みますが、植物を育てていなかった場所では、自然の降雨によって土が強酸性になっています。酸性土は根が傷んだり、リン酸分を吸収しにくくなったりして野菜の成長が衰えます。

そこで、畑として使う土にはあらかじめ苦土石灰や消石灰をまき、酸性土を中和させます。正確に作業を行うには、市販の判定セットなどを購入し、土の酸性度を計測することから始めます。pH《ペーハー》が6.0以下のとき石灰の投入が必要です。酸性度は「pH」であらわされますが、これをアルカリ性に0.1近づけるには、1㎡あたり苦土石灰で20～30g、消石灰なら12～18gが必要です。

それほど神経質にならなくとも、いつもタネまきや植えつけの前に、1㎡あたり2握り（うっすらと表土が白く見える程度）の苦土石灰をまいて耕すようにしていれば、まず酸性土で障害が起きることはありません。ただし、酸性土を特に嫌うホウレンソウやカリフラワーなどを育てる場合は、「野菜の育て方カタログ」のページを参照してください。また、石灰をまきすぎてアルカリ性になると、今度はマグネシウムや鉄が吸収されにくくなるので気をつけます。なお、苦土石灰はまいたすぐあとに植えつけることができます。ほかの石灰は多くの場合、根を傷めてしまうので、植えつけ作業の最低2週間前にまぜます。

元肥をまぜてよく耕すことで、野菜好みの土をつくる

以前も野菜をつくっていて、肥料分が行き渡っているような土なら、耕すだけでもよいですが、普通は堆肥などの有機質肥料を施して土をじっくり肥沃にします。このように、野菜をつくる前にあらかじめ施しておく肥料を「元肥《もとごえ》」といいます。

畑全体に元肥をまく方法を「全面施肥」といいます。土に堆肥がまざると徐々に分解が進み、ふかふかの土になってきます。空気を

●土の単粒構造と団粒構造

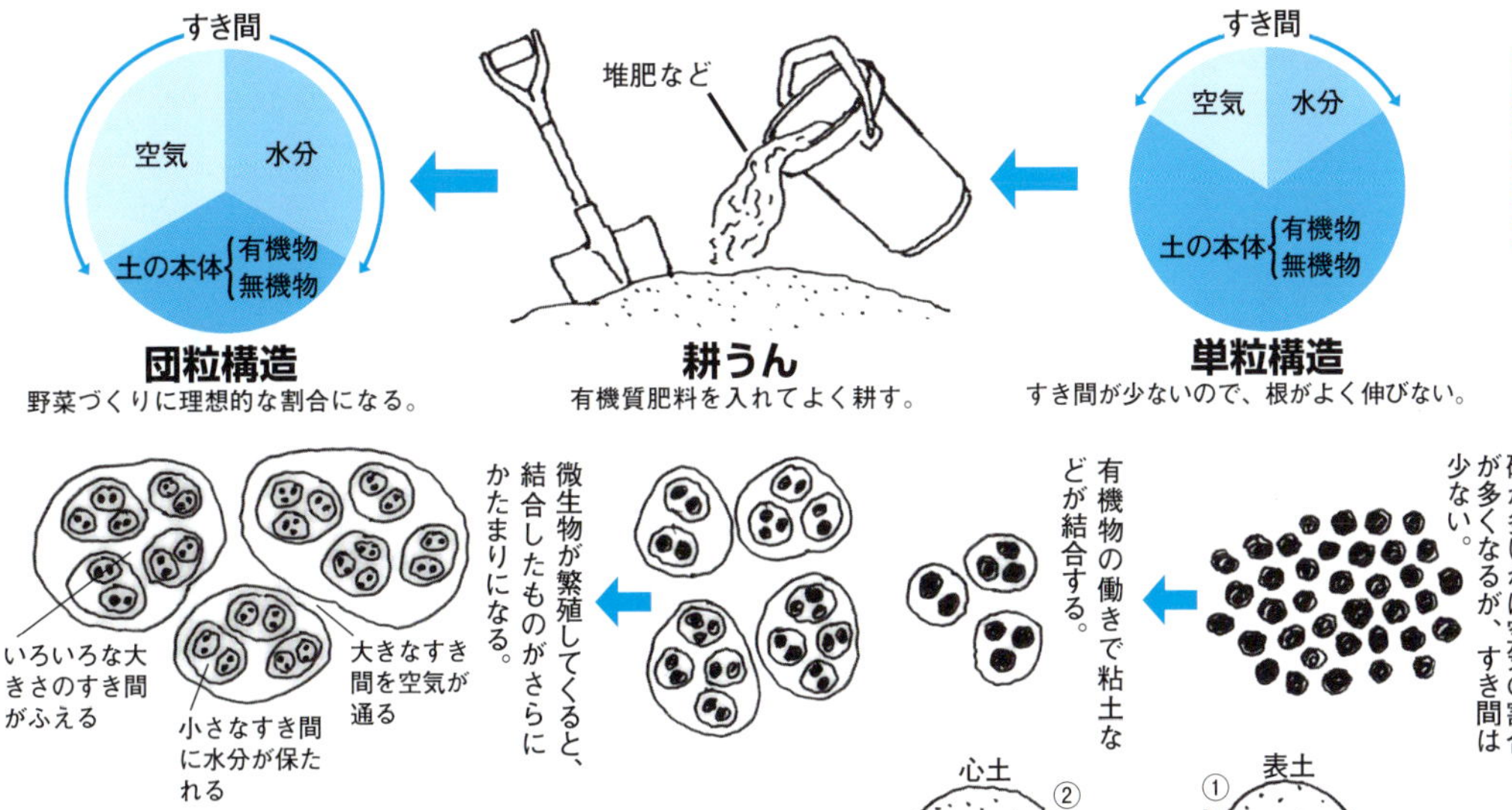

●天地返し

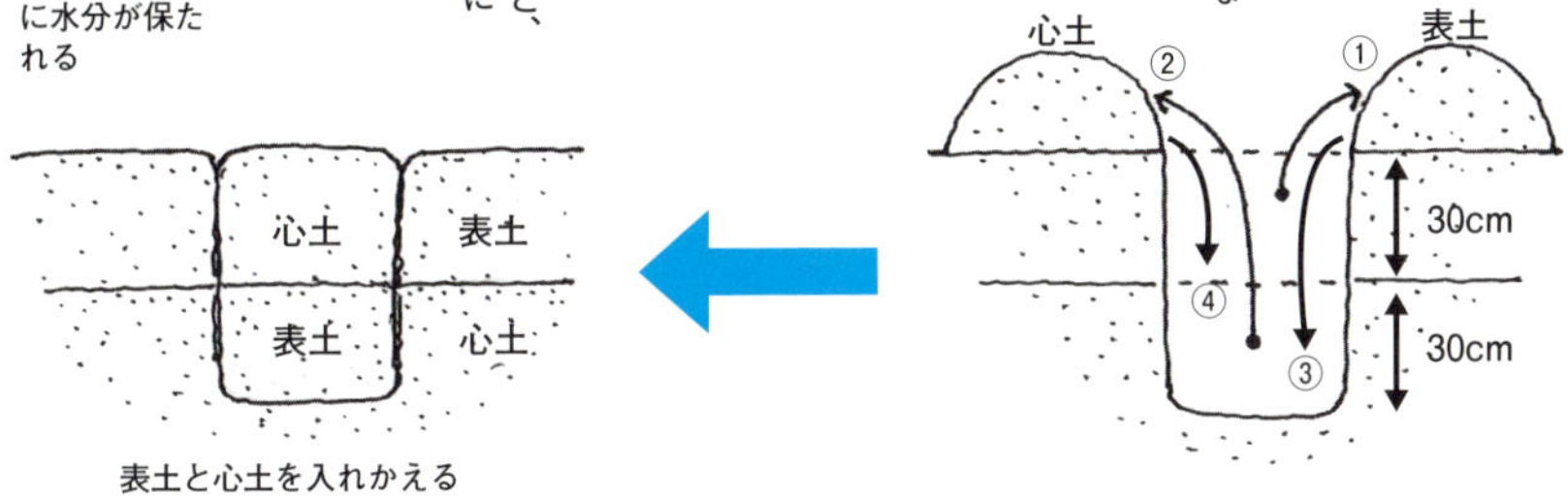

酸性土に強い野菜と弱い野菜

酸性土に強い(pH5.0〜5.5)	酸性土にやや強い(pH5.5〜6.0)	酸性土にやや弱い(pH6.0〜6.5)	酸性土に弱い(pH6.5〜7.0)
スイカ、サツマイモ、サトイモ、ジャガイモ	トマト、ナス、ニンジン、カボチャ、キュウリ、スイートコーン、ダイコン、カブ	ハクサイ、キャベツ、レタス、ニラ	インゲン、タマネギ、ネギ、ホウレンソウ、カリフラワー

含み、水の通りがよく、さらに水分と肥料分をたっぷり含む土ができます。これが野菜づくりに好ましい土、「団粒構造」の土です。1年で堆肥は1㎡あたり2kgほど消費されるので、やせ地なら4kgくらいは施します。

土は雨が降るたびにすき間がなくなり、固まってきます。すると、団粒構造から「単粒構造」になって水や空気の通りが悪くなり、根が伸びにくいばかりか、病気を引き起こす原因になることもあります。

やせ地で育つような丈夫な野菜で、元肥を入れない場合でも、土を掘り起こしてかたまりを砕く「耕うん」を行います。クワやスコップを使い、30cmくらい掘り起こしては裏返して砕き、後ろに下がります。

土質を知って、水はけ、水もち、通気性のよい土にする

粘質土は土がしまっていて根の伸びが遅く、成長はゆっくりですが、充実して肉質のよくしまった収穫ができます。砂質土は根が伸びやすく成長も速いのですが、早く根が老化するので病害虫にやられたり、軟弱な実やイモができやすくなります。

野菜が好む水はけ、通気性がよく、水もちもよい土をつくるには、粘質土と砂質土の特徴をよく知ったうえで割合を考え、堆肥や切りわらなどをまぜたり、水やりや施肥をかげんしたりして調整します。

力と時間を惜しまず、ていねいな作業を

畝づくり

栽培する野菜に合わせて元肥の施し方を変える

野菜づくりにふさわしい、ふかふかした土づくりのためには、堆肥を全面施用してよく耕しますが、根から効率よく養分を吸収させるための元肥は、根の性質によって施し方を変えます。

茎が高く伸びていくトマトやナスなど、根が深く伸びる野菜は、深い溝を掘って元肥を埋める「溝施肥」にします。元肥の上に肥料分のない「間土」を入れてから苗を植えると、根が肥料分を求めてよく伸びていきます。茎がつる状に伸びるカボチャやキュウリなど、根が浅く張る野菜は、肥料も浅く埋めるか全面に浅く施します。早生種など収穫までの期間が短い野菜も、すぐに肥料分が吸収できるよう、広く浅い施肥にします。根菜類では根が伸びる先に元肥がこないようにし、元肥による裂根など根の異形化を防ぎます。

なお、化成肥料や油かすを元肥とする場合は、石灰をまいてから1週間はあけるようにしないと、ガスが発生したり肥料効果が薄れたりするので気をつけます。

株間、条間を考えて畝幅を決め、ベッド畝をつくる

タネのまき方にもよりますが、最終的には株の間をどれくらいとるか、つまり、どれくらい根が広がり、茎葉が大きくなるかによって、畝の幅を決めます。大きく植え広がるものは1条植え（1列に植える）でゆったり育てるため、畝幅60cmくらいの「普通畝」をつくります。狭い菜園では効率よくつくりたいので、2条植えにするための「ベッド畝」をつくり、条間に余裕を持たせた畝幅にします。畝の長さは、株間とつくる分量によってかげんします。

畝は南北に長辺をつくると、日当たりにあまり差が出ません。冬越しさせるときは北側に風よけを立てて東西に長くします。畝の高さは10cmくらいを標準とし、水はけが悪いときはもっと「高畝」に、乾きやすい土は「平畝」にします。そして最後に、レーキなどで表土を平らにならして畝の完成です。

マルチングで発芽、成長を促し、病害虫を防除する

タネまきの際、土が乾かないようにシートやわらなどで土をおおうことを「マルチング（マルチ）」といいます。土の乾燥を抑えるほか、地温を上げる、雑草が生えるのを抑える、雨によって土がかたくなったり酸性に傾くのを防ぐ、雨のはね上がりによる病害虫の発生を抑えるなどの効果があります。

黒や透明のポリエチレンフィルムやビニールシートを敷くことを「マルチング」といいます。雨で土中の養分が流れ出すことがないので、施肥量を減らすことができます。地温を上げたいときや虫の発生を抑えたいときは透明マルチを、雑草の繁殖を抑えたいときは黒マルチ、地温の上昇を抑え、防虫効果を上げたいときはシルバーマルチが効果的です。

ポリマルチは元肥をしっかり施してから、畝づくりを終えたところで土に密着させるようにかけておき、あらかじめ地温を上げるのに役立てます。タネまき、植えつけの際には、その場所を指で破ったり、カッターなどで穴をあけて作業をします。追肥が必要なときは、小さいうちなら株の周りやポリマルチの上、その後は畝間に施します。

敷きわらは稲わらや麦わらを敷くことですが、刈り草や芝などでもかまいません。最近は入手がむずかしくなったせいか、市販品もあります。タネまきのあとでは薄く敷きますが、夏や冬に乾燥防止のために敷くときは、5〜10cmと厚くします。

●畝のつくり方

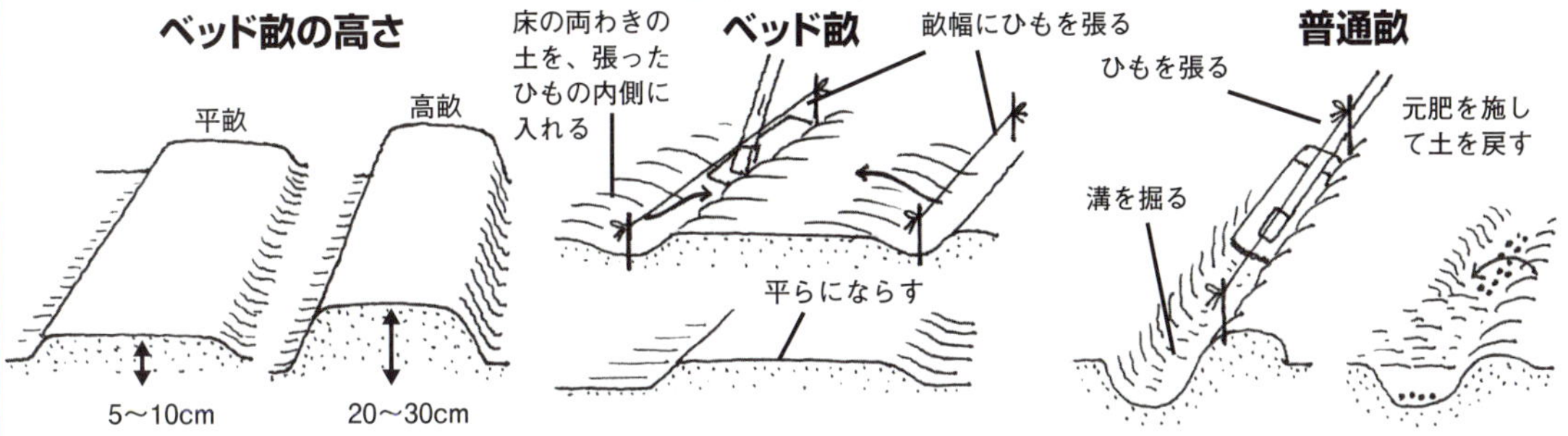

●元肥の溝施肥

1 30〜50cm幅で深さ30〜40cmの溝を掘り、元肥を入れる。

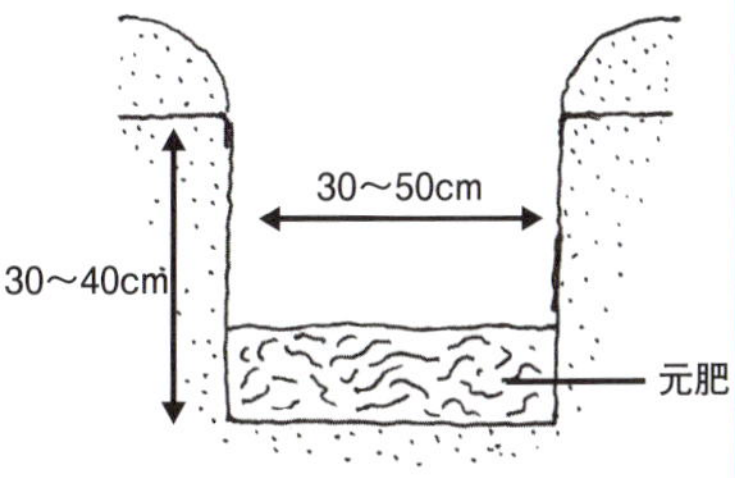

2 必要なら化成肥料を穴と掘り上げた土にばらまき、土を戻す。

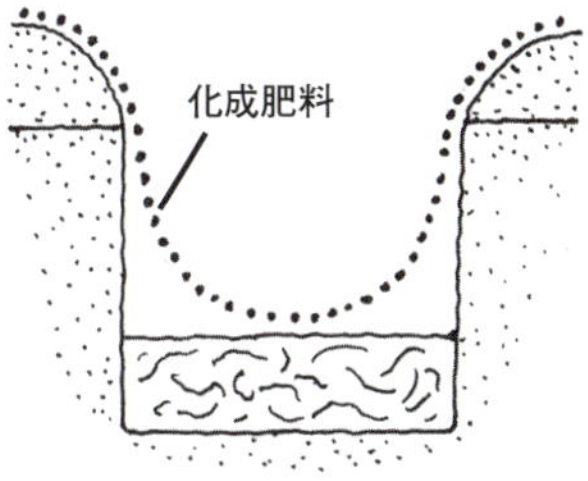

3 最後に肥料のない土を数cmのせてから畝をつくり、苗を植える。

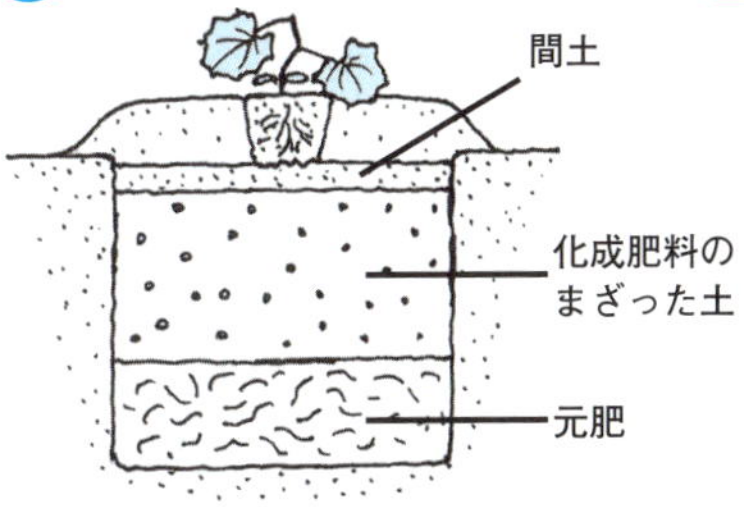

●ポリマルチ

1 ベッド畝の端にマルチング用のシートのすそを入れ、土をかぶせる。

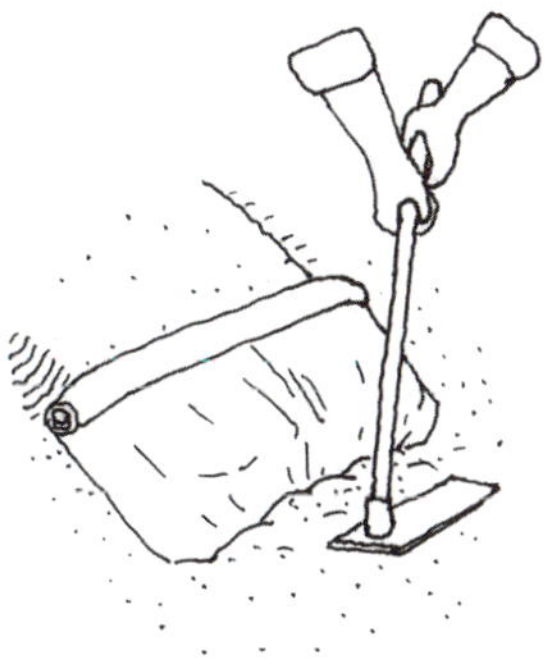

2 畝いっぱいにシートを引き出す。たるませないようにすること。

3 畝の端で土をかけて押さえる。切り離すのは、でき上がってから。

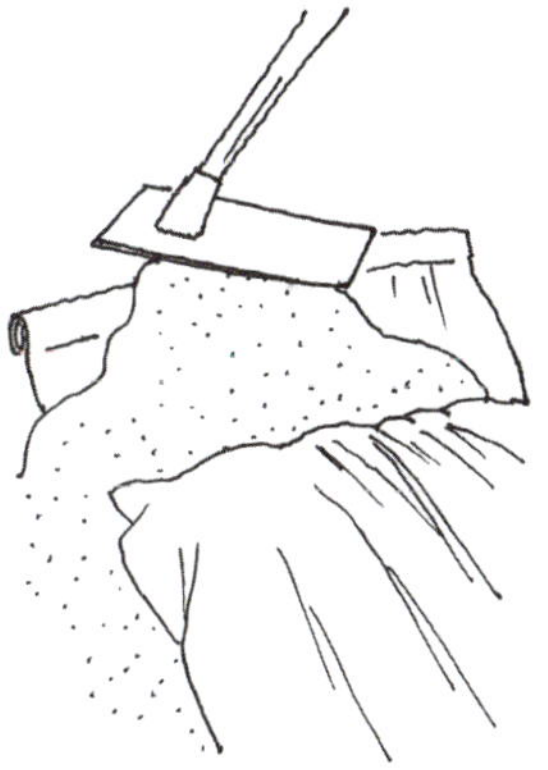

4 両脇も土をかけて押さえる。シートと土の間にすき間ができないようにする。

5 ロールを切り離してでき上がり。タネまき、植えつけの穴をあける。

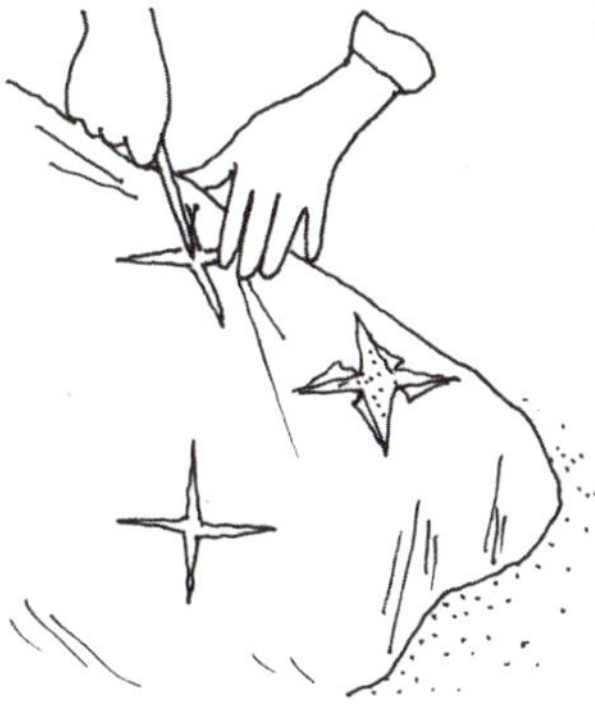

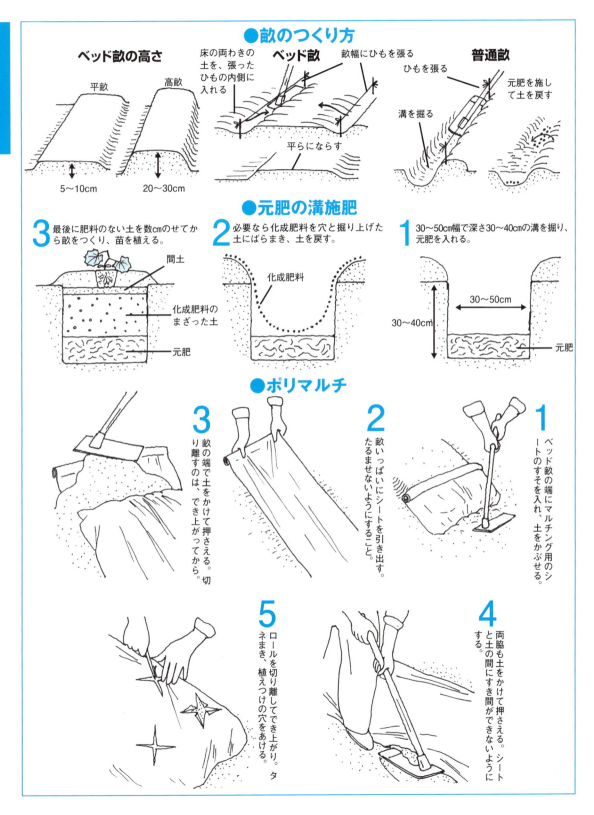

タネまき

気温や土の様子を見ながら確実に発芽させたい

●タネのまき方

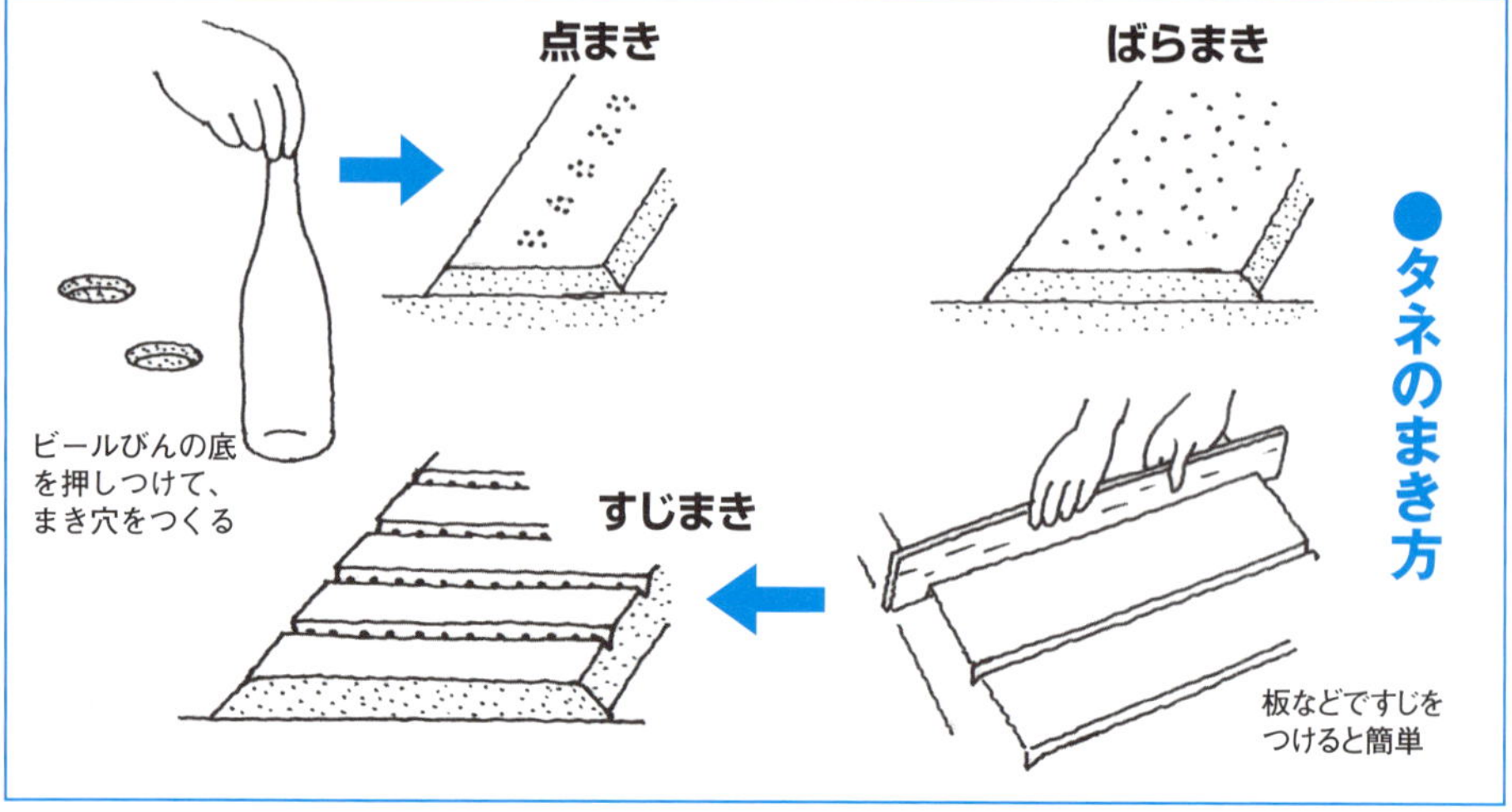

点まき
ばらまき
ビールびんの底を押しつけて、まき穴をつくる
すじまき
板などですじをつけると簡単

よいタネを信頼できる店で入手し、早めにまく

市販されている袋入りの野菜のタネは、発芽率が示されているとおり、適切な時期、条件でまけば、だいたいは発芽します。ただし、日当たりのよい場所に陳列されていたり、売れ残った古いタネだったり、品種名のないいいかげんなタネが売られていることもあります。これでは、記載されているより発芽率も落ちてしまいます。タネは信頼のおける回転のよい店で手に入れましょう。

食材として買ってきた果菜や豆類から、タネをとってまいてもよさそうですが、複雑に品種改良された野菜は、タネをまいてもよほどの好条件でなければ発芽しない、親と違う性質になる、病気を持っていて収穫できないということがあります。収穫した野菜と同じものを食べたければ、新たにまくためにつくられたタネを入手するのが確実です。

新しいタネがよいといっても、ニンジンやインゲン、タマネギなどを除き、低温乾燥状態で保存すれば、3年くらいはまけるものもあります。乾燥剤を入れた密閉容器に入れ、冷蔵庫に保存しておけばよいでしょう。

また、タネ袋には品種に合わせた育て方が書いてあるので、栽培の目安にします。

野菜の種類によってタネの扱い方が変わる

タネにはそれぞれ発芽適温があるので、その温度であればだいたい2~3日から1週間くらいで発芽しますが、中には1カ月ほどしてまいたのも忘れたころ、ぽっと芽を出すものもあります。タネまき後に休眠状態に入るものや、水分がなかなか吸収されないものは、発芽が遅くなるからです。そういう種類のタネはあらかじめ一晩、タネを水につけておいたり、タネに傷をつけたり、いったん寒さにあわせてからまいたりします。

日本の気候に合わせて成長させるため、発芽適温でないときにまく場合もあります。寒すぎるときは、ポリマルチで地温を上げる、ビニールトンネルをつくるなどして温度を上げるか、最初に管理のしやすい箱まきやポットまきにし、日中は日当たりに置き、夜は軒下に移したりトンネル内に入れるといった方法が有効になります。一方、秋冬に育てる野菜はだいたい15~20度くらいが発芽適温ですが、収穫の都合で暑いうちにタネをまくこともあります。その場合は、水につけたタネを涼しい場所に置いて芽を出させる「芽出し」をしてからまきます。箱まきやポットまきに

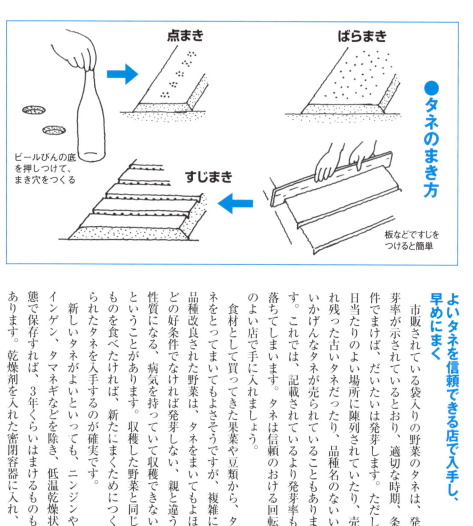

●覆土の方法

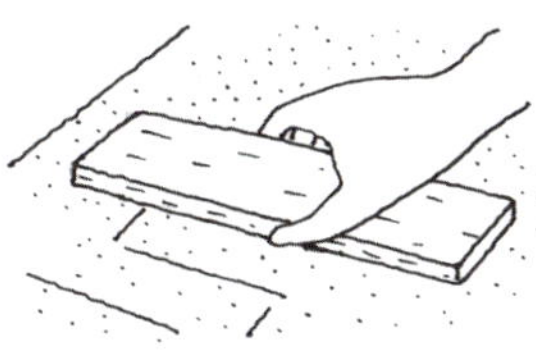

土はかけずに板などで押さえる（こまかいタネに薄い覆土）

ふるいで土をかける（薄い覆土）

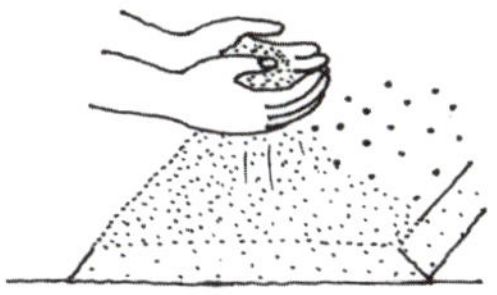

手で土を振りかける（普通の覆土）

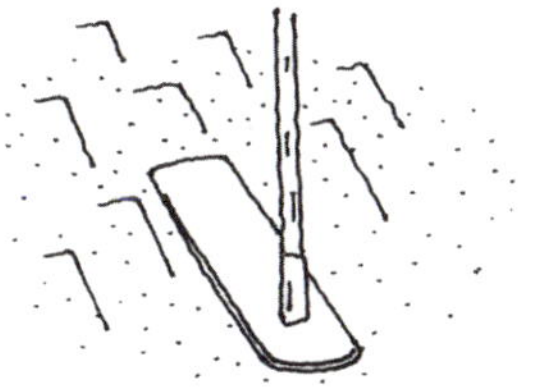

クワで押さえる（こまかいタネに薄い覆土）

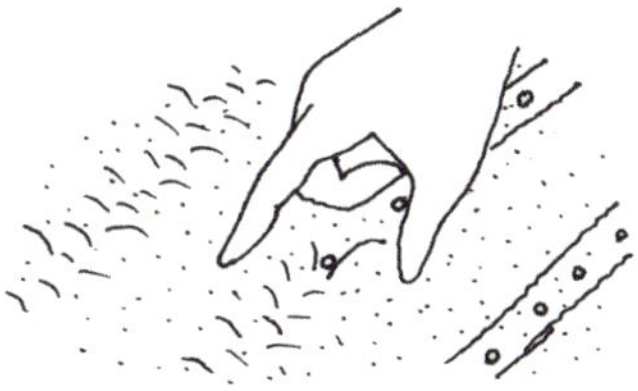

まき溝の両側の土を寄せる（普通の覆土）

したり、畝に寒冷紗のベタ掛けをすることもあります。

すじまきを基本に、発芽率などを考慮してまき方を決める

収穫する場所にタネをまく「じかまき栽培」と、ポリポットや箱などにまき、苗をつくってから畑に植えつける「移植栽培」があります。移植を嫌うものや短期間に育成するものはじかまきをしますが、移植することで細根がふえるもの、気温が安定しない時期にまきたいときなどは、移植栽培にします。移植栽培については、次ページの「苗づくり、苗選び」の項であらためて解説します。

タネのまき方としては、全体に均等にまく「ばらまき」、1列になるようにまく「すじまき」、間隔をあけてまき場所をつくり、1カ所に数粒ずつまく「点まき」があります。いずれも、発芽した中から成長の順調なものを残すよう、間引きながら育てます。発芽率が悪い条件のときや、小さいタネは多めにばらまきにし、発芽しやすく大きなタネは少量を点まきにします。

タネは発芽しなかったり、成長しない場合も考えてちょっと多めにまきます。苗が小さいうちは混み合うくらいのほうが、風や低温高温など環境の変化にも耐えやすいからです。ただし、量が多すぎると全体に貧弱な発芽になるので気をつけましょう。

発芽までに気をつけたいのは乾燥と覆土の厚さ

タネの発芽条件には、適切な水分と光線量があります。タネまき後は普通、タネの大きさの2～3倍の厚さに土をかけ、軽く押さえて（「鎮圧」という）タネと土を密着させ、たっぷり水やりをします。水分を吸収しにくいかたいタネは、前述のように水につけてからまくこともあります。タネと土にすき間があると、タネが水分を吸収できず、なかなか根が出ません。特に微細なタネでは水やりの前にしっかり土になじませないと、水に流されてしまうことにもなります。

覆土はタネが好光性か嫌光性かによってかわります。ネギやダイコンのように光線をさえぎらないと発芽しないもの、ゴボウやミツバのようにさえぎられると発芽しないものもあるので、それぞれの性質に合わせて覆土を厚くしたり、薄くしたりします。薄く覆土するときは、周囲の土をそっと寄せる程度にしたり、ふるいで土をうっすらとかけるようにします。特に、好光性のレタスやセロリなどのタネは、クワや手で押さえるだけでだいじょうぶです。

豆類では、まいたタネを鳥がついばんでしまうことが少なくありません。新聞紙や寒冷紗をかけるか、市販の鳥害対策用のネットなどを張るようにします。

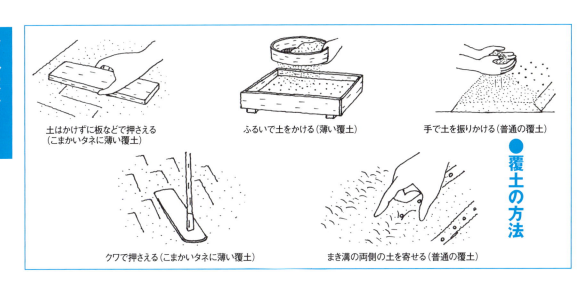

野菜づくりは初期成長を促すことがたいせつ

苗づくり、苗選び

暑さ、寒さから幼苗を守る ホットキャップやトンネル

根や葉が出たばかりの幼苗期は、暑さや寒さ、また強い日ざしによって苗が傷むことがあるので、保温や遮光の目的で「トンネル（トンネルマルチ）」をかけたりします。

タネまき後にかける小さな「ホットキャップ」は、保温のほか、タネを食べられてしまうのも防ぎます。市販品や大型のペットボトルを切って利用することもできます。発芽後は、日中に中が蒸れることがあるので、穴をあけたり、少しすそをあけたりします。また、苗が大きくなったら上のほうを破りますが、少しずつ外気に慣らすようにして、できるだけ長くかけておきます。

トンネルは支柱を半円状にして、畝全体にかけます。霜よけには寒冷紗のトンネルをかけます。光線不足にならないよう、日中は寒冷紗をはずします。寒冷紗は遮光効果があるので暑さ対策にも用いられ、風通しがよいので蒸れによる病害虫の発生も少なく、アブラムシなどの防虫効果も期待できます。保温が必要なときは、ビニールトンネルにします。コストがかからないのはポリエチレンフィルムで、ポリマルチと併用すると効果が高まります。ホットキャップ同様、日中に暑くなりすぎるときはすそをあけます。トンネルは早くからかけると株が軟弱になるので、初霜がおりてからにします。

トンネルはつくらず、支柱を立てて屋根のように寒冷紗やよしずなどを張る方法もあります。暑さよけの場合は西側に傾け、寒さよけなら北側を閉じるように傾けます。北側の畝を高くしたり、笹を立てたりするのも寒さよけになります。

移植栽培するために 別の場所でタネをまいて苗をつくる

移植栽培をする場合、タネは苗まで育てる「苗床」にまくか、トロ箱や鉢、プランターなどにまいて間引きながら育て、植えつけ苗にします。根が傷みやすく移植を嫌う場合は、ポリポットやジフィーポットなどに数粒まいて間引き、1本の苗にする方法もあります。これなら、根の周りの土「根鉢」をくずすことなく植えつけられます。家庭菜園ぐらいの規模なら、箱まきやポットまきが楽でつくりやすいでしょう。

日当たりのよい場所に置き、間引いて1本立ちの苗をつくる

タネをまく「床土」は、畑土と堆肥を半々にまぜて用意します。市販の野菜培養土でもかまいません。水はけがよく、病気の心配がない土であることがたいせつです。

日当たりがよく、風が強く当たらない場所で、水やりをしながら苗を育てます。箱まきなら乾燥防止に新聞紙を敷き、その上からスプレーで水やりをする方法が簡単です。発芽が見られたら新聞紙ははずします。

発芽して本葉が開いたころから、混み合った部分の苗を引き抜く「間引き」を行います。病害虫の被害があるもの、小さすぎたり大きすぎたりするものからとり、数回で決められた株間にします。一度に行うと、葉が大きくならなかったり、その後の成長で不具合が出てきたときにカバーできなくなります。1回の間引き作業で、混み合った部分が半分くらいになるのを目安にします。間引くときは、隣の残す苗の株元を押さえて傷つけないようにします。

移植で根を発達させ、植えつけ時のダメージを減らす

「移植」は植えかえのこと。植えつけまでの間に、ほかの場所に植えかえることをいいます。移植栽培は、本葉2枚で移植床かポリポ

●タネまき後の作業

1 乾燥していたらあらかじめたっぷり水やりをしておく。

2 敷きわらやマルチングで乾燥を抑える。

3 箱まきなら新聞紙を敷く。発芽後にとり、間引きながら育てる。

4 移植栽培はポリポットや移植床に植えかえることで、根の数をふやす。

●間引きの方法

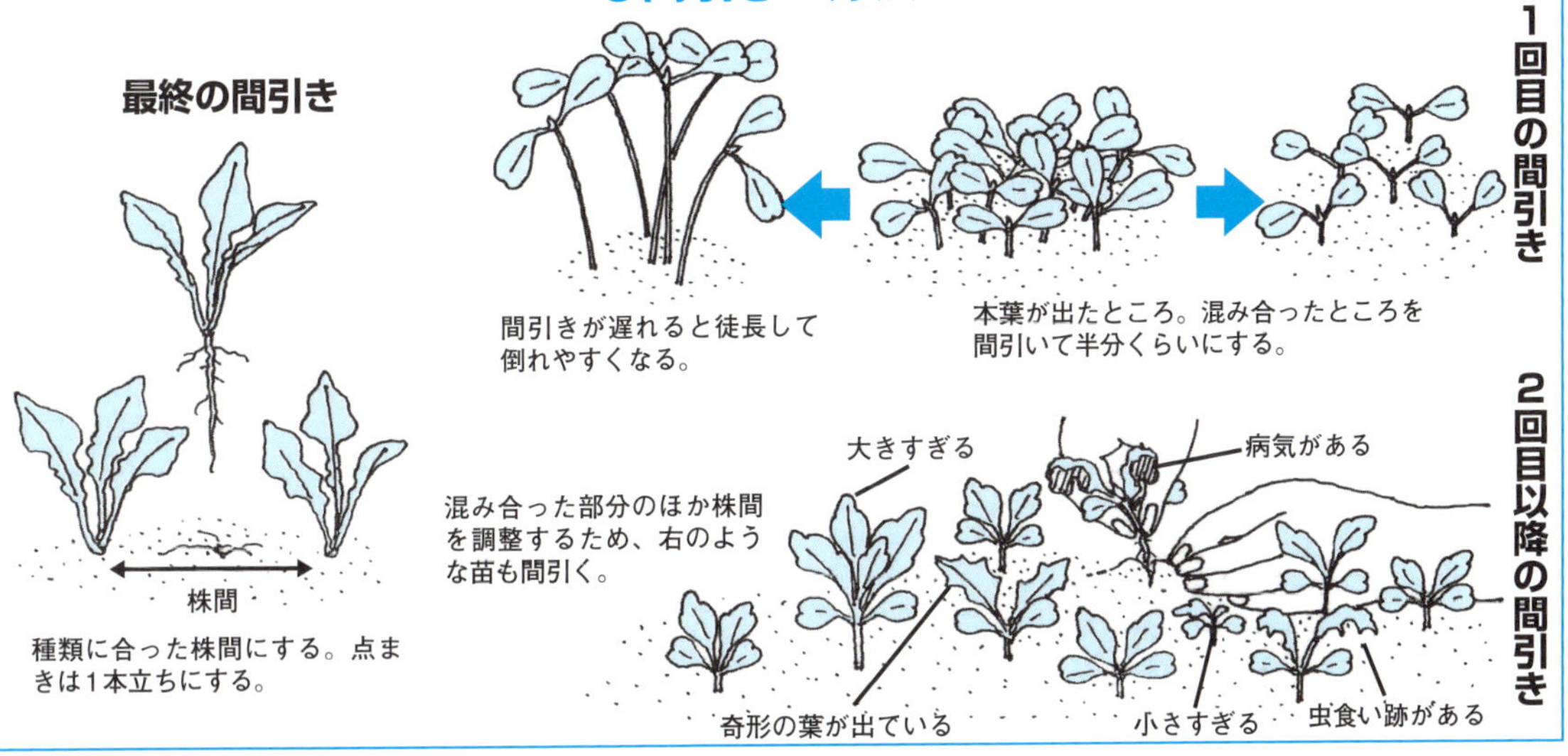
1回目の間引き
本葉が出たところ。混み合ったところを間引いて半分くらいにする。
間引きが遅れると徒長して倒れやすくなる。
2回目以降の間引き
混み合った部分のほか株間を調整するため、右のような苗も間引く。
大きすぎる
病気がある
奇形の葉が出ている
小さすぎる
虫食い跡がある
最終の間引き
株間
種類に合った株間にする。点まきは1本立ちにする。

ットなどに移植します。方法は次ページの植えつけと同じで、移植床に10～15cm間隔か、4～5号ポットに1本ずつ植えます。

生育状態が悪いようなら、薄めの液体肥料か、硫安1つまみを施します。

よい苗を選ぶことが栽培を簡単に、よい収穫を上げることにつながる

病害虫のない茎葉が元気よく伸び、節間も詰まっている（葉と葉の間が狭い）がっしりした苗は、見るからに育ちそうです。とはいえ、窒素分を施して無理やり大きくした苗も、一見すると青々と葉を出し、大きく草丈を伸ばしています。これは、肥料が切れるとひょろひょろと元気がなくなります。見た目にごまかされず、よい苗を見つけるようにしたいものです。

最初は生産・流通側が、しっかりした苗づくりをしているかどうかをチェック。種名、できれば品種名まで明示されており、葉裏や地ぎわに病害虫が発生していない苗、特に病気の多いナス科の野菜は変形した葉がない苗を選びます。売れ残って伸びたような苗ではなく、まだ子葉がついている新鮮な苗を求めましょう。草花と違い、根鉢をくずさず植えるので、鉢は大きめで根が下から出ていないものにします。

トマトは大きなつぼみがついたもの、葉茎菜類は大きすぎない苗を求めます。

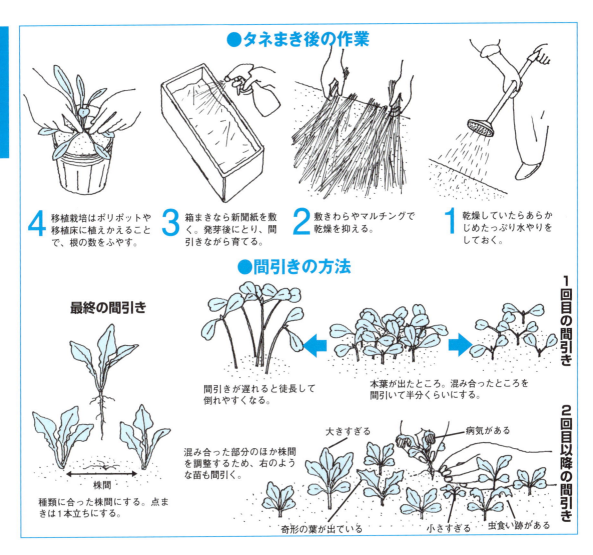

植えつけと水やり

よい根を出させて株を充実させるためには……

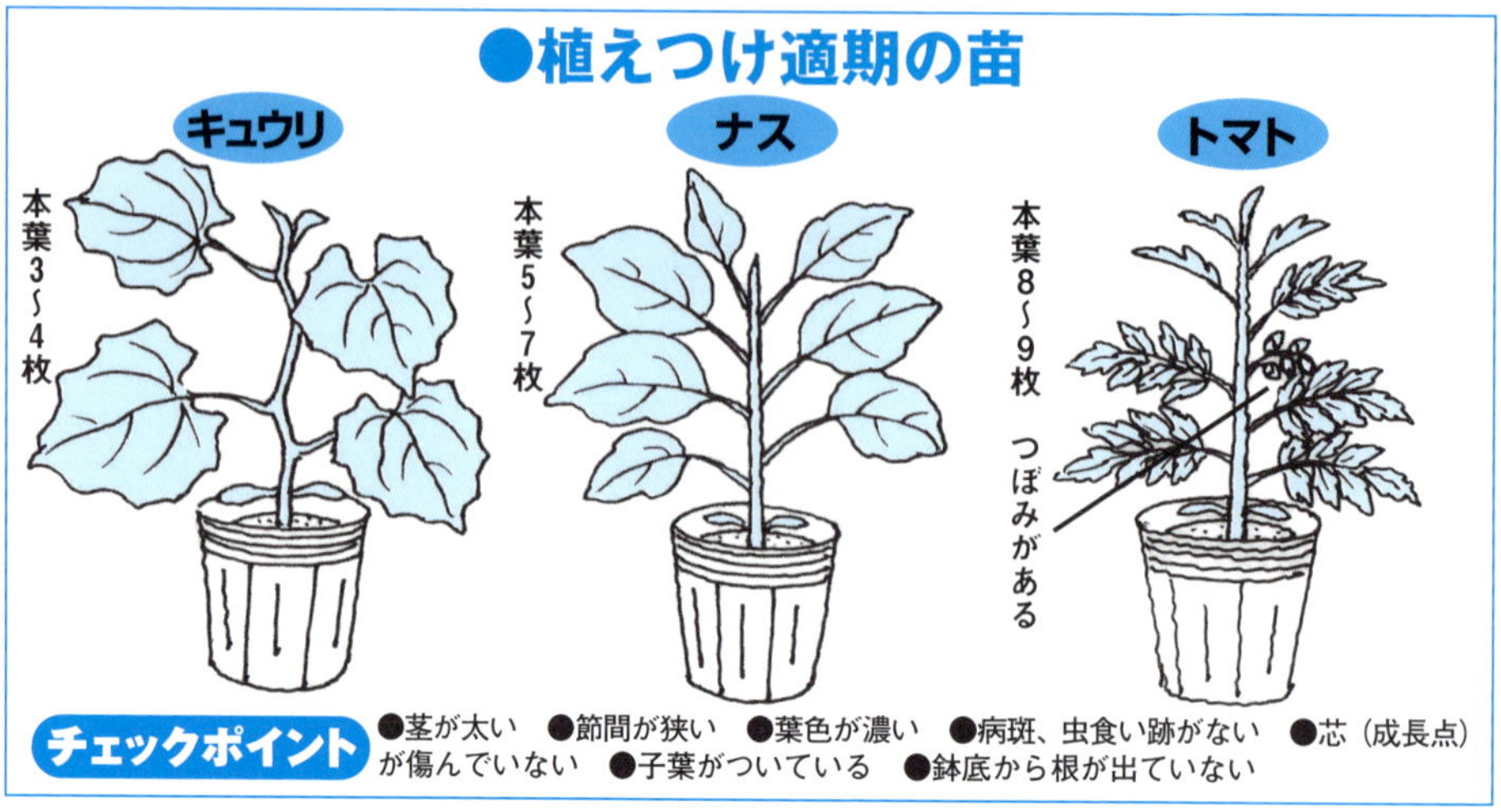
●植えつけ適期の苗
キュウリ
本葉3～4枚
ナス
本葉5～7枚
トマト
本葉8～9枚
つぼみがある
チェックポイント
●茎が太い　●節間が狭い　●葉色が濃い　●病斑、虫食い跡がない　●芯（成長点）が傷んでいない　●子葉がついている　●鉢底から根が出ていない

根鉢の大きさに穴をあけ、根鉢をくずさずに植えつける

移植栽培では、苗をつくった場所から、栄養分を含んだ土へ植えかえることで、新たに根を出させて成長を促します。野菜では、ポリポットやジフィーポットで育てた苗は、根鉢をくずさずに植えつけます。根鉢をくずしたりして根をいじると、その分、生育が鈍るからです。ですから、苗床などでつくった苗も、できるだけ根土をつけて植えつけます。野菜は小さな苗を大きな場所に植えつけても、過湿でだめになるということはありません。逆に、タマネギやネギなどは、土をつけなくてもだいじょうぶです。

畑の土づくりなどは植えつけ1週間前に終わらせ、おだやかな気候の晴れた日で、風のない午前中に植えつけます。畝の土が乾いているなら、最初にたっぷり水やりをしておきます。畑の作業をする前に、ポットごと苗を水につけて十分に鉢土を湿らせます。

畝間と株間を計測して印をつけ、植え穴を掘って植えつける

畝づくりのときに決めた条間、株間に従って苗を植えつけます。計測をして目印をつけておき、根鉢が埋まるくらい土を掘り、ポットをはずしてすぐに苗を植えます。作業中に根を乾かさないよう、手ぎわよく行うことがたいせつです。

ポリマルチをしてある畝では、事前に水やりができないので、植えつけ後になじませる程度に軽く水をかけます。

苗は、心持ち畝の表面より高くなるように植えます。浅すぎると(浅植え)、乾きすぎて活着が悪くなり、深すぎると(深植え)、根が冷えて病害虫が出やすくなります。ただし、水はけの悪い土ではもう少し浅植えに、水もちの悪い土はやや深植えにして調整します。作業後はきっちりおさまるように、根元を手で軽く押さえます。

植えつけ後は水やりを控えて、早くたくさん根を出させる

食べる野菜のみずみずしさを見ると、常に水やりをしなければならないように考えがちですが、植えつけ後の水は、与えるとしても土をなじませる程度、しおれない程度です。根は水を求めて伸びるので、根鉢から新しく植えられた土に、早く根を伸ばさせるためです。ですから、タネまき後はたっぷり水やりしますが、植えつけ時は、事前に畝に水をまき、苗を水につけておいて両方の土をなじませるだけで十分です。

●植えつけのポイント

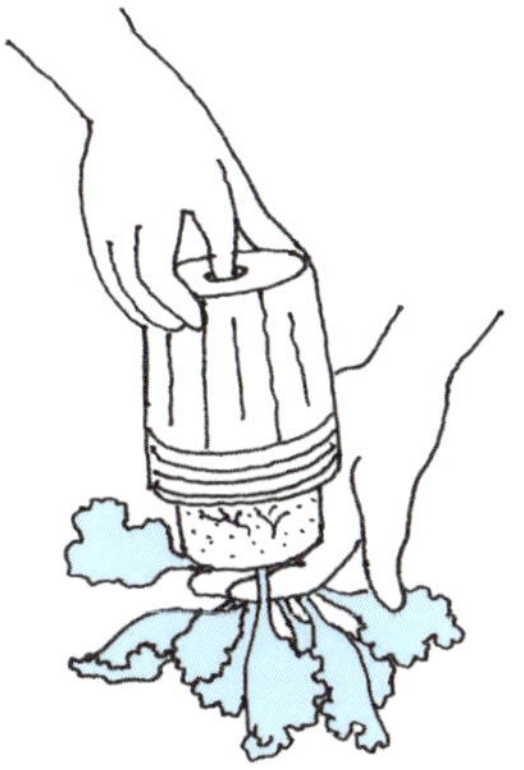

①株元を指で押さえ、ポットをさかさにして押し出すようにする。

②そのまま根鉢をくずさず植え穴に入れる。根をさらさないのがポイント。

●トンネルのつくり方

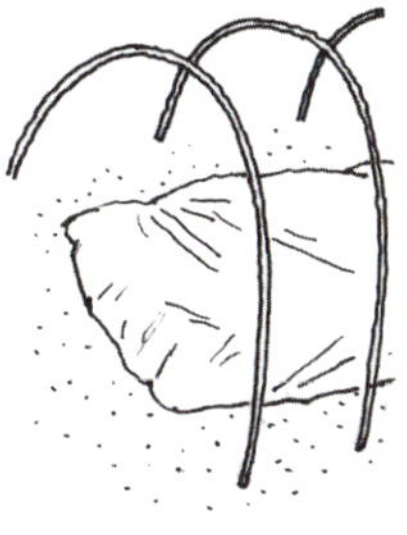

1 畝をおおうように支柱を差し込む。全体の半数の支柱を差す。

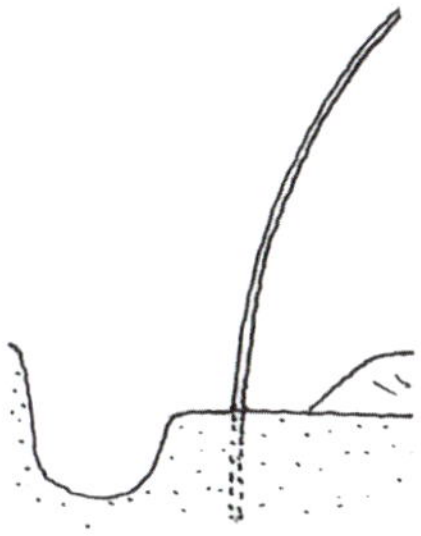

2 畝の端に溝を掘り、かけるシートや寒冷紗の端を埋める。

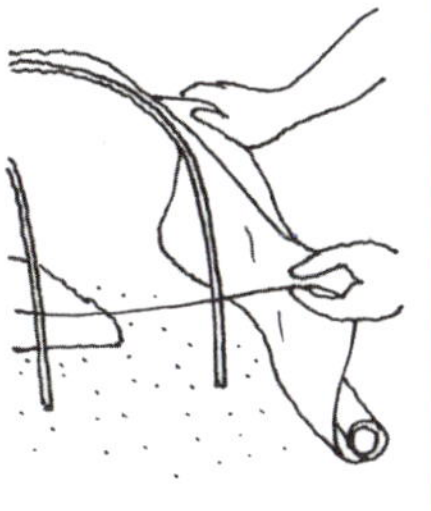

3 支柱の上にシートをかける。たるまないように引っぱる。

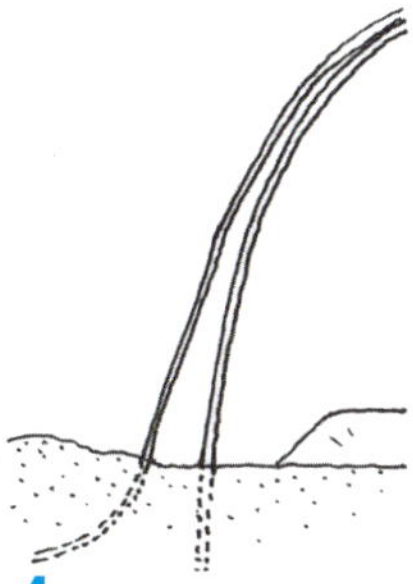

4 両わきをふさぐよう、シートのすそに土をかけて押さえる。

5 支柱間に、シートの上からも支柱を差して押さえる。

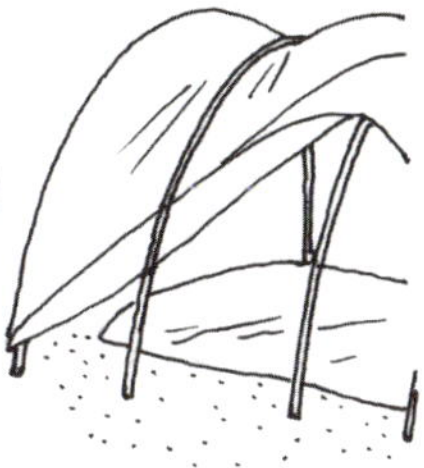

6 ビニールトンネルは中が蒸れる日中、風下側のすそをあける。

7 最初から通気孔を適度にあけておくと、換気も楽にできる。

水のやりすぎは株を軟弱にし、野菜の味を落とすことにもなる

根づいてからも、水のやりすぎは土の中の空気を減らし、根腐れを起こさせる原因となります。また、草丈は高いものは軟弱な株になり、収穫してみると水っぽい野菜になってしまいます。

鉢やプランターでは土の水分も限られているので、表土が乾き始めたら水やりをします。土の上に腐葉土などを敷いておくと、乾燥しにくくなります。

露地栽培ではほとんど水やりは不要ですが、1週間以上雨が降らないときや梅雨明けの高温乾燥期など、土がからからになっているときは、水やりをします。水やりは夏なら地温を下げるため夕方に、冬は地温が上がる前の午前中に行います。1回の量は土の5〜10cm下まで湿るくらい、たっぷりにします。水がしみていかないような土は、軽く耕してから水やりをします。

水切れすると根が伸びなくなり、肥料も吸収されなくなって株が弱りますから、乾燥が激しい季節は敷きわらやマルチングで乾燥を抑えることも必要です。敷きわらやポリマルチは前述したとおり、乾燥だけでなく、雨や水やりによるはね上がりで病害虫が発生するのも抑えられます。ですから、梅雨時期や秋の長雨の時期にもしておくとよいでしょう。

主な育成作業

ちょっとした作業が成長、収穫を大きく変える

●支柱の立て方

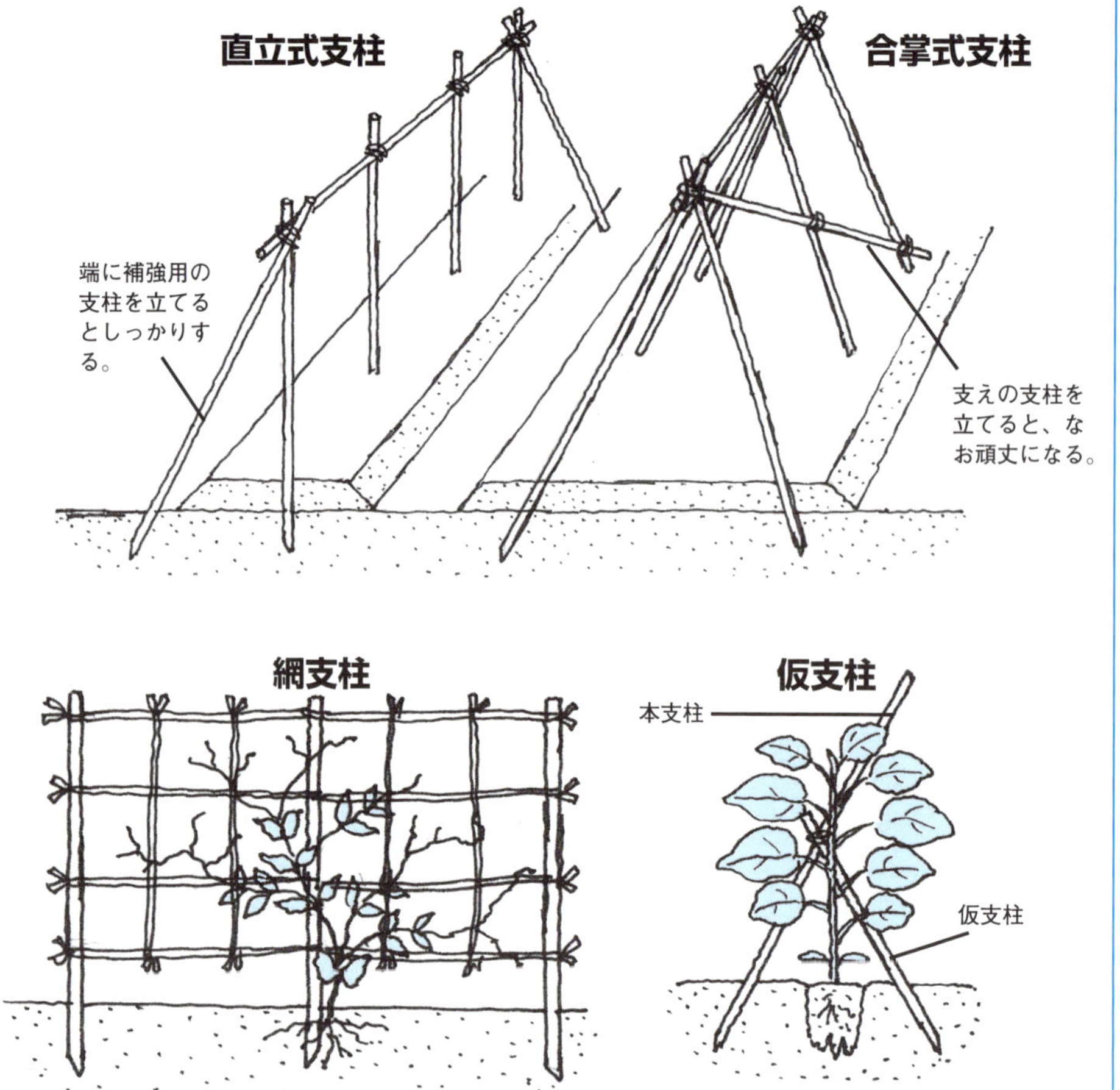
直立式支柱
端に補強用の支柱を立てるとしっかりする。
合掌式支柱
支えの支柱を立てると、なお頑丈になる。
網支柱
仮支柱
本支柱
仮支柱

支柱の間にネットを張る。ひもを張ってもよい。

苗が小さいときに斜めに立てる。成長後、本支柱を立てる。

茎やつるを伸ばすものには、安定のよい支柱立てを行う

やわらかいつるを伸ばすもの、茎の先に重みのある果実をつけるものなどは、支柱を立てて株を支えます。苗が小さいうちは支柱も小さな仮支柱にし、伸びてきてから本支柱を立てますが、がっちりと合掌式にしたり横棒を渡したりして倒れないようにするなら、最初から本支柱を立てるほうが楽です。

「合掌式」は支柱をやや斜めに立てて上のほうで交差させ、固定します。安定がよく、土の乾燥も抑えられますが、風通しが悪くなります。「直立式」は立てるだけで手間がかからず、日当たりもよいですが、風に弱いので水平に棒を渡して留めておくとよいでしょう。支柱を立てた間にネットやひもを張る「網支柱」もあります。つるを何本も伸ばすキュウリなどに向きます。既存のフェンスなどを利用するのもよいでしょう。支柱は地中に深く差し、ぐらつかないようにすることがたいせつです。

巻きづるが出るものは放任しておいても絡んでいきますが、そのほかのつるや茎は、つるどうし、茎どうしが絡んだり重なり合ったりしないように「誘引」し、ポリテープやひも、ビニタイなどで留めます。トマトなどは茎が太くなる分を考慮して、ゆるめに留めておきます。

●追肥の方法

つぼ状施肥

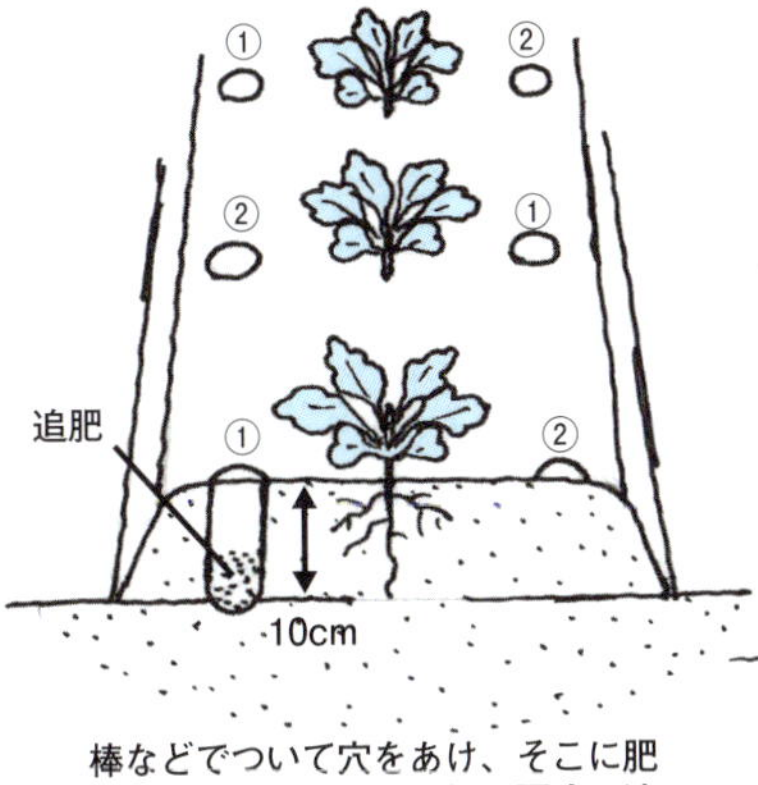

棒などでついて穴をあけ、そこに肥料を入れて水をかけ、埋め戻す。追肥のたびに穴の位置を変える。

溝施肥

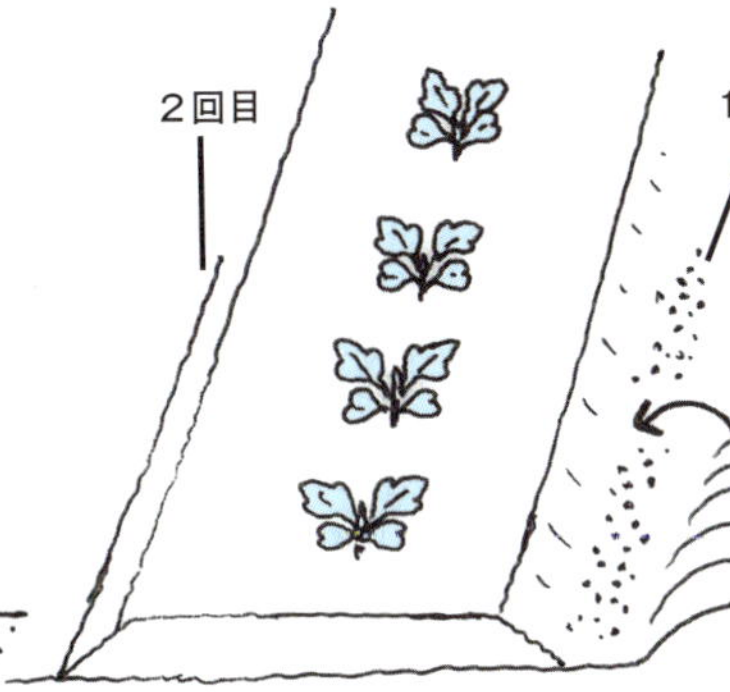

畝間や条間に浅く溝を掘って施肥。2回目は反対側など位置を変える。

円形施肥

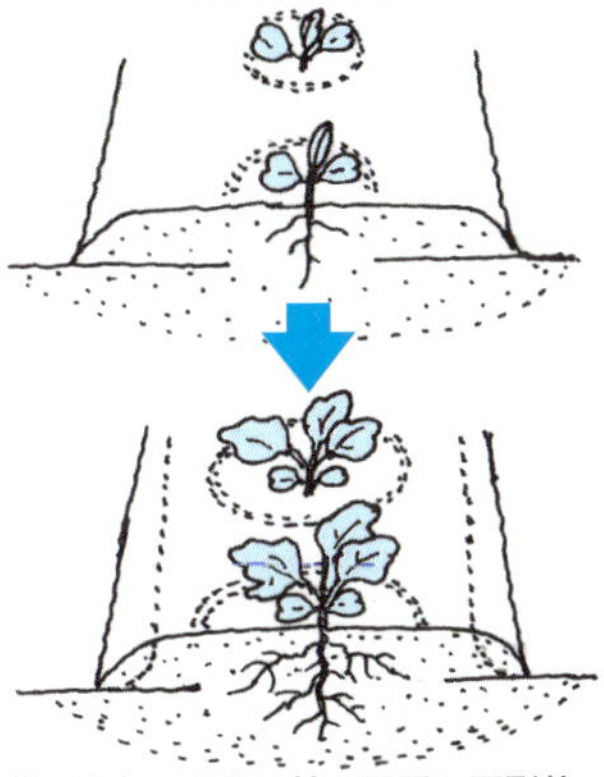

株が小さいうちは株の周囲に円形状に施肥。円は葉の先端付近に描くようにする。株が大きくなるにつれ根も伸びるので、円を大きくしていく。

●追肥、中耕、土寄せ

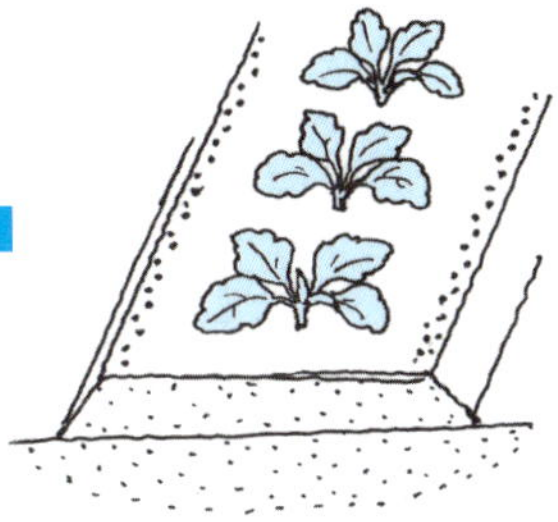

追肥として、畝肩や畝間など株から離れたところに化成肥料や油かすなどをばらまく。

根を傷めないように気をつけて表土を耕し（中耕）、ばらまいた肥料を土にすき込む。

畝間の土や中耕した土を株元に寄せる（土寄せ）。株を支えるようにつけ根付近に寄せる。

消費された元肥を補うため、追肥で後期の成長を促す

野菜は、最初にたっぷり元肥を施して、十分に初期成長を促すことが一般的です。追肥を施さなくてよい種類が多いのですが、窒素やカリは雨で流失しやすいので、生育期間の長い野菜ではやはり追肥が必要です。

根づいてから2週間は元肥を吸収させ、成長が順調になってから追肥を施します。肥料分は根の先端で吸収されるので、根や茎に直接当たらないよう注意して、根の先端付近（葉の先端付近）の表土に施します。最初は株の周りにし、少しずつ株間や畝肩などへ離していきます。追肥を数回行うときは2週間から1カ月は間をあけ、肥料過多にならないようにします。また、ハクサイやキャベツなど結球する葉茎菜類は、結球が小さいうちに追肥を終えます。果菜類は梅雨時期などに多肥にすると、実つきが悪くなるので注意します。

追肥は普通、粒状の化成肥料を少量ばらまきます。株数の少ないプランター栽培では、水やりがわりに液体肥料を施すやり方もあります。敷きわらやマルチングをしているとき、葉が広がって土が見えないようなときは、敷きわらの上や畝間にばらまきます。

追肥のあとに続けて行う 中耕、土寄せ

雨が降るとやわらかかった土も徐々に固ま

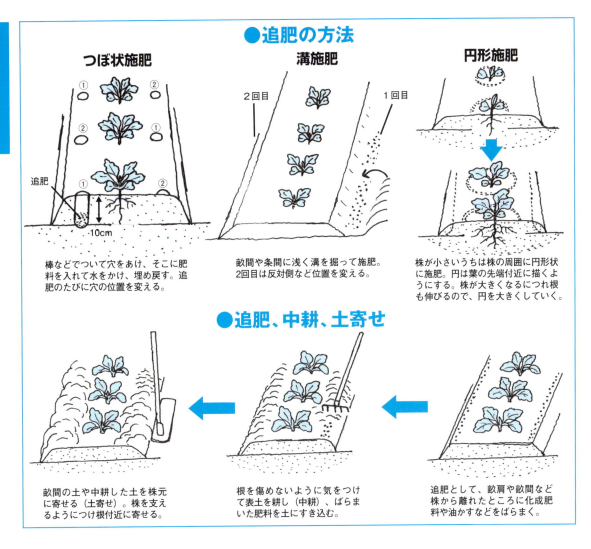

ってきます。そこで、ときどきはクワで表土を薄く削るような感じで耕し、土をやわらかくして空気を含ませます。すでに根が張っているので、深くは耕しません。この作業を「中耕」といいます。

中耕のときに軽く耕した土や、畝間の土を耕して株元に寄せることを「土寄せ」といいます。土寄せすると株が安定し、水はけもよくなります。根が大きく成長する野菜では、土寄せをしないと成長不十分で、よい収穫になりません。特にエンドウ、エダマメ、ネギなどは土寄せがたいせつです。また、根菜類は土をかぶせることで地中のイモが大きく育ちますから、土寄せがしっかりできていないと緑化して質が落ちます。

だいたい追肥をした際、肥料と土をまぜるように軽く中耕し、その土を株元へ土寄せするといったぐあいに、追肥、中耕、土寄せは一連の作業として行います。

●除草の方法

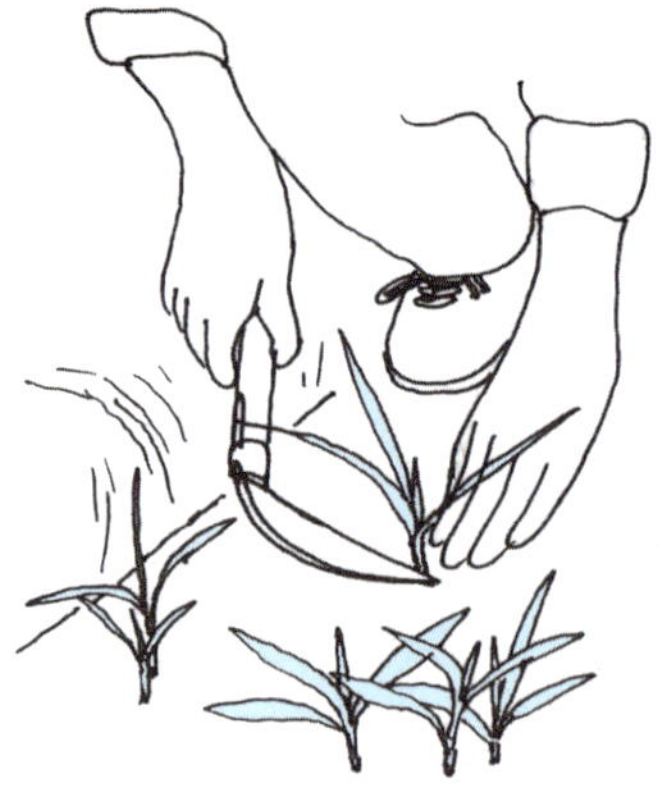

①大きな雑草は手で引き抜くようにして根を残さずとる。その後、カマを使って小さな雑草も刈りとる。

②草かきやクワを使って土の表面を削るようにし、こまかい雑草をとり除く。野菜の根を切らないように注意。

●摘芯と芽かき

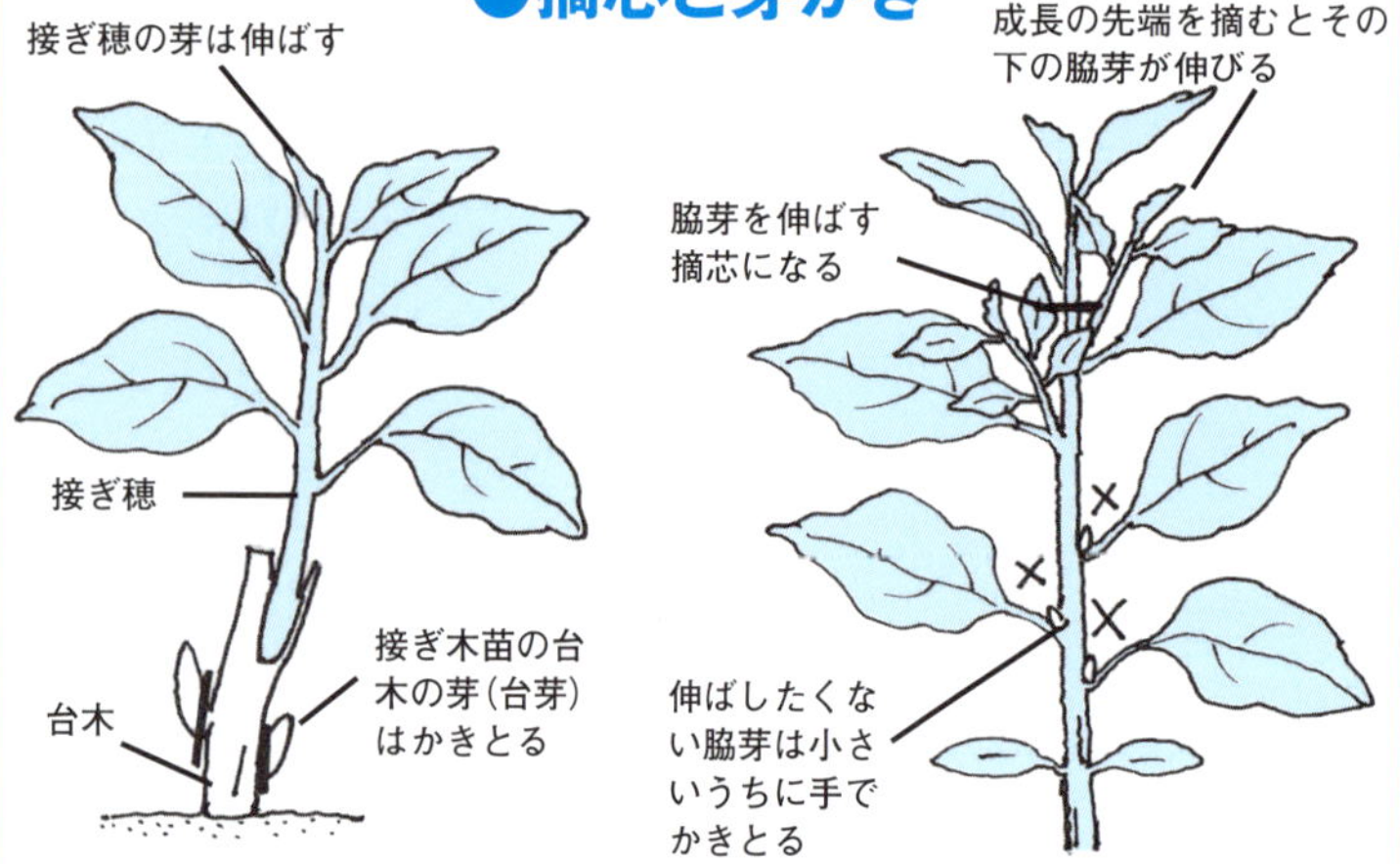
接ぎ穂の芽は伸ばす
接ぎ穂
接ぎ木苗の台木の芽(台芽)はかきとる
台木
成長の先端を摘むとその下の脇芽が伸びる
脇芽を伸ばす摘芯になる
伸ばしたくない脇芽は小さいうちに手でかきとる

病害虫防除、よい土づくりのため こまめに根気よく行いたい除草

中耕の作業は、小さな雑草をとるのにも役立ちます。根が張っているような大きな雑草がある場合は、中耕する前に雑草を根ごと引き抜いておかないと、残った部分からまた茎葉が伸びてきます。除草後、敷きわらやポリマルチをすれば、雑草の繁茂を抑えられます。

雑草は土の養分を奪うので、早めにとり除くことがたいせつです。しかし、雑草を生やしておくことで土の乾燥を抑え、病害虫の天敵となる虫にすみかを提供して、病害虫防除の一助にするという考え方もあります。そのためには育てる野菜が元気よく、雑草に負けない株づくりができていないといけません。

芽かきで育てる茎葉を限定し、摘芯で葉数をふやす

茎や枝が多すぎると養分が分散され、収穫する実や葉が充実しないことがあります。そこで、不要な芽を摘むことを「芽かき」、すでに伸びた枝葉を切ることを「整枝」といいます。

また、茎の伸びを止めることで成長を抑え、脇芽を伸ばして栄養をつくり出す葉の数をふやす作業は「摘芯」です。芽かきや整枝、摘芯を適切に行うことで、茎葉の数や大きさを制御し、充実した収穫を目指します。

そろえたい道具類

必要なものから少しずつ、自分の作業に合わせて

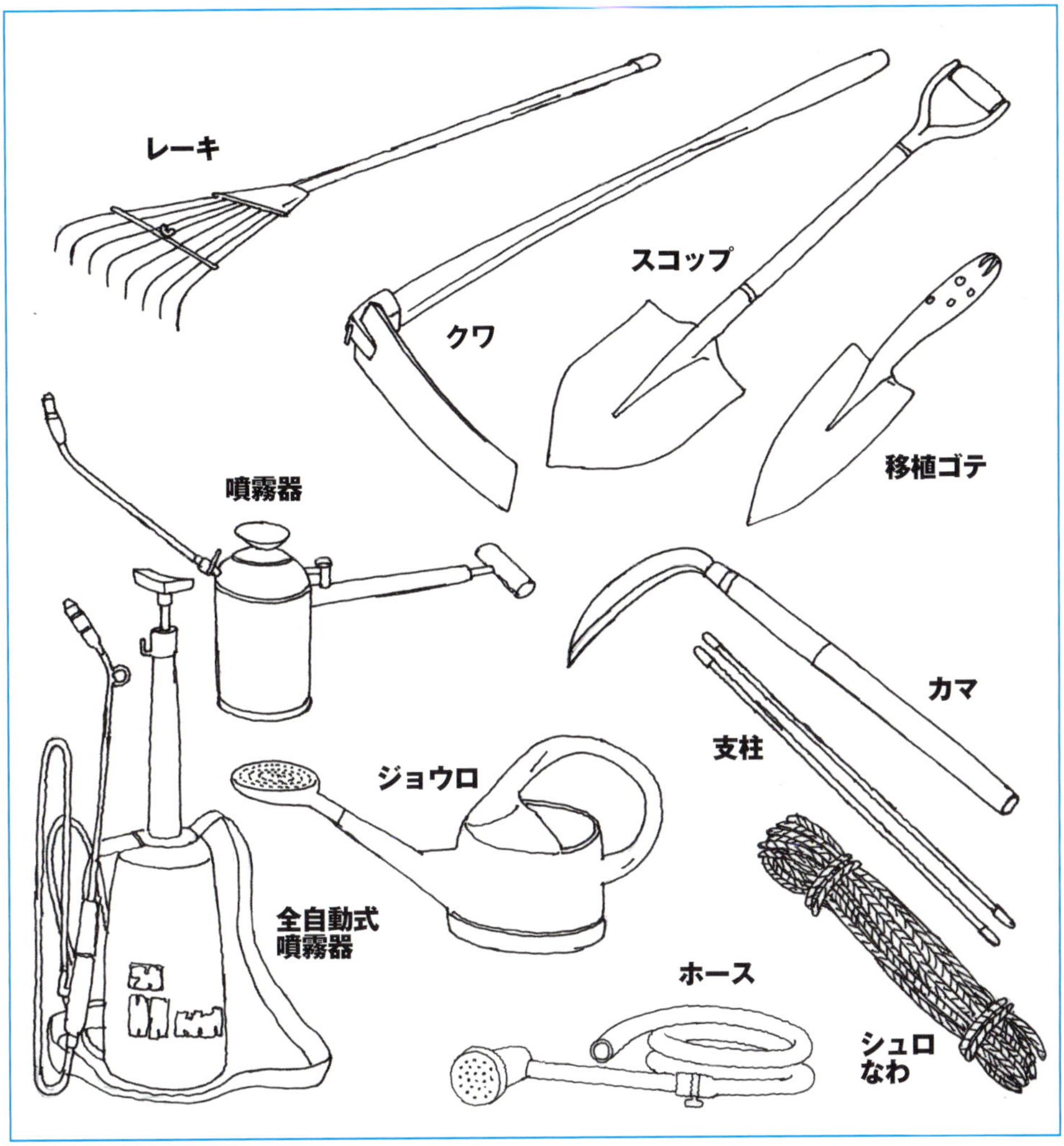

必要最低限の道具から、あると便利な道具まで

クワ　畝づくり、中耕、土寄せ、除草などの必需品。鋼材で持ち手のしっかりしたものを選びます。

スコップ　土を掘り起こして耕したり、運んだりするほか、肥料をまいたり運ぶときや、堆肥をつくるときにも使います。

移植ゴテ　苗の植えつけや、こまかい作業でスコップがわりに使います。

レーキ　畝や平床を平らにならしたり、刈りとった茎葉や雑草をかき集めます。

ジョウロ　広い面積にかけることが多いので大きめのものを選びます。タネが流れないようこまかい水が出るハス口も必要。

ホース　乾燥時の水やりをジョウロで行うのはたいへんです。ホースにとりはずしのきく散水ノズルをつけてまきます。夏は、ホース内にたまった水を出してからまきます。

噴霧器、スプレー　薬剤散布に使用します。手持ちのスプレーはホルモン剤を花にかけるときや、局所的に薬剤散布するときに使います。くまなくまく薬剤の場合には、半自動か全自動式の噴霧器が必要です。

その他　カマ、ハサミ、バケツ、巻尺など。栽培法によってはポリポット、支柱、誘引のためのひもやビニタイ、マルチング材、ホットキャップ、トンネル材、寒冷紗など。

用語解説

あ

赤玉土《あかだまつち》　赤土を乾燥させたもので、細粒から大粒まであり、水はけ、水もち、通気性のよい酸性土。植えつけ用土などに用いる。

浅植《あさう》**え**　苗などの根が地表から出ない程度に浅く植えつけること。水はけの悪い場所に有効。逆に茎が多少隠れる程度に植えるのは深植え。

油《あぶら》**かす**　→166ページ「肥料」参照。

育種《いくしゅ》　より収穫性の高い、病気に強い、味のよい品種などに改良すること。

石《いし》**ナス**　かたくて光沢のないナス。低温などによりタネなし果になるためで、ホルモン処理を必要とする。

移植《いしょく》　タネをまいた場所から苗を育てる場所へ苗を植えかえること。

一代交配種《いちだいこうはいしゅ》　一代雑種、F_1ともいう。遺伝的に異なる個体間の交雑による一代目の子品種。その性質を安定させて交配種とする。

一年草《いちねんそう》　発芽から開花、枯死までが1年以内の植物。日本の気候のもとでは多年草が一年草として扱われることも多く、野菜の多くがこれに該当する。

1番花《いちばんか》　その株で最初に咲く花、花房。

忌地《いやち》　連作障害。171ページ参照。

ウイルスフリー苗《なえ》　成長点の付近を培養することなどでつくり出す、ウイルス感染していない苗。

植《う》**え傷**《いた》**み**　植えつけ作業などで根を傷め、成長が阻害されたり枯れたりすること。

植《う》**えつけ**　収穫する場所に苗を植えかえること。→定植

畝立《うねだ》**て**　野菜を植える場所（畝）を造成する作業。畝幅、畝間（株と隣の畝の株の間）は野菜の種類により異なる。

栄養系《えいようけい》　挿し木や接ぎ木など、タネをまかずに栄養繁殖でふやす植物。タネまきでは親と同じ形質にならない。

腋芽《えきが》　→脇芽

液体肥料《えきたいひりょう》　液肥。液体になった肥料で、有機質肥料としては油かすの腐熟液がある。

塩積《えんせき》　塩類集積。化学肥料の多用によりその無機塩類が根を傷めたり、酸性土にしたりする害。雨が当たらない場所で被害が大きい。

遅霜《おそじも》　冬の最後におりる霜の平均日よりあとにおりる霜。

親《おや》**づる、子**《こ》**づる、孫**《まご》**づる**　子葉の成長点から伸びたのが親づる、その側枝が子づる、子づるの側枝が孫づる。

お礼肥《れいごえ》　花後（花が咲き終わったあと）や実の収穫後に株を回復させるために施す肥料。

か

花茎《かけい》　葉を出さず、花を咲かせるために伸びる茎。→「とう立ち」を参照。

果菜類《かさいるい》　実を利用する野菜。この本では分けているが、普通は豆類、果物も含める。

化成肥料《かせいひりょう》　窒素、リン酸、カリのうちの2つ以上の成分を含む化学肥料。

株間《かぶま》　株と株の間隔。種類により成長に必要な土の分量が異なるため、野菜ごとに異なる。

株分《かぶわ》**け**　株立ちする野菜などで、株を分離させ別々に育成することでふやす栄養繁殖方法。

カリ　→164ページ「施肥と肥料づくり」参照。

カロテン　人間の体内でビタミンAになる色素。それを多く含むものを緑黄色野菜という。

緩効性肥料《かんこうせいひりょう》　肥料成分がゆっくり、少しずつ、長く効く肥料。肥料やけが起こりにくい。有機質肥料やIB化成など。

寒肥《かんごえ》　寒さに耐える力をつけさせるために施す肥料。

完熟堆肥《かんじゅくたいひ》　肥料の原材料が十分に腐敗して、においも元の形もなくなった状態の肥料。

灌水《かんすい》　土や植物への水やり。

寒冷紗《かんれいしゃ》　網目状の被覆資材。遮光目的に使用され、網目の大きさで遮光率が変わる。乾燥、暑さや寒さ、風、虫の防除にも効果がある。

休眠打破《きゅうみんだは》　休眠状態の植物を低温や高温などにあわせて人工的に成長期に移行させること。

苦土石灰《くどせっかい》　苦土（マグネシウム）と石灰（カ

ルシウム）の両方を含み、酸度の調整をする土壌改良材。

黒土《くろつち》　黒色の火山灰土。水はけ、水もちがよく、肥沃な酸性土。

鶏《けい》ふん　↓166ページ「肥料」参照。

結球《けっきゅう》　葉が丸く重なって、かたい球状になったもの。キャベツやハクサイなどで見られる。

結実《けつじつ》　受精して子房が大きくなり、実とタネができること。

嫌光性種子《けんこうせいしゅし》　光線が当たる状態で発芽しにくいタネ。ウリ科の多くやダイコンなど。

耕運《こううん》、耕うん　野菜などをつくるために土を耕すこと。

好光性種子《こうこうせいしゅし》　光線が当たらないと発芽しにくいタネ。覆土が厚いと発芽しない。

硬実《こうじつ》　皮が厚くかたいため、水分を吸収しにくく発芽しにくいタネ。ぬるま湯につけたり、皮を傷つけたりして発芽を促す。

耕土《こうど》　野菜をつくる場所で、根が張ったり、肥料を施したりする上層部分の土。表土。↔心土

骨粉《こっぷん》　↓166ページ「肥料」参照。

固定種《こていしゅ》　親の性質が子に遺伝してあらわれる品種。タネまきで同じ性質になる品種。

根菜類《こんさいるい》　根が肥大した部分を食べる野菜。ニンジンやタマネギ、イモ類など。

根瘤菌《こんりゅうきん》　根について窒素を固定する細菌。マメ科などで窒素を養分としてつくり出す。

さ

作型《さくがた》　野菜のつくる時期や方法。促成栽培、秋まき冬どり、水耕栽培など。

じかまき　収穫する場所にタネをまくこと。移植を嫌う野菜や、発芽しやすい条件で行う。

敷《し》きわら　マルチングの一つで、切りわらなどを畝全体や株の周りに敷き詰めること。乾燥防止のほか、雨のはね返りや雑草の繁茂を抑え、寒さ対策にもなる。

糸状菌《しじょうきん》　かび。べと病、つる割病などの病原となる。

自然交雑種《しぜんこうざっしゅ》　自然界で交雑して生まれた品種。ハーブ類などに多い。

地這《じば》い性《せい》　茎やつるが地面を這うように伸びる性質。支柱は立てず、マルチングをする。

子房《しぼう》　雌しべの花柱と花床の間にあるふくらんだ部分。受粉すると中の胚珠がタネになり実となる。

雌雄異花《しゆういか》　雄しべだけの雄花と、雌しべだけ、または雌しべと退化した雄しべがある雌花が別々に咲く性質。ウリ科に多い。

条間《じょうかん》　すじ状にまいたタネや植えつけた苗の、すじとすじの間。普通は一つの畝の中をさし、隣の畝のすじとの間は畝間ということが多い。

除草《じょそう》　↓186ページ参照。

心土《しんど》　耕うんや施肥をしていない、根の届かない深い場所の土。↔耕土、表土

水耕《すいこう》　肥料分を含む水に根をつけ、土などに植えない栽培方法。

す入《い》り　ダイコンやカブなど根菜類で、根の内部に空洞ができたもの。収穫が遅れたりしたときに起こりやすい。

すじまき　細いまき溝にタネをまく方法。

成長調節剤《せいちょうちょうせつざい》　成長を促進または抑制する薬剤。ホルモン剤ともいう。ジベレリンなど。

生理障害《せいりしょうがい》　病害ではなく、根の働きが阻害されて微量要素が過不足状態になって起こる症状。トマトの尻腐れ症やハクサイの芯腐れなど。

節間《せっかん》　葉のつけ根とつけ根の間。

施肥《せひ》　肥料を施す作業。

剪定《せんてい》　目的に応じて枝を切る作業。混み合った枝をすかす間引き剪定、ナスの枝の更新をする切り返し剪定など。

草木灰《そうもくばい》　↓166ページ「肥料」参照。

側枝《そくし》　子葉の成長点から伸びる主茎についた芽から伸びる茎、枝。

た

台木《だいぎ》　接ぎ木をするときに接がれるほう、根のあるほうをさす。野菜では土壌感染の病気を避けるため、連作障害の出やすい野菜で種類の異なる植物を台木にすることが多い。

堆肥《たいひ》　↓165ページ「肥料と肥料づくり」参照。

耐病性《たいびょうせい》　病気に対する抵抗力の強い性質。品種改良により特定の病気に強い品種がつくられることが多い。

立《た》ち性《せい》　茎やつるが上に伸びる性質。↔這

い性

田土《たつち》　荒木田土。田んぼの土。粘性が高く水もち、肥もちがよく、病害虫も少ない。

短日植物《たんじつしょくぶつ》　日が当たらない時間が一定以上（12時間以上ということではない）ないと、開花しない性質の植物。⟷長日植物

単肥《たんぴ》　1種類の肥料成分しか含まない肥料。

団粒構造《だんりゅうこうぞう》　小さな粒が集まって粒となり、その粒で全体が構成されるという状態。土が団粒構造だとすき間がいっぱいあって水や養分、空気を蓄えやすい。

中耕《ちゅうこう》　降雨などでかたくしまった土をすくように耕してやわらかくし、空気を含ませる作業。除草効果もある。

沖積土《ちゅうせきど》　河口付近のデルタ地帯や海岸の低地などで、川からの運搬物が蓄積された土。

抽苔《ちゅうだい》　→とう立ち

長日植物《ちょうじつしょくぶつ》　日の出から日没までの時間が一定以上ないと開花しない植物。⟷短日植物

鎮圧《ちんあつ》　タネまき、覆土のあと、上から手や板を使ったり足で踏んだりして、土を押さえること。タネと土を密着させ、土の乾燥を抑えて発芽を促す。

追肥《ついひ》　タネまき、または植えつけ後、新たに生育が始まって以降に施す肥料。速効性肥料を用いることが多い。

土寄《つちよ》**せ**　株元に土を寄せること。株を安定させたり、根の発育を促したり、耐寒性を強めたりする。

つるぼけ　つるが伸びすぎ、いつまでも開花や結実が起こらない状態。カボチャやスイカに見られる。

定植《ていしょく》　→植えつけ

摘芯《てきしん》　ピンチ。茎や枝の成長点（先端、芯）を摘みとること。伸びを止めて脇芽を伸ばす、側枝の数をふやすときに行う。

天地返《てんちがえ》**し**　栽培が続き古くなった耕土、表土を、深層にある心土と入れかえること。

天敵《てんてき》　栽培植物の害虫にとっての外敵。植物にとっては益のある味方になる。

点《てん》**まき**　数粒ずつまいて1本にしたとき、適切な間隔になるようにするタネのまき方。

とう立《だ》**ち**　抽苔。花茎が伸びて開花すること。日長や気温上昇など抽苔の条件は植物の種類によって異なる。

床土《とこつち》　育苗用土。水はけ、水もちがよく、通気性がある無菌の土がよい。

土壌改良《どじょうかいりょう》　酸性を中和して堆肥などをすき込み、野菜づくりに適した土に改良すること。

トンネル　タネまきや植えつけ後、畝に支柱を立ててビニールなどのシートをかけてつくるトンネル状のもの。防寒対策の一つ。穴あきは日中の換気を図り、蒸れないようにする。

な

苗床《なえどこ》　植えつけまでの苗を育苗する場所。移植栽培でつくる。

軟白栽培《なんぱくさいばい》　遮光して緑色の茎葉の一部や全部を白くする栽培法。セロリ、ネギ、ショウガなどで行われる。

根鉢《ねばち》　育苗した結果、根と根が張った部分の土。ポット植えならポットの中の土、苗床なら根とともに掘り上げた土、根土。

粘土《ねんど》　粒子の径が0・002㎜以下の土。（国際法）

濃度障害《のうどしょうがい》　塩類濃度障害。肥料などの養分の濃度が高すぎて起こる根の障害。

は

鉢上《はちあ》**げ**　箱まきの箱やポットまきのポット、苗床から、苗を鉢に移して植えること。

初霜《はつしも》　冬の季節になって初めておりる霜。東京付近で11月下旬くらいで、栽培の目安の一つとなる。

花芽分化《はなめぶんか》　花芽形成。のちに花が咲く芽をつくること。日長や温度条件のほか、植物の成熟度も関連する。

ばらまき　まき場所の全面にタネが均一になるようにするまき方。

肥料焼《ひりょうや》**け**　肥焼け。高濃度の肥料成分が植物にあたることで起こる障害。

覆土《ふくど》　タネの上に土をかぶせること、その土。植え場所の土かその土と砂をまぜたものを使うことが多い。普通はタネの2～3倍の厚さにかけるが、発芽に光線を嫌うタネは厚くし、こまかいタネでは行わないこともある。

腐葉土《ふようど》　落ち葉が蓄積して発酵腐熟したもの。土壌改良に役立つほかマルチングにも使える。

分球《ぶんきゅう》　球根植物の球根が成長してふえること。

pH《ペーハー》　酸性度をあらわす単位。0を酸性、14をアルカリ性の最強度とし、7を中性とする。

ベタ掛《が》**け**　タネまき後や育苗中、畝全体に寒冷紗など通気性のあるものを、支柱を立てずにかけること。寒さや風よけのほか、防虫効果もある。

ベッド　床。苗を植える場所。畝など。

ベッド畝《うね》　少し高台にしたベッド状の畝。→177ページ。

ボカシ肥《ごえ》　有機質肥料と土を嫌気性微生物によって発酵させた肥料。肥料濃度が高く、高品質の堆肥となる。野菜の質を高め、病害虫に強くする効果がある。油かす2kg、鶏ふん、魚粉、骨粉、米ぬか各1kgに生ゴミやにおい消しの木炭を入れ、4ℓの水とまぜたら、土と交互に層積みして密閉しておく。週1回よくまぜて1～2カ月でき上がり。

ホットキャップ　タネまきや植えつけ後、数株ごとにかぶせるドーム型のポリフィルムなどのテント。苗が成長してきたらフィルムを破り、少しずつ外気に慣らしていく。

保肥力《ほひりょく》　土が養分を蓄える力。肥もち。

ポリマルチ　ポリエチレンフィルムで行うマルチング。→177ページ

ホルモン処理《しょり》　ホルモン剤（ジベレリンやトマトトーンなど）により開花や結実などを調整すること。促進や抑制効果が期待できる。

ま

間土《まつち》　元肥と苗の根の間に入れる、肥料成分を施していない土。根が傷むのを防ぐ。

間引《まび》**き**　発芽した苗のうち不必要なものを抜きとり、生育させる苗を残す作業。本葉が出たころから開始し、最終間引きで決めた株間になるようにする。

マルチング　畝をおおうことで地温を上げたり、乾燥や雑草の繁茂、病害虫の発生を抑えること。→176ページ。

水《みず》**ぎれ**　植物に水分が不足している状態。

芽《め》**かき**　不必要な芽をかきとること。開花や結実の数の調整に行う。

芽出《めだ》**しまき**　発芽適温ではない時期のタネまきなど、発芽しにくいタネをあらかじめ、少し発芽させてからまく方法。

元肥《もとごえ》　タネまきや植えつけの前、あらかじめ土に施す肥料。

や

誘引《ゆういん》　支柱に茎やつるを計画的に結ぶ作業。

有機質肥料《ゆうきしつひりょう》　有機質を原料とする肥料。→164ページ参照。

有機野菜《ゆうきやさい》　化学肥料や化学合成農薬を使わずにつくる野菜。市販の有機農作物の定義は法律によって決められている。

余《よ》**まき栽培**《さいばい》　春から夏にかけて、通常の栽培のあとに行う栽培。

ら

ランナー　親株から伸びて子株をつけるつる。イチゴなどに発生する。

輪作《りんさく》　野菜を収穫した場所に別の種類の植物を栽培すること。→170ページ「菜園プラン」参照。

リン酸《さん》　→164ページ「施肥と野菜づくり」参照。

裂果《れっか》　割れ目が入った実。水分量の急激な変化などにより起こる現象。

裂根《れっこん》　割れ目の入った根。とり遅れなどで起こりやすい。

連作《れんさく》　同じ場所で同じ種類の植物を続けてつくること。→170ページ「菜園プラン」参照。

連作障害《れんさくしょうがい》　連作によって起こる障害→171ページ参照。

露地栽培《ろじさいばい》　戸外で行う栽培。自然条件下でトンネルやビニールハウスなどをかけないで行う栽培。

ロゼット　短い茎にびっしりと葉が水平に広がっている様子。冬の寒さを避け、光にたっぷり当たることができる。

わ

YR　Yellow Resistance　萎黄病抵抗性。

矮性種《わいせいしゅ》　品種改良などで同種の植物より草丈や実が小さい品種。成長調節剤を使うことでも矮性にすることができる。

脇芽《わきめ》　先端以外の節から出る芽。葉のつけ根の上側に出ることが多い。

監修
新井敏夫（あらい　としお）
1951年、埼玉県行田市生まれ。1973年、東京農業大学農学科を卒業、同年埼玉県の農業学校教諭に。埼玉県立杉戸農業高等学校校長、同県立熊谷農業高等学校校長を歴任後、東京農業大学第三高等学校校長、同付属中学校校長に。現在は、埼玉県の公立高校で非常勤講師として野菜の指導を行う。自らも、家庭菜園で年間40種以上の野菜や果樹を栽培している。監修に『はじめての野菜づくり』、『無農薬・有機栽培で育てる おいしい野菜作り80種』、『育てる楽しむ食べる野菜づくり大百科』（いずれも主婦の友社）など多数。

表紙デザイン／川尻裕美（エルグ）
本文レイアウト／鳥居満
写真協力／㈱アルスフォト企画、武川政江
イラスト／堀坂文雄、群境介
校正／大塚美紀（緊珍社）
編集協力／中村清子、田淵増雄
編集担当／八木國昭（主婦の友社）

はじめてでも失敗《しっぱい》しない野菜《やさい》づくりの基本《きほん》100

平成30年10月20日　第1刷発行

編　者／主婦の友社
発行者／矢﨑謙三
発行所／株式会社主婦の友社
〒101-8911
東京都千代田区神田駿河台2-9
電話　03-5280-7537（編集）
03-5280-7551（販売）
印刷所／大日本印刷株式会社

ISBN978-4-07-433503-9

■本書の内容に関するお問い合わせ、また、印刷・製本など製造上の不良がございましたら、主婦の友社（電話03-5280-7537）にご連絡ください。
■主婦の友社が発行する書籍・ムックのご注文は、お近くの書店か主婦の友社コールセンター（電話0120-916-892）まで。
＊お問い合わせ受付時間　月～金（祝日を除く）　9:30～17:30

主婦の友社ホームページ　http://www.shufunotomo.co.jp/
※本書は2003年に発行した『はじめての野菜づくり』に加筆・訂正し、再編集したものです。